【ボスニア・ヘルツェゴヴィナ】

はじめに

ボスニア・ヘルツェゴヴィナは旧ユーゴスラヴィアの縮図であった。多民族、多宗教、多文化が共存する共和国で、社会主義ユーゴスラヴィアのスローガン「友愛と統一」を最も体現する地域だったからである。ボスニア・ヘルツェゴヴィナの多様性を保障する基礎は言語の共通性（セルビア・クロアチア語）にあったと言える。言語の共通性をもちながら、相互の紛争が始まってしまうと、取り返しのつかない状況が生み出された。そうした状況は、現在もなお続いている。

私たちがボスニア・ヘルツェゴヴィナを見るとき、どうしても紛争地域のイメージがつきまとってしまう。しかし、本書の歴史、社会、文化の各章を読んでくださると、ボスニア・ヘルツェゴヴィナの多様な社会のあり方や豊かな文化を理解することができると思う。紛争という側面だけに目をとらわれるのではなく、ヨーロッパでもまれな興味深い地理的・歴史的な環境のもとに置かれたこの地域の深層に入り込んでほしいと願っている。アンドリッチの小説を読んだり、ベルベルの絵を見たり、クストリツァの初期の映画を観たり、ヤドランカの歌を聴いたりしながら、サラエヴォの町の景観を思い描いてほしい。現地に足を延ばして自分の目でボスニアを見ることができれば、それに越したことはない。

２００７年末に日本で公開されたボスニア映画『サラエボの花』のラストシーンで、主人公の少女がクラスメートと一緒にバスのなかでケマル・モンテノの「サラエヴォ、わが愛」（１９７６年発表）

をうたっていた。「ともに育った君（サラエヴォ）と僕／同じ青い空が僕らに詩を与え／トレベヴィチ山のふもとで夢を見る……サラエヴォ、わが愛／君には歌がありその歌をうたう／僕の夢を教えてあげよう／それは僕と君の幸せ／サラエヴォ、わが愛」。この歌のようなサラエヴォ、そしてボスニア・ヘルツェゴヴィナが実感できる日の来るのを望むだけである。

本書の用語と表記について若干ふれておく。正式国名のボスニア・ヘルツェゴヴィナは長いので、ボスニアと略記されることが多く、本書でもそうなっている。ボスニア・ヘルツェゴヴィナ連邦とスルプスカ（セルビア人）共和国からなるボスニア・ヘルツェゴヴィナのそれぞれは政体と表記する。ボスニアとヘルツェゴヴィナの位置関係については、第1章を参照してほしい。社会主義期にムスリム人と表記されていたボスニアのムスリムの民族名は、自称のボシュニャク（ボスニア・ムスリム）と表記する（第2章を参照）。民族名とは別に、ボスニアに住む人々はボスニア人（ボサナッツ）とする。

最後に、ボスニア・ヘルツェゴヴィナの基礎データ、地図、文献案内については執筆者の一人でもある鈴木健太さんの全面的な協力を得た。きれいな写真を快く提供してくださった方々のおかげで、内容がいっそう豊かになった。今回も的確に編集作業を進めてくださった明石書店編集部の兼子千亜紀さんに深く感謝したい。本書がボスニア・ヘルツェゴヴィナ地域研究の入門書となると同時に、この国を訪れる際のガイドブックとして役立つことを願っている。

2019年4月、桜吹雪の松戸にて

柴　宜弘

ボスニア・ヘルツェゴヴィナを知るための60章

目次

Ⅰ ボスニア・ヘルツェゴヴィナという国

Ⅱ 歴　史

Ⅲ　多様な地域、多様な人々

Ⅳ　政治・経済・国際関係

V 社会・生活

Ⅵ　文化

Ⅶ 日本との関係

＊特に出所の記載のない写真については、執筆者の撮影・提供による。

【ボスニア・ヘルツェゴヴィナ基礎データ】

国　名	ボスニア・ヘルツェゴヴィナ Bosna i Hercegovina / Босна и Херцеговина
人　口	353万1159人
面　積	5万1209 km^2
首　都	サラエヴォ（Sarajevo / Сарајево）
公用語	ボスニア語、セルビア語、クロアチア語
民　族	ボシュニャク（ボスニア・ムスリム）(50.1%)、セルビア人（30.8%)、クロアチア人（15.4 %）など
宗　教	イスラム教（50.7 %)、セルビア正教（30.8%)、カトリック（15.2%）など
国　歌	ボスニア・ヘルツェゴヴィナ国歌
国家元首	ミロラド・ドディク大統領評議会議長（大統領評議会を構成する３名〔主要な３民族をそれぞれ代表〕による８か月ごとの交代制。ドディクはセルビア系で2018年11月に就任。残る２名は、ボシュニャク系のシェフィク・ジャフェロヴィチ、クロアチア系のジェリコ・コムシッチ)
首　相	デニス・ズヴィズディチ閣僚評議会議長 (ボシュニャク系、民主行動党)
通　貨	兌換マルク（KM, BAM）≒ 64円（2019年３月） なお、１ユーロ＝1.95583兌換マルク（固定）
国内総生産（GDP）	160億4300万ユーロ（2017年）
１人当たり GDP	4578ユーロ（2017年）
購買力平価（PPP）に基づく1人当たり GDP の指標	32（Eurostat、2017年。EU 加盟28か国の平均を100とする。日本は99）
経済成長率	3.2%（世界銀行、2017年）
物価上昇率	1.4%（2018年）
失業率	18.4%（2018年）
貿　易	〈輸出〉56.5億ユーロ（2017年） 主要相手国：ドイツ、クロアチア、イタリア、セルビア、スロヴェニア 主要品目：金属製品、機械類、鉱物・同製品、化学製品、木材・同製品 日本への輸出：8.5億円（2017年、品目：衣類、はき物など） 〈輸入〉93.0億ユーロ（2017年） 主要相手国：ドイツ、イタリア、セルビア、クロアチア、中国 主要品目：鉱物、機械類、化学製品、金属製品、食料品 日本からの輸入：5.1億円（2017年、品目：ポンプおよび遠心分離機、自動車など）

統計値の出所：特定の記載を設けない限り、ボスニア・ヘルツェゴヴィナ統計局（http://bhas.gov.ba/）による。〈人口〉〈民族〉〈宗教〉の値は2013年の国勢調査結果が用いられている。なお、〈貿易〉のうち、主要品目および対日輸出入に関しては、財務省貿易統計（http://www.customs.go.jp/toukei/info/index.htm)、ならびに日本国外務省公式サイトの「国・地域」における「ボスニア・ヘルツェゴビナ」のページ（https://www.mofa.go.jp/mofaj/area/bosnia_h/data.html）を参照。いずれの URL も2019年4月3日閲覧。

I

ボスニア・ヘルツェゴヴィナという国

1

ボスニア・ヘルツェゴヴィナ

★特殊な地域★

本章では、ボスニア・ヘルツェゴヴィナとはどのような国なのか、その特徴について簡単にふれてみたい。ボスニア・ヘルツェゴヴィナ出身のノーベル文学賞作家アンドリッチ（第48章参照）は、ある作品の主人公にボスニアの特徴を次のように語らせている。「然り、ボスニアは憎悪の地です。それがボスニアです。そして誠に不思議なことに（実際は大して不思議でもなく、少し注意して分析すれば容易に説明がつくことかもしれませんが）、対照的に、これほど強い信頼、気高い強固な人格、これほどの優しさと激しい愛、これほどの深遠な感情、忠節、不動の献身が見られる土地、またこれほど正義への渇望が見られる土地は少ないとも言えます」（「サラエボの鐘――1920年の手紙」）。アンドリッチは、ボスニアが憎悪の土地であると同時に優しさと激しい愛の見られる土地だと、矛盾した二つの側面をもつことを指摘している。この対立する二面性こそ、ボスニア・ヘルツェゴヴィナの特徴であり魅力でもある。

クロアチアとセルビアに挟まれたボスニア・ヘルツェゴヴィナは、古くは東・西ローマの境界線に位置し、その後もビザンツ世界と西方カトリック世界との狭間に置かれた。この時期6

世紀末から7世紀にかけて、南スラヴのセルビア人とクロアチア人が移動・定住するに伴い、ボスニア・ヘルツェゴヴィナの北部と西部はクロアチア人、南部と東部にはセルビア人が多数を占めるようになった。12世紀には、クリンという支配者（バン）がボスニア中部を統一した。この結果、ボスニアに住む人たちはセルビアともクロアチアとも異なるボスニア人（原語ではボサナッツ）としての意識をもつようになったとされる。

しかし、宗教的にはセルビア正教徒もカトリック教徒もいた。オスマン軍のバルカン進出に伴い、15世紀には、ボスニア・ヘルツェゴヴィナもその支配下に置かれ、19世紀後半までそれが続いた。この長いオスマン帝国統治の時期に、キリスト教徒のムスリムへの大量改宗が生じた。言語を同じくする（文字はラテン文字を使用する人々とキリル文字を使う人々に分かれる）ボスニア人のなかには、多くのムスリムも生み出された。さらに、16世紀には、オスマン帝国の進出とともにスファラディム系のユダヤ教徒（15世紀にイベリア半島を追放された）が流入し、19世紀末には、ロシア帝国での迫害を逃れて、アシュケナジム系のユダヤ教徒もハプスブルク帝国からやってきた。サラエヴォ（第15章参照）などの都市部においては、ボスニア人に加えてユダヤ教徒も生活を共にした。四つの信仰をもつ人々が生活するこの土地では、生活習慣の違いを前提に日々の暮らしを営む以外に方法はなかった。

アンドリッチが述べた「憎悪」は、相互に類似しているがゆえに、いさかいが生じると近親憎悪にも似た感情が醸成され、手の付けられないような混乱を生み出しかねない。そのため、ボスニア人たちはこうした状態が表面化しないように、自己を律して、他者に対する信頼や優しさを最大限に発揮し、共生する知恵を働かせてきたのであろう。ボスニア・ヘルツェゴヴィナ出身のアンドリッチはこの土地で生活することの困難さを熟知していた。だからこそ、川の両岸を結ぶ橋は自己と他者を結ぶシンボルとして重要な建造物であると考え、橋にまつわる小説やエッセイを数多く書いている。「橋」の存在を無視して、ボスニア・ヘルツェゴヴィナの二面性の一方のみを取り上げて論じることは危険である。その一例が、1990年代のボスニア内戦の原因を説明する際に見られたことはよく知られている。ムスリム、セルビア人、クロアチア人の三者が独立の是非をめぐり凄惨な殺りくを繰り返したこの戦争の原因を、古来の「憎悪」に求めた説明である。ボスニア・ヘルツェゴヴィナの歴史は「憎悪」が渦巻く歴史であり、その表面化が悲惨な戦争だとされた。

三者の血みどろの戦いを目の当たりにすると、納得してしまいがちであるが、こうした説明が不正確で一方的であることは容易に理解できるだろう。確かにボスニア・ヘルツェゴヴィナには、「憎悪」を生み出す土壌はあったが、「憎悪」や暴力はその歴史に内在しているのではなく、ボスニアに生きる人々の心や記憶の片隅にある感情をことさらに煽り立て、それを利用する人がいた。これこそが戦争の原因であり、戦争はつくられたと言える。本書の以下の各章から読みとれるように、様々な文明の境界地にあったボスニア・ヘルツェゴヴィナの特殊な位置から生み出される歴史や文化はとても豊かで、興味の尽きることがない。

この国を見ていくうえで、紛らわしい点の一つであるボスニア・ヘルツェゴヴィナ、ボスニア、ヘルツェゴヴィナという地名について若干ふれておく。現在の国名はボスニア・ヘルツェゴヴィナであるが、文字通りの国名は「ボスニアとヘルツェゴヴィナ」である。北部と西部はクロアチアに、東部はセルビアに、南部はモンテネグロに接しており、全土の80％を占めるボスニア地方と20％のヘルツェゴヴィナ地方（第21章参照）からなっていて、前者の中心都市はサラエヴォ、後者の中心はモスタルである。ボスニア内戦終結以後、ボスニア・ヘルツェゴヴィナ連邦とスルプスカ共和国（セルビア人共和国）の2政体に区分された状態が続いており、ボスニア・ヘルツェゴヴィナ連邦の中心はサラエヴォ、スルプスカ共和国の中心はバニャ・ルカである。ヘルツェゴヴィナ地方は2政体にまたがった状態になっている（地図を参照）。

ボスニア・ヘルツェゴヴィナの地図

国名が長いので、一般的にはヘルツェゴヴィナを含み、広義のボスニアと称されることが多い。本書での扱いも同様である。ボスニアの地名は、ボスニアの中部を流れるボスナ川に由来している。一方、ヘルツェゴヴィナの由来は「ヘルツェグ（公）の土地」である。12世紀後半にボスニア中部は統一されたが、その支配が隣接する南東部のフム地方におよぶことはなかった。14世紀には、フム地方もボスニア王国の領域に組み込まれる。15世紀に、フム地方の大貴族がボスニア王国のヘルツェグの称号を得て、その支配地をヘルツェゴヴィナとした。15世紀末からオスマン朝の統治下に置かれ、そのもとで2000メートル級の北はイグマン山とビェラシュニツァ山、北東はマグリッチ山、東はモンテネグロ、そして南西部はダルマツィアによって隔離されたこの地方は、ヘルツェゴヴィナと称されるようになる。様々な要素を含みこむボスニア・ヘルツェゴヴィナの多様性については、以下の各章を参照してほしい。

（柴 宜弘）

2

「ユーゴスラヴィアの縮図」ボスニア

★多民族、多文化の共存と対立★

ヨーロッパの南東部、バルカン半島の中西部に位置するボスニア・ヘルツェゴヴィナは、現代ヨーロッパの他の大多数の国々とは異なった特徴を有している。多くの国には、国名の由来となった多数派の民族が存在する（セルビアのセルビア人、クロアチアのクロアチア人のように）のに対して、ボスニアには、多数派を占める「ボスニア民族」は存在しない。ボスニアは、ボシュニャク（ボスニア・ムスリム）、セルビア人、クロアチア人の三つの民族が、平等に構成民族としての地位を享受する多民族国家なのである。なぜボスニアはこのように多民族国家となったのだろうか、あるいは、なぜボスニアには「ボスニア民族」が生まれなかったのだろうか。この問いに答えるためには、ボスニアのたどった歴史に目を向ける必要がある。

ボスニアの位置するバルカン地域は、かつてより多くの集団の共存する混住地域であった。これは、バルカン地域がさまざまな「文化圏」の境界地域をなしており、多様な文化的影響がかわるがわる及んできたことにも由来している。そして、この民族的多様性と境界地域というバルカン的特徴が明瞭に観察され、最後まで残ったのがボスニアであった。

4世紀末のローマ帝国の東西分裂は、バルカン半島中部が、「ローマ・カトリック世界」と、「ビザンティン・正教世界」の境界地域となる契機となった。この特質は、歴史が進み、バルカン半島にスラヴ人が定住した後も維持され続けた。また、中世のボスニアには、カトリックと正教の影響力が交錯するとともに、独自の組織を持った「ボスニア教会」が存在していた。ボスニアを含むバルカン半島に、イスラムというもう一つの要素をもたらしたのが、オスマン帝国のバルカン半島進出である。ボスニアは15世紀以降オスマン帝国の統治下に置かれ、その統治のもとに住民のイスラムへの改宗も進行した。さらに18世紀までのオスマン帝国とハプスブルク帝国の間の戦争は、戦乱を避けようとした人々の移住を促した。こうして、オスマン帝国統治下のバルカン地域は、さまざまな集団が混住する地域となった。しかし19世紀以降、国民国家理念が西欧からバルカン地域に伝播し、国民と国民国家の形成過程が始まると、バルカンの多様性・混住性は大きな挑戦にさらされることとなる。

19世紀バルカンの国民国家独立の動きと第一次世界大戦の結果、バルカン地域を統治してきたオスマン、ハプスブルクの両帝国は崩壊し、この地域も国民国家によって編成されることとなった。ボスニアは、南スラヴ統一国家であるユーゴスラヴィアの一部となった。ボスニアに暮らしていた人々は、伝統的な宗教信仰の相違から、正教徒はセルビア人、カトリック教徒はクロアチア人としての意識を身につけた。その後、第二次世界大戦後の社会主義政権下において、ムスリムは、セルビア人、クロアチア人などと同等の権利を有する「構成民族」の地位を獲得した。その際には、セルビアとモンテネグロのサンジャク地方のムスリム、コソヴォ自治州のゴーラ人、マケドニアのトルベシなども含め、スラヴ系のムスリムに対する総称として、いわゆる「ムスリム人（Muslimani）」として分類された。ボスニアの「ムスリム人」たちは、１９９０年代初頭のユーゴスラヴィア解体とボスニア独立への動きの中で、自らの民族の自称を「ボシュニャク（Bošnjaci）」と変えた。「ボシュニャク」という名称は、地名としてのボスニアから派生したものだが、ボスニア地域の住民を、民族を問わず指す「ボサナッツ（Bosanci）」とは異なるものであり、社会主義期に「ムスリム人」と呼ばれていた民族集団を指すものとして用いられた。「ボシュニャク」という名称自体は、社会主義以前にも遡ることはできるが、一般的に共有される名称ではなかったものである。むしろ１９９０年代になって、ムスリムの民族主義知識人によって主張されはじめた後、ナショナリズムの高まりとボスニア紛争の中で急速に人々に受け入れられた側面が強い。

社会主義期のユーゴスラヴィアでは、ボスニアだけが、多数派民族の存在しない、地域名称を持つ共和国であった。多民族国家ユーゴスラヴィアの中の多民族の共和国として、ボスニアは「ユーゴスラヴィアの縮図（Jugoslavija u malom）」と呼ばれることも多々あった。そして、長年にわたる混住と共存は、同じ地域に暮らす住民としての共通意識をもたらした。人々は、それぞれの相違を認識した上で、地域における共存のメカニズムを作ってきた。ある村落では、教会やモスクが建設される際にも、民族を超えて相互協力が行われたという。

ボスニアの長い歴史からみれば、民族相互の相違や対立が流血の紛争につながることは実際には稀であった。20世紀にボスニアの地で起こった二度の大規模な民族間暴力のうち、第二次世界大戦中にみられた暴力は、多民族の融和を掲げたパルチザン勢力の勝利による社会主義体制の成立によって一度は乗り越えることができた。しかし、１９９０年代初頭のユーゴスラヴィアの解体とそれに続く紛争は、「ユーゴスラヴィアの縮図」たるボスニアもまた紛争に追いやった。ボスニア紛争中に民族間で行使された暴力は、10万人以上の犠牲者を出し、それのみならず、多くの難民・国内避難民を出し、さらに民族ごとの住み分けが劇的に進行した。そして、紛争後20年以上を経過してもなお、民族共存社会の再建は残念ながら進んでいない。

そうした中、ユーゴスラヴィアの時代やその象徴たるチトーを懐かしむ人々がボスニアには数多くみられる。「ユーゴノスタルジー」と呼ばれるこの現象は、生活水準が高く、人々が平等であり、そして何より多民族が共存していた社会主義時代への懐古であり、現状への批判意識を根底に含むものでもある。民族主義政治により停滞する現状への強い批判意識は、２０１４年の反政府デモ（「ボスニアの春」）などにも現れ、民族を超えた連帯も徐々にながら広がりつつある。

振り返ってみれば、19世紀以降のこの地域の歴史は、地域の多様性が国民国家の均質性に取って代わられていった歴史でもあった。そして、バルカン的多様性をもっとも強く体現していた地域の一つであるボスニアもその例外ではなかった。しかしだからこそ、多様性の持つ価値の重要性を認識する必要があるはずである。

（山崎信一）

3

自然環境

★山、川、そして海★

ボスニア・ヘルツェゴヴィナは自然に富んだ世界である。その自然のあり方は、大平原、連なる山脈、急峻な峡谷、アドリア海と実に多様な姿をみせる。全体としては山の多い地域であるが、北部のサヴァ川沿いには平地と丘陵地が広がっている。ここはパンノニア平原の南の縁にあたり、北のクロアチアとハンガリーに向けて広大な平原が広がっている。一方ヘルツェゴヴィナ地方を中心とする南部は、クロアチアのアドリア海沿岸の後背地をなしており、わずかながら海岸線も有している。このようにボスニアは、多様な自然に恵まれた地域であり、多くの地域でこうした自然は手付かずのまま残っている。

ボスニアの自然の中心は、何といっても山であろう。ボスニアを山がちな地域としている主要因はディナール山脈であり、この山脈がバルカン半島西部を、スロヴェニアからモンテネグロまでを北西－南東にはしり、ボスニアの西部から南部には広範に山塊が広がっている。そして、ディナール山脈の南側の縁が、アドリア海沿岸のクロアチア領のダルマツィア地方との境界をなしている。ディナール山脈はおよそ２０００メートル前後の山脈で、ボスニアの最高峰で、モンテネグロとの境界に位置するマグリッチ山の標高は2386メートルである。ディナール山脈は、特にアドリア海に近い部分は降水量の少ない地中海性気候の地域にあり、木々よりは岩塊に特徴付けられるいかめしい姿をしめしている。

ボスニア各地のさまざまな山は、地域のシンボルともなっている。北西部クライナ地方のコザラ山地は、第二次大戦中のパルチザンの活動と強く結びついていた。また首都サラエヴォ近郊のイグマン山は、1942年1月、パルチザンによる「イグマン行軍」によって広く知られた。イグマン山は、1986年のサラエヴォ五輪に際しては、サラエヴォ近郊のビェラシュニツァ、ヤホリナ、トレベヴィチなどの山々とともに競技会場が整備され、ボスニアにおけるウィンタースポーツの拠点のひとつとなった。この他、モスタルの東部にそびえるヴェレジュ山は、この都市の象徴ともなっており、モスタルを代表するサッカークラブには「ヴェレジュ」の名が付けられている。

山と並んで、あるいは山以上に人々の暮らしとの関わりが深いのが、河川であろう。多くの河川が山々の間を流れ、河川に沿った盆地に都市が形成され、統治や交易の舞台となってきた。山がちなボスニアでは、主要な交通路は河川に沿って引かれ、またアドリア海に近い地域を除けば降水量・降雪量の多いこの地域では、河流量も豊富である。20世紀後半以降は、こうした河川にダムが設けられ、水力発電に活用されている。ボスニアを流れる河川のほとんどは、南から北に向けて流れ、サヴァ川に合流している。サヴァ川は、さらに東に流れ、セルビアの首都ベオグラードでドナウ川に合流し、ドナウ川はさらに東に流れ、ウクライナで黒海に注いでいる。サヴァ川は、ボスニアにとっても歴史的重要性を持つ河川であり、オスマン帝国統治の際には、長期間にわたり、サヴァ川がオスマン帝国とハプスブルク帝国の国境となっていた。1878年のハプスブルク帝国によるボスニア占領と第一次大戦後のユーゴスラヴィア国家の成立により、サヴァ川の両岸の交流が容易になり、多くの橋が架けられるようになった。なかには、両ブロード（クロアチア側のスラヴォンスキ・ブロードとボスニア側のボサンスキ・ブロード）のように、一体の都市圏として発展するに至ったものもみられたが、ユーゴスラヴィア解体以降、サヴァ川は再び国境となった。

サヴァ川に流れ込む主要な河川には、西部のウナ川、サナ川（ウナ川の支流）、ヴルバス川などのほか、中部のボスナ川、東部のドリナ川などがある。ボスニア北西部のツァジン地域を流れ、一部ボスニア・クロアチア国境をなすウナ川は、清流として知られている。サラエヴォ近郊イリジャのヴレロ・ボスネを水源とするボスナ川は、ボスニア（ボスニアの言葉では「ボスナ」）という地名の由来となったとされている。また、ボスニア東部、おおむねセルビアとの国境を流れるドリナ川は、モンテネグロより流れるタラ川とピヴァ川を源流とする水量豊富な河川であり、水力発電に広く利用されている。ドリナ川はまた、イヴォ・アンドリッチの小説『ドリナの橋』によっても広く知られている。ボスニアを代表するタバコの銘柄には「ドリナ」と名付けられており、山と並んで河川もまた、文化的シンボルとしての意味を持っていることがうかがえる。

主要河川で唯一南に向かって流れ、クロアチアでアドリア海に注ぐのがネレトヴァ川である。ネレトヴァ川は、急峻な渓谷を刻みながらディナール山脈を削り流れる。やはり水力発電に供されており、ダム湖であるヤブラニツァ湖は、別荘地にもなっている。ネレトヴァ川は、第二次大戦中のパルチザン闘争のシンボルでもある。『ネレトヴァの戦い』と題する映画も製作され、国際的にも広く紹介さ

渓谷を刻むネレトヴァ川
［出所：*Socijalistička Republika Bosna i Hercegovina*, Zagreb, 1983, str.23.］

れた、1943年のパルチザン部隊のネレトヴァ渡河の舞台は、このダム湖のやや下流のヤブラニツァの町はずれである。

ボスニアの地図を詳しく追ってみると、南部におよそ20キロ、クロアチア領を分断する形で海岸線が存在するのがわかる。ここにボスニア唯一の沿岸都市ネウムがあり、リゾート都市となっている。この海岸線の存在により、ボスニアも「地中海沿岸諸国」の仲間入りを果たしている。ただ、クロアチア側からみると、この海岸線により、ドゥブロヴニクを含むクロアチア南部が「飛び地」となっており、この部分を通過せずにクロアチア領を結ぶ橋の架橋が計画されている。

以上みたように、ボスニアの多様な自然のあり方は、この国の人々の暮らしとも密接に関わっている。多くの人々が、休日などを利用して、山や川などに、自然に触れ合うために出かける。また、自然環境を利用して発展しつつあるエコツーリズムや、渓谷でのラフティング（ボートによる渓流下り）

などは、国外からも観光客を集める観光資源ともなっている。しかしその一方で、さまざまな環境汚染が、ボスニアの多様な自然のあり方に影を落としてもいる。とりわけ、サラエヴォ、ゼニツァ、トゥズラなどの工業都市における大気汚染が深刻であり、ヨーロッパ最悪とも言われる水準となっている。これは、社会主義政権期における重工業化の負の側面の代表的なものである。紛争後も好転しない経済状況のなか、環境対策には配慮がなされず、さらに冬季の一般家庭での薪や石炭などによる暖房がさらなる大気汚染の悪化をもたらしている。豊かな自然を維持してゆく上で、環境汚染対策は喫緊の課題である。

（山崎信一）

4

国のシンボル

★国旗、国章、国歌★

独立国家としてのボスニア・ヘルツェゴヴィナの歴史は、中世王国を別にすれば、1992年の独立宣言後のわずか四半世紀ほどに過ぎない。さらに1995年までは、紛争が続いており、紛争後の歴史はさらに短くなる。独立国家としての歴史を持たなかったことは、歴史的に誰もが共有できるシンボルを持ってこなかったことも意味していた。旧ユーゴスラヴィアを含むバルカン地域の国々は、国民国家として編成されており、「民族のシンボル」と「国家のシンボル」は必ずしも明確に区別されていない。さらに言えば、「民族のシンボル」が「国家のシンボル」としてそのまま用いられることがほとんどであるが、三つの構成民族よりなる多民族国家であるボスニアにおいて、それぞれの構成民族はそれぞれのシンボルを有しており、それらとは異なった「国家のシンボル」を作り出すことは、実際には容易なことではなかった。現在のボスニアの国旗、国章、国歌といったシンボルが制定されたのは、紛争後の和平合意（デイトン合意）の後、1998年になってからであるが、その制定も、後述するように容易には進まなかった。

歴史的にみれば、統治単位としてのボスニアにシンボルとしての旗や紋章が定められたこともあった。オスマン帝国統治期には公式な定めはなかったが、1878年以降、ハプスブルク帝国統治が始まると、徐々に旗や紋章が制定され始めた。ハプスブルク帝国統治期には、上が赤、下が黄色の横二色旗がボスニアの、上が黄色、下が赤の横二色旗がヘルツェゴヴィナの州旗として定められた。さらにボスニアの紋章は、中世の有力貴族の紋章に範をとったとされる、刀を持つ腕をあしらったものが定められた。しかし、これらのハプスブルク時代のシンボルは、突然上から定められたものであり、人々に定着したとは言い難い。その後、王国時代のユーゴスラヴィアでは、行政単位としてのボスニアは設定されず、したがってボスニアのシンボルも存在しなかった。再びボスニアが統治の単位となったのは、第二次大戦後の社会主義政権下において、ボスニアが共和国として位置付けられた際であった。ボスニアの共和国旗は、赤地一色の左上に社会主義ユーゴスラヴィアの国旗がはめ込まれたものである。赤一色は社会主義を象徴するものであった。さまざまな機会に、この共和国旗も掲揚されたが、もちろん主となっていたのは、ユーゴスラヴィア国旗（青、白、赤の横三色旗の中央に黄色く縁取りされた赤い五角星）であり、人々にとっての「国旗」も、当然にユーゴスラヴィア国旗であった。社会主義期には、ボスニアの共和国章も定められた。紋章の中央には煙を吐く2本の工場煙突がデザインされていた。ボスニアにおける重工業の発展をポジティヴなものとして意匠化したものであったが、ボスニアが大気汚染に苦しんでいることをみれば、皮肉なデザインでもある。この時代、共和国歌は定められず、式典などに際しては、

社会主義時代のボスニア共和国旗

独立後1992～1995年の国旗

ユーゴスラヴィア国歌である「聞け、スラヴの民よ」が用いられた。

ユーゴスラヴィアの解体に伴い、１９９２年にボスニアも独立を宣言した。新たなシンボルの制定が始まるが、このときにはすでに紛争が激しくなっていた。独立を宣言した「ボスニア・ヘルツェゴヴィナ共和国」は、多民族的な外見は保ちながら、実質的にはボシュニャク（ボスニア・ムスリム）が主導する存在となっていった。このボシュニャク主導の「共和国」により国旗、国章、国歌が制定された。国章は、中世ボスニアのコトロマニッチ王朝の紋章に範をとったもので、青地の盾に百合の花があしらわれていた。国旗は、白地の中央にこの国章が置かれたものとなった。国歌には、著名なロック歌手ディノ・メルリンが古い民謡に歌詞をつけた「一つにして唯一」が採用された。これは、「一つにして唯一の我が祖国、一つにして唯一のボスニア・ヘルツェゴヴィナ」とうたうものだった。これらの国旗、国章、国歌は、民族的な要素を込めて作られたものではなかったが、ボスニアの統一維持を志向するボシュニャクを中心に制定されたものであり、ボシュニャクの民族的なものとしての意味合いを持つものとなっていった。特に「リリヤン」と呼ばれる百合の花は、ボシュニャクの民族的シンボルとなった。紛争の際、ボスニアのセルビア人、クロアチア人は、セルビア、クロアチアとも共通するそれぞれの民族的シンボル（セルビア人の十字と四つのS、クロアチア人のチェスボード模様）を自らのシンボルとして用いていた。

デイトン協定によりボスニア紛争は終結し、ボスニアは二つの政体よりなる単一国家となることが規定された。戦争終結を優先したデイトン協定には、戦後ボスニアのシンボルに関する具体的な定め

現在のボスニア国旗

はなく、まずは各民族間の議論に委ねられる形となった。しかし、戦後も対立をひきずる各民族間の合意を得る見通しは、まったく得られなかった。1998年の長野冬季五輪へのボスニアの参加が迫るなか、最終的には、国際社会の代表で、法律制定権を持つボスニア和平履行会議上級代表のカルロス・ウェステンドルプが、自らの権限で国旗を制定し、長野五輪には新国旗での参加がかなった。新国旗は、濃紺の地に黄色の逆三角形（ボスニアの国土の形を図案化したとも）と白い九つの五角星があしらわれたもので、青と黄色という色づかいは、EU旗に影響を受けている。国章も国旗のデザインを流用したものとなった。その後、国歌も、公募を経て上級代表の権限で新たに制定された。国歌にはドゥシャン・シェスティチ作曲の「インテルメッツォ」が採用された。この国歌はメロディーのみが定められ、現在に至るまで正式な歌詞は制定されていない。複数回にわたり、新国歌の歌詞の提案がなされたが、やはり民族対立を背景として、歌詞の制定には至らなかった。

右にみたように、現行のボスニアのシンボルは、ボスニアの人々が自ら議論して定めたものではなく、いずれも国際社会の代表によって制定されたものである。ただ国旗や国歌が披露される機会も多く、20年を経過して、それなりに定着してきている。ただし、シンボルの受容の程度には濃淡がある。ボスニア国旗は、サラエヴォなどではかなり目につくが、政体の一つであるスルプスカ（セルビア人）共和国においては、セルビア人の民族旗でもある赤・青・白の三色旗の方が、はるかに目立つものとなっている。

（山崎信一）

コラム1

分断されるシンボル――2種類のマルク紙幣

山崎信一

いずれの国でも紙幣とその意匠は、一種のシンボルの意味を持つものである。ボスニア・ヘルツェゴヴィナでもそれは変わらないが、紛争を経験した多民族国家として、ほかの国々にはない特徴も見られる。ボスニアの紙幣のほとんどが2種類ずつ発行されている点もそうだろう。

ボスニア紛争の間、それぞれの民族の支配地域では、異なった通貨が用いられていた。ボスニア・ディナールが流通するのは、ボシュニャク主体のボスニア政府支配地域に限られ、セルビア人勢力支配地域では独自の紙幣が発行され、クロアチア人勢力支配地域ではクロアチアの通貨がそのまま用いられていた。三民族に共通して通用するのは、外貨、とりわけ主要外貨だったドイツ・マルクのみという状況であった。

紛争終結後、ボスニア全土における通貨の統一が図られた。通貨の信頼回復と安定を図るため、信用の高い外貨ドイツ・マルクとの一対一の交換を保証したのみならず、名称までもマルク（ボスニアの言葉ではマルカ）を採用した。こうして「コンヴェルティビルナ・マルカ」（兌換マルク）の発行が始まったのである。発行に際しては、二つの政体を持つボスニアの特性に合わせ、同一価値の紙幣に対して政体ごとに2種類が用意された。ボスニアでは紙幣も分断されたということになるが、ただもちろん価値に違いはなく、どちらの政体のデザインかを気にする人はまずいない。

いずれの政体のデザインも、肖像画に採用されたのはボスニア出身でそれぞれの民族を代表すると考えられた文学者である。ただし実際には、ほとんどの文学者は、特定の民族のみではなく、ボスニア全体で共有されていた。ボスニア連邦側では、50フェニンガがスケンデル・クレノヴィチ（パルチザンにも加わった20世紀のムスリムの作家、詩人）、1マルカがイヴァン・フラニョ・ユキッチ（19世紀のクロアチア人のフランチェスコ修道会士で文学者）、5マルカがメシャ・セリモヴィチ（『修道師と死』で知られる20世紀の作家）、10マルカがマク・ディズダル（20世紀のムスリムの詩人）、20マルカがアントゥン・ブランコ・シミッチ（20世紀初頭に活躍した夭逝したクロアチア人の印象派詩人）、50マルカがムサ・チャズィム・チャティチ（20世紀はじめに活躍したムスリムの詩人）、100マルカがニコラ・ショプ（20世紀クロアチア人の詩人）となっていた。スルプスカ（セルビア人）共和国側は、50フェニンガがブランコ・チョピッチ（児童文学でも知られる20世紀のセルビア人作家）、1マルカがイヴォ・アンドリッチ（20世紀ユーゴスラヴィアのノーベル賞作家）、5マルカがメシャ・セリモヴィチ、10マルカがアレクサ・シャンティチ（19世紀末から20世紀初頭のセルビア人の詩人）、20マルカがフィリップ・ヴィシュニッチ（18世紀から19世紀にかけてのセルビア人のグスレ奏者・叙事詩作家）、50マルカがヨヴァン・ドゥチッチ（19世紀から20世紀のセルビア人文学者）、100マルカがペータル・コチッチ（19世紀末から20世紀初頭のセルビア人作家）となっている。

アンドリッチの200マルカ紙幣

　5マルカのセリモヴィチは、ルーツはムスリムだが「ユーゴスラヴィア人」としてのアイデンティティを持ちセルビアでも暮らした作家で、例外的に両者に共有されていた。またスルプスカ側のアンドリッチの1マルカ紙幣は、印刷ミスからすぐに回収され、ほとんど出回らなかった。その後200

2年に、共通デザインとして、イヴォ・アンドリッチの200マルカ紙幣が導入された。ボスニア出身で、ユーゴスラヴィア志向を強く持っていたイヴォ・アンドリッチは、三民族のいずれにも共有されうる存在であった。

　この間、小額紙幣は徐々に共通デザインのコインに置き換えられた。また、本家ドイツ・マルクはユーロに変わったが、ボスニアのマルカはそのまま維持され続けている。女性が一人も採用されていない点などに批判もあるが、ボスニアの現状からすると、当分はこのまま通貨マルカとマルカ紙幣が使われ続けることになるだろう。

II

歴　史

5

中世のボスニア

★激動の時代★

中世のボスニアと聞いて、何を連想するだろうか。ヨーロッパの歴史に関心がある人でも、何も知らないという人がほとんどだろう。現地を訪れても、中世の「歴史遺産」と呼べるものを見かけることはそれほどない。歴史的建造物は、中世より後のオスマン帝国時代に造られたものが多い。西欧の中世のように、ロマネスク様式やゴシック様式の修道院や教会が各地にあるわけではないし、堂々とした城塞が残っているわけでもない。

だが、この国にも中世の歴史はある。それは、今もあるローマ・カトリックの修道院や、「ボスニア教会」と呼ばれるキリスト教異端の教会跡から分かる。「ボスニア教会」の信者は各地に石造の「墓碑（ステチャク）」を建てており、それらは現在でも見ることができる。

それでは、ボスニアの歴史を見ていこう。中世のボスニアは一言でいえば、ローマ・カトリック世界の一部である。この地は、「総督」と呼ばれる世襲の支配者によって治められた。最初の総督であるクリンは、1180年から治めはじめており、その後1377年には、総督領は王国に改編された。宗教は、キリスト教の三つの宗派、すなわちローマ・カトリック、正教会、そしてローマ・カトリックの分派とされる「ボスニア教会」である。三つの宗派のうち、ローマ・カトリックの総本山であるローマ教皇庁は、12世紀以降、ボスニアにたいして宗主権を行使した。一方、「ボスニア教会」は、13世紀以降に広がった二元論的異端である。二元論とは、宇宙を善悪二元論によってとらえる世界観である。ローマ教皇庁はこれを撲滅するため、ハンガリー王に命じて遠征軍を派遣したが、根絶することはできなかった。こうした外圧を排しつつ、ある程度まとまった中央集権化を志向する支配者があらわれたのは、14世紀はじめである。それはスティエパン二世コトロマニッチであった。かれは国土を拡大し、国制を整備するとともに、フランチェスコ修道会を招いてローマ・カトリックを全土に普及させようとした。かれ自身もローマ・カトリックに改宗している。その跡をついで１３５３年に総督となったトヴルトコ一世も、中央集権化政策を引き継いで権力強化につとめた。従来の領土を約２倍に拡大し、ボスニア王国を建国した（１３７７年）。

トヴルトコ一世が総督領を「王国」に格上げしたのは、なぜだろうか。ハンガリーなど、外国の脅威から国土を守るため、そして中央集権化を進め、国土を統一するためにも、王国という政治体制による権威づけが必要だったであろう。ボスニアでは貴族の力が強いので、彼らに「王国」意識をもたせれば、国土の統一を進めることができたであろう。おそらくこのような理由から同王は、１３７７年に中部のミーレ修道院に赴き、「ボスニア王冠」によって戴冠式をおこなった。

しかしこの王冠については、諸説があり、その由来をめぐって研究者の見解が分かれている。一つは、国内説をとるもので、同王は、国内のミーレ修道院の聖職者によって戴冠されたという。この場合、王冠がどこで製作されたかは定かではないが、セルビアなど外部の権力者から授与されたのではないことになる。いま一つの説は、同王はセルビア王冠を用いて戴冠したとするものである。これは、セルビア人の歴史家による説である。そして三つめは、このときボスニアとセルビアで別々に戴冠式がおこなわれた（つまり、戴冠式は二度、おこなわれた）とする説である。この説は、同王がある史料のなかで、自分が「二重の王冠によって即位した」と記していることが根拠になっている。

この「ボスニア王冠」が興味深いのは、それがボスニアの「王国」や「貴族」、「議会」を意味するものとしてたびたび史料にあらわれるからである。そこには、同時代の西欧における「王冠」概念の影響が強く感じ取られる。西欧では13、14世紀になると、「王冠」は「死すべき王」の自然的身体から分離した抽象的な「王国」を意味し、それが社会、すなわち貴族や聖職者、市民の忠誠の対象となっていった。ボスニアでも、「王冠」は西欧と同じ意味で用いられている。西欧型の、中世的な立憲政治へと向かう道が開かれていたようである。ただし、王冠という政治概念が、どのような経緯で西欧からボスニアに伝わったのかは、具体的には分かっていない。

トヴルトコ一世の死去後、ボスニアでは弱体な王がつづいた結果、1410年以後に、有力大貴族からなる領邦国家体制が成立し、領邦大貴族が国王をコトロマニッチ王家から選出する、一種の選挙王政に移行した。なお領邦大貴族とは、コサチャ家、フルヴァティニッチ家、パヴロヴィチ家の三家である。彼らは、自分たちをハンガリー語の「オルサーグ（国）」に由来する「ルサーグ（大貴族）」と称し、王とともに国政を担った。

しかし、こうした貴族連合国家は、わずか半世紀しか存続しなかった。ブルガリア、セルビアを征服したオスマン帝国は、15世紀にはいると本格的にバルカン半島の内陸部に進出したからである。ボスニアでは、貴族層のなかに、自らに忠実な貴族を見つけては、彼らを切り崩し、弱体化を図っている。1433年頃にはボボヴァッ市を、1451年にはヴルフボスナ（現在のサラエヴォ）も占領した。ボスニア王はオスマン帝国の脅威にさらされながら、最後まで抵抗し、西欧に救援を求めつづけた。しかし1463年に最後の都市ヤイツェとクリューチュが陥落し、滅亡したのである。最後の王であるステファン・トマシェヴィチはヤイツェ市に立てこもったが、投降した後、オスマン側により斬首された。滅亡後、この地域は1878年（ベルリン会議）までオスマン帝国の支配下におかれることとなる。

では、ボスニアでは中世の政治的伝統は、オスマン時代になって何かの影響を残さなかったのだろうか。これについては二つの立場がある。一つは、中世とオスマン時代の連続性を強調する立場である。それによれば、あるていど多くの中世貴族がオスマン当局の承認をえて従来の土地に住みつづけたとされる。いま一つの説は、中世とオスマン時代における貴族層の連続性は、限定的なものにすぎないとする立場である。後者の立場によれば、オスマン時代にもボスニアに中世からの貴族が住みつづけたが、それは少数であり、史料にみられる大多数の貴族は、バルカン半島の他の地域からこの地に入植した南スラヴ人（スラヴ人の一派）であるという。

ボスニアといえば、ある程度の年齢にたっした方々は1990年代における旧ユーゴスラヴィア紛争を知っているので、イスラム世界の一員という印象が強いかもしれない。しかしここでみた王冠概念のように、中世には、政治文化の面で、あるていどまで西欧世界の影響を受けていたこともたしかである。ボスニアは、歴史上、東西キリスト教世界の境界に位置していた。この国は西欧、つまりローマ・カトリック世界と東方世界、すなわちビザンツ世界やオスマン帝国との間で揺れ動いた地域の代表例といえる。山地と森林によって、東西の世界から切り離された地域ではあったが、河川や峡谷づたいにさまざまな文物がこの地に伝わっていた。ボスニア・ヘルツェゴヴィナの歴史を学ぶと「西欧」は、はじめから所与のものとして存在したのではなく、可塑的な概念であり、他の文明の影響を受けて収縮を繰り返しながら、現在の姿になったことが実感できる。

（唐澤晃一）

コラム2

唐澤晃一

ステチャク

ステチャク、すなわち「ボゴミルの墓石」（以下「墓石」と略）は、彫刻を施した石造の墓碑をさす。この墓石は、ボスニア・ヘルツェゴヴィナ、モンテネグロ、セルビア、ダルマツィア南部に分布する。原語のステチャクは、何か「存在するもの、立つもの、大きいもの、高いもの」を意味する。石の形状は、平たい石板状のもの、櫃《ひつ》状のもの、石棺状のもの、十字架状のものなど、さまざまである。石の表面には人間や動物の姿、装飾模様が彫り込まれ、建てた者の碑銘が刻まれていることもある。キリスト教時代の15世紀半ば以前に建てられたものが多い。

墓石については、16世紀にスロヴェニアの通訳であるベネディクト・クリペシッチが書いた旅行記に記述が残されている。それによれば、クリペシッチら、神聖ローマ帝国の使節一行はボスニアにさしかかったとき、この墓石を見たという。「今日、我々〔クリペシッチら一行〕が通り過ぎた丘の上には、かなり大きな石造の墓があった。我々だけでなく、トルコ人〔オスマン人〕も、これほど大きな正方形に切り取られた石を五つも、どうやって丘に運び上げたのか、不思議に思っている」。クリペシッチが見た「石造の墓」は中世に大貴族のパヴロヴィチ家が建てたものであった。同家は、ボスニア東部に広大な領地をもつ大貴族で、ボスニア教会の信者であった。

ボスニア・ヘルツェゴヴィナには、旧ユーゴスラヴィア時代の1971年の時点で、全国に6万点近くの墓石が点在していた。これらは13世紀から16世紀前半にかけて建てられた。最盛期は、14、15世紀である。ではなぜこの時期に建てられたのだろうか。それは、当時ボスニア

ラディムリャ（ヘルツェゴヴィナ）におけるボゴミルの墓石群
［出所：Šefik Bešlagić, *Stećci i njihova umjetnost*, Sarajevo 1971, 114.］

が経済の発展期を迎えていたからである。ドゥブロヴニク（ダルマツィア地方沿岸の都市）商人の手によって銀山の開発が進められていた。墓石を建てたのは貴族が多く、彼らは富を蓄えて、さまざまな彫刻を施した墓碑を建てることができるようになったのである。そうすることによって彼らは、「戦う人」としての自分の権威を誇示しえた。

墓石の装飾には、当時、貴族がどのような生活を送り、どのような嗜好をもっていたかが色濃く映し出されている。そこには、人間の姿だけでなく、バラ模様、半月、十字架や、貴族の盾および剣などが彫り込まれている。なお盾には、家紋が刻まれることもある。鹿、馬といった動物や鹿狩りといったモチーフから、当時の貴族が戦士として身を立て、狩猟を営んでいたことがうかがえる。

では、墓石には誰が埋葬されたのだろうか。「ボスニア教会」の信者であることはたしかである。「ボスニア教会」とは、おそらくローマ・カトリックの分派で、ローマ教皇庁からは異端とみなされた。

墓碑の碑文には「ゴスト（年寄衆）」「クルスティヤン（信者）」といった、ボスニア教会の高位聖職者の役職名が個人の名とともに刻まれた。しかしボスニア教会の信者だけが葬られたのではなく、正教徒やローマ・カトリック教徒が一緒に埋葬されることもあったことは、興味深い。また、この二つの宗派の教会墓地に、ボスニア教会の墓石が建てられるケースもみられる。このようにキリスト教の三宗派が同じ場所に埋葬されていたことは、これらの宗派の間に、我々が想像するほど大きな、教義上の差異がなかったことを示すのではないだろうか。

通説によれば、ボスニア教会は、二元論的異端のボゴミル派であり、現世に属する一切のもの、つまり生や物質を忌み嫌う集団であったと考えられている。こうした解釈に異論はないが、必ずしもそうとは言い切れない面もある。もしそうであるとすれば、たとえば墓石に狩猟や馬上トーナメントといった、貴族の生活と密接にかかわりがあるテーマが彫られることはなかっただろうからである。

「ボゴミルの墓石」をみると、中世以来ボスニアは、文化的多元主義を特徴としてきたことがよく分かる。宗派に関係なく、すべての者が埋葬されえたからである。フランスやイタリアには同じ二元論的異端のパタレニ派やカタリ派があるが、これらの異端はこうした墓石をもつことはなかったので、「ボゴミルの墓」は、ボスニアに固有の文化であるといえる。

6

オスマン帝国時代

★異文化混淆を自文化とした緩やかな生活の営み★

ボスニア・ヘルツェゴヴィナは約400年にわたり、オスマン帝国の支配下におかれた（1463〜1878年）。1386年、オスマン軍はボスニア王国を初めて攻撃し、1389年にはコソヴォ平原でセルビア・ボスニア連合軍を破った。コンスタンティノープル陥落から10年後の1463年には、ボスニア（以下、ヘルツェゴヴィナも含む）もメフメト二世に征服された。以後ボスニアは軍事・徴税・農村支配を兼ねたティマール制に組み込まれ、オスマン帝国の西北国境警備を担う県《サンジャク》となった。

イスラムでは、ユダヤ教、キリスト教は、同じ唯一神を信じる姉妹宗教だと認識されている。オスマン帝国では住民をムスリムと非ムスリムとに分けて把握したが、政府主導の強制改宗はなかった。征服当初のボスニアではキリスト教徒のまま在郷騎士《スィパーヒー》・国境警備兵や役人になる者もおり、住民のイスラム受容は長期にわたるものだった。そもそもボスニアは、正教会の中心コンスタンティノープルからもカトリックの中心ローマからももっとも遠い、両教会の影響が希薄な地域だった。

非ムスリムには人頭税が課されたが、宗教的自治は承認された。ギリシア正教会は特権を認められた機関だったのに対して、カトリック教会は敵対するハプスブルク帝国の教会だったため警戒された。とはいえ、スルタンが発布する「条約の書《アフド・ナーメ》」によってカトリック教会はフランチェスコ会の管理下で活動を許可された。フォイニツァにあるフランチェスコ会修道院（1668年創建）には、今日炭酸水で有名なキセリャク郡ミロドラツ軍営地でメフメト二世が発したと伝えられる「条約の書《アフド・ナーメ》」が所蔵されている。

オスマン帝国はバルカンを征服したが、その結果バルカン出身者が政治を動かしたといわれることもある。これは、男子徴用《デヴシルメ》制度によって、徴用された少年がイスラムに改宗させられ、教育を受けた後、近衛歩兵《イェニチェリ》、高官、あるいは宮廷の小姓となって国家中枢を支えたことによる。同制度はたしかに強制改宗といえるが、実質16世紀後半までの約150年間、主にバルカン地域のキリスト教徒家庭から数年に一度、8歳から15歳前後の頑強・利発、眉目秀麗な少年が徴用され、ひとりっ子、ユダヤ教徒、既婚者は除外される限定的運用だった。同制度は、親の気持ちになれば「人さらい」に他ならず、心張り裂ける思いだったに違いない。ただし、人材登用法としてみた場合、征服地の少年を国家中枢に重用するとは世界史上類を見ない型破りな策ではないか。例えばメフメト二世時代以降、実際に国政を動かした大宰相職には、1453年から1603年までの54人中、トルコ人と思しき人はわずか5人に対してボスニア出身者は10人、1603年から1703年までの63人中ではトルコ人と思しき人は15人に増加したが、ボスニア出身者も8人が確認される。

ボスニアにおけるオスマン支配の影響が目に見えて現れたのは、各地で都市建設が進み、交通網がはりめぐらされ、農業・商工業・鉱業が発展したことである。地方行政の中心地は、サラエヴォ（1463〜1552、1639〜99、1851〜78）（第15章参照）、バニャ・ルカ（1552〜1639）（第17章参照）、トラヴニク（1699〜1851）と移動し、各都市には、ワクフ制度（イスラム法に基づく財産の信託制度）を運用して宗教・公共施設が建設され、繁栄した（第51章参照）。

1492年、再征服運動《レコンキスタ》によってイベリア半島から追放されたユダヤ教徒たちスファラディム系の一部は、生命・財産の保障を得たオスマン帝国で安住の地を見出し、イスタンブル、イズミル、ギリシアのテッサロニキに次いで、サラエヴォにも16世紀後半からユダヤ教徒家族が住み始めたという。これらのユダヤ教徒の中に、彩色画が描かれた中世ヘブライ語の現存する最古の本の一つである『サラエヴォ・ハガダー』を持ち込み、守り続けた者がいたようだ。第二次世界大戦中および1990年代の戦乱の中、この『サラエヴォ・ハガダー』を命がけで救い出したのはムスリム市民だった。旅行家エヴリヤ・チェレビーは、17世紀後半のサラエヴォには二つのユダヤ人街区があり、サラエヴォの住民はボスニア語、トルコ語、セルビア語、ラテン語、クロアチア語、ブルガリア語を話すと伝えている。

16世紀後半から17世紀前半にかけて地中海世界におこった人口増加、インフレなどによって財政難に陥ったオスマン政府に対して様々な反乱が頻発し、ティマール制は崩れた。新たに徴税請負制が拡大し、農村では荒廃した農地の集積などによって農場《チフトリキ》が形成された。とりわけ17・18世紀のボスニアは、度重なる戦争で財政的・軍事的負担にいっそう苦しんだ。ボスニア部隊は17世紀中葉の対ヴェネツィア戦争、1683年からの対ハプスブルク戦争を長きにわたって戦った。カルロヴィッツ条約（1699）によって、オスマン領ハンガリーおよびトランシルヴァニアはハプスブルク帝国に、ダルマツィアはヴェネツィアへ割譲され、これらの地域に駐留していた軍人・官吏、住民がボスニアへ退

表　サラエヴォの人口推移

<table>
<tr><td></td><td>ムスリム世帯数</td><td colspan="2">キリスト教徒世帯数</td><td>ドゥブロヴニク人世帯数</td><td>推定人口</td></tr>
<tr><td>1468</td><td>5</td><td colspan="2">65</td><td></td><td></td></tr>
<tr><td>1485</td><td>42</td><td colspan="2">103</td><td>8</td><td>700～800</td></tr>
<tr><td>1516</td><td>884（世帯）366（独身男性）</td><td colspan="2">74（世帯）15（未亡人）</td><td>66</td><td>5000</td></tr>
<tr><td>1542</td><td>1418（世帯）1094（独身男性）</td><td colspan="2">14（世帯）6（未亡人）</td><td></td><td>9000</td></tr>
<tr><td>1570</td><td>3579（世帯）2079（独身男性）</td><td colspan="2">88（世帯）4（未亡人）</td><td></td><td>20000</td></tr>
<tr><td colspan="4">16世紀後半</td><td colspan="2">ユダヤ教徒数世帯</td></tr>
<tr><td>1604</td><td colspan="3">3895（世帯）</td><td colspan="2">140（世帯）</td></tr>
<tr><td colspan="6">人口（人）</td></tr>
<tr><td></td><td>ムスリム</td><td>正教徒</td><td>カトリック</td><td>ユダヤ教徒</td><td>総人口</td></tr>
<tr><td>1851</td><td>15,224</td><td>3,575</td><td>239</td><td>1,714</td><td>21,102</td></tr>
<tr><td>1895</td><td>17,787</td><td>5,858</td><td>10,672</td><td>4,054</td><td>38,083</td></tr>
<tr><td>1910</td><td>18,460</td><td>8450</td><td>17,922</td><td>6,397</td><td>51,919</td></tr>
</table>

出所：Muhammed ARUÇİ, “Saraybosna,” *Türkiye Diyanet Vakfı İslam Ansiklopedisi*, Cilt 36, 2009, 128-132)

去した結果、ボスニアのムスリム人口は増大した。

人口流入はボスニア社会に変化をもたらした。ボスニア特有の職位として、16世紀には国境警備・治安維持に従事していたカペタンと呼ばれる人々が行政・警察職を世襲し始めた。また、ボスニアのムスリムおよび非ムスリムの地方名望家《アーヤーン》は、公的なアーヤーン職として評議会を組織した。農村においては、農場《チフトリキ》を基盤に地主層が形成された。さらに大都市で在地化した近衛歩兵《イェニチェリ》司令官などの有力者の中には、軍務のみならず商工業に従事し、農場《チフトリキ》を経営し、徴税請負権を獲得し、地方名望家《アーヤーン》となった者もいた。

このような在地の特権集団は、19世紀における政府主導の中央集権的「近代化」改革において、既得権益を侵害されることへ強く抵抗することとなった。オスマン政府は1826年、すでに形骸化していた伝統的近衛歩兵《イェニチェリ》軍団を、1831年にはティマール制を廃止し、ボスニアでは1835年にカペタン制も廃止された。これらの改革は、長らく「国境県」として帝国の防衛に貢献してきたボスニア社会を不安に陥れた。加えて1829年、オスマン政府はギリシアの独立とセルビアの自治化を容認した。

1847年に州軍政官ターヒル・パシャは、農村における対立の実態を調査し、多くの収穫物を獲得したい地主と、無償労働を小作料とは認めず、収穫物のみを納めることを主張する小作人との間で「満足のいく合意」を実現すべきだと政府に進言した。これをうけて小作人による無償労働の廃止と小作料3分の1の固定化が決定されたが、地主が無償労働の廃止に反対したため、農民の不満はいっそう募った。地主が3分の1を、小作人が3分の2を取る方式は、オスマン征服以前からの慣行であったという。耕作地に石が多く農業には適さないヘルツェゴヴィナの小作料は4分の1もしくは5分の1で、加えて無償労働が課せられた。この慣行は環境に即して、生活に必要な収穫物をより多く農民に配分するための方策で、歴史に根差した生活の知恵だった。ターヒル・パシャをはじめ中央から派遣された官僚は、ボスニアにおける地主・小作問題や特権層による専横を解決しようと努力した。しかし、西欧列強から無償労働は「人権侵害」だと批判され、扇動されたことが農民を蜂起へと駆り立てたのであった（地図）。

クリミア戦争（1853～56）でオスマン政府は、ロシアの南下を防ぐためにイギリス・フランスの力を借りたため、両国の干渉はいっそう増し、1875年には国家財政が破綻した。まさにこの年、ヘルツェゴヴィナで大規模な農民蜂起が起こった。ただしこの蜂起は、前年の不作と冬が長びき、ある寒村でキリスト教徒武装集団がムスリム荷担ぎ人を襲撃する突発的事件が発端で、「ムスリムの地主」に対する「キリスト教徒農民」の蜂起ではなく、経済的困窮に起因していた。1878年、ロシア・トルコ（露土）戦争を終結するベルリン会議で西欧列強は、宗主権をオスマン帝国に残したまま、ボスニアが実質的にはオーストリア・ハンガリー帝国に統治されることを決めた。400年余に及んだオスマン帝国によるボスニア支配に終止符を売ったこの決定は、ボスニア住民にとって寝耳に水であった。

オスマン帝国時代のボスニア・ヘルツェゴヴィナ（1866年）

出所：江川ひかり「タンズィマート改革期のボスニア・ヘルツェゴヴィナ」（『岩波講座世界歴史21』岩波書店、1998年、120頁）を基に作成

ユーゴスラヴィア研究家・田中一生は、バルカン半島におけるオスマン帝国の遺産に関して論じた中で、トルコ学の泰斗・護雅夫の「オスマン帝国時代の遺産は、おそらく、文学・民間伝承のなかにおいてこそ、もっとも長く生き続けるであろう」ということばを引用している（南塚信吾編『叢書東欧1 東欧の民族と文化』彩流社、1989年、284〜286頁）が、私も同感だ。今日、ボスニア史といえば、19世紀後半以降、外部から扇動された「民族主義」「宗教間対立」に目を奪われがちだが、もっと深く、長い目でボスニアの歴史・文化に目を向けなければ、本来の魅力を見逃してしまうだ

ろう。

オスマン時代、サズ（長い棹の弦楽器）を弾きながら吟遊詩人《アーシュク》は、英雄叙事詩、山賊・義賊の歌、哀歌《エレジー》を歌った。セルビア人やモンテネグロ人は一弦琴《グスレ》を弾きながら、コソヴォの戦いの逸話やセルビア王国末期マケドニア地方のマルコ王子（１３３５頃～１３９５）を原型とした英雄譚を歌い継いできた。マルコ王子英雄譚の中には、断食中のムスリム女性と輪舞《コロ》を踊って、スルタンのスレイマン（コラム3）に叱責される場面もある。マルコは「私はキリスト教徒だ」とスレイマンの前で覚悟をもって主張し、スレイマンも近くに味方がいないため、怖くなって金貨１００枚を取り出し「これで赤ワインでも飲んでくれ」といってなだめたという（田中一生「マルコ王子の伝説」『週刊朝日百科　世界の歴史』58、１９９０年、C３６８～３６９）。この英雄譚から、マルコ王子（非ムスリム男性）が断食中のムスリム女性と踊ることや、スルタンが金貨で「赤ワイン」を勧めるという宗教的タブーを冒し、赦した末の日常的交流を読み取ることができる。そもそも、マルコは14世紀、スレイマンは16世紀の人で、現実には出会っていない。しかし、オスマン帝国では立法者スレイマンの治世は古き良き理想の時代として回顧され、他方、セルビアにおいても古き良き中世セルビアを再建したい人々の願いが生み出した英雄がマルコである。理想の２人が時空を超えて出会い、信頼醸成していく過程こそが、ボスニアの人々の緩やかな生活の営みの姿ではないだろうか。

（江川ひかり）

コラム3

メフメト・パシャ・ソコロヴィチ
——400年先を見た国際人《コスモポリタン》

江川ひかり

メフメト・パシャ・ソコロヴィチ（1505〜79）は、スレイマン一世（在1520〜66）、セリム二世（在1566〜74）、ムラト三世（在1574〜95）の三代にわたるスルタンのもとで大宰相として国政を動かしたボスニア出身の軍人政治家である。オスマン史では「ソコルル・メフメト・パシャ」と呼ばれる（以下、ソコルルと略す）。

ソコルルは、ボスニアのヴィシェグラード郡ソコロヴィチ村に生まれ、キリスト教の洗礼名はバヨという。ボスニアのセルビア正教会ミレシェヴァ修道院修道士であった伯父から学問を始め、後に同修道院の助祭となった。ソコルルが男子徴用《デヴシルメ》（第6章参照）係官によって宮廷に上がるべく特別に徴用された際、彼は修道院での食事時間に大きな声で神を讃える詩を詠んだ18歳の若者であった、と晩年、ヴェネツィア大使へ語っている。

18歳で徴用されたのが史実とすれば、イヴォ・アンドリッチの小説『ドリナの橋』（松谷健二訳、恒文社、1990年、第4版41〜43頁）（第20章参照）で「十歳ばかりになるソコロヴィチ村出身の髪の黒い少年」とは、年齢に隔たりがある。とはいえ、ドリナ川を渡った時に少年が感じた「不快感」は、ボスニアから徴用された他の多くの少年にも共通していたと想像され、同小説はソコルルを理解するうえでも名作だ。

私は、ソコルルの生涯に、アンドリッチが自らの人生を重ねていたと考えている。アンドリッチは、2歳の時に父を亡くし、生活費を稼ぐためにサラエヴォの絨毯工場へ働きに出た母と別れてヴィシェグラードの叔父母のもとで小学校生活を送った（田中一生『バルカンの心——ユーゴスラヴィアと私』叢書東欧12、彩流社、2007年、287〜293頁）。アンドリッチが母と離れて辿りついた町がヴィシェグラードだったことを思えば、あの「不快感」は、アンドリッチこそが抱え続けた心身の記憶ではなかったか。

エディルネに到着したソコルルは、イスラムに改宗させられ、ソコルル（ソコル出身の）・メフメトの名を得た。その後、イスタンブルのトプカプ宮殿内廷に上がり、スレイマン一世の太刀持ち、お毒見役長など出世コースを進んだ。1549年にはルメリ州軍政官職に就き、トランシルヴァニア遠征では1552年、ティミショアラ城塞を攻撃した時、彼の馬が銃に撃たれると別の馬に乗り移って戦い続けたという武勇伝が残る。

スレイマン一世治世は帝国の最盛期といわれる。とりわけ諸法令が整備されたことから、スレイマンは「立法者」とよばれている。彼の偉大さとは、戦争による拡大路線に終止符を打ち、「治世の後半20年間は無理な戦争を多くは行わなかったことだった」（林佳世子「「壮麗王」スレイマン一世が残したもの――不動の帝国への礎」『トルコを知るための53章』明石書店、2012年、106〜110頁）。1555年、アナトリアのアマスヤにおけるサファヴィー朝との和議にソコルルは宰相として出席した。最後の親征で1566年8月に始まった約1か月間のスィゲトヴァル城塞包囲戦は、スレイマンが体調不良のため、その前年大宰相に就いたソコルルが指揮した。9月上旬、陣中でスレイマンが逝去すると、王子到着までの3週間その死を隠し、セリム二世が即位、ソコルルは新スルタンの娘婿として大宰相位を継いだ。

ソコルルは親兄弟をイスタンブルへ呼び寄せ、一族は繁栄した。ソコルルが1557年にセルビア正教会のペーチ総主教座を復活させたことは、セルビア正教徒の記憶にも深く刻まれた。再建後ペーチ総主教座の初期三代総主教にソコルル一族が就いたのも彼の権力ゆえといわれるが、この背景にはオフリドとペーチの二主教座間における勢力争いを鎮める目的があり、総主教人事は主教座安定の最善策だったという（ロバート・J・ドーニャ／ジョン・V・A・ファイン『ボスニア・ヘルツェゴヴィナ史――多民族国家の試練』佐原徹哉他訳、恒文社、1995年、55～56頁）。

　対サファヴィー朝戦争では、自国軍を北から支援するためにロシアのドン川とヴォルガ川を結ぶ運河の開削に着手した。加えてインドへの道を短縮するため、400年後に実現するスエズ運河をも計画したソコルルの先見の明に目をみはる。土木事業や世界地理・国際関係の知見は、修道院における学問とスレイマンと共に広大な領土を歩いた経験とによるものだろう。

　先述したドリナの橋の他にもソコルルは各地に多くの建造物を遺した。中でもイスタンブルのトプカプ宮殿やアヤ・ソフィア大聖堂が位置する観光名所から少しはずれた海側にあるソコルル・メフメト・パシャ礼拝堂は、スィナン（第20章）の作で、一基の光塔《ミナレット》をもち、気品にあふれひっそりと佇む。内部の青を基調としたタイルの空間に立つと、宗教や民族など達観した時代の先を読むソコルルの炯眼が想像される。ソコルルは、帝国最盛期の末期を10歳上のスルタンに寄り添い、ポスト・スレイマン体制の土台を固めた国際人《コスモポリタン》だった。

ソコルル・メフメト・パシャ礼拝堂

7

ハプスブルク帝国の統治

★占領から併合へ★

ベルリン会議（1878年6～7月）の結果、ハプスブルク帝国はヨーロッパ列強諸国からボスニア・ヘルツェゴヴィナの占領、施政権を委任された。占領の動機としては、経済よりもむしろ軍事や民族政策の側面が強かったといえる。すなわち当時のボスニアは住民の9割近くが農業に従事する、相対的にみると経済的に遅れた地域であった。さらに19世紀半ば頃より断続的に続いた戦乱により、地域経済は疲弊していた。一方で軍事的にみると、ボスニアはアドリア海に面するダルマツィア地方の後背地という戦略的な意義を有していた。民族政策的には、ハプスブルクにとって最も深刻な南スラヴ問題との関係があげられる。つまりボスニアには南スラヴ民族、より正確にいえば、セルビア正教徒（セルビア人）、カトリック教徒（クロアチア人）、イスラム教徒が過半数を占めない割合で混住しており、隣接するセルビアがかねてよりボスニアの領有を切望していた。当時のハプスブルク共通外務相アンドラーシは、君主フランツ・ヨーゼフがボスニアの獲得を望んでいたこともふまえ、国内の反対にもかかわらず占領に踏み切った。

ハプスブルク施政の評価については一致をみていない。批判的に捉える場合、ハプスブルクはボスニアを「植民地」として政治的、経済的に抑圧し、その結果サラエヴォ事件が起こったとみる。確かに、ハプスブルクの施政者が「文明化の使命」を自覚していたように、一般的な植民地支配に類似する事象がみられた。一連の経済政策はあくまで本国側の利益を前提としたものであり、ボスニア住民は税金の金納化にともなって現金経済への対応を強いられた。さらにハプスブルク政権が、占領に際してその解決を公約した農地問題を解決しなかったとされる点だけでなく、教育部門にも十分な予算を充当しなかったために識字率がきわめて低かった点も非難の的となっている。

ハプスブルク期に建設された旧サラエヴォ市庁舎（元国立図書館）

もっとも、統治者側の利益を前提としてボスニアがさまざまな面で「近代化」され、この地に物質的な「繁栄」がもたらされたことも否定できない。オスマン時代にはほとんど整備されていなかった道路や鉄道などの交通機関は大幅に拡充された。農業生産は増加し、占領当時の懸案であった家畜の病気も概ね撲滅された。製塩、製材、製糖、ソーダ製造、製鉄など地元の資源を活かした工業や鉱山の開発も進められた。経済力の上昇にともない、当該期に通商活動も活性化した。住民の福祉・健康についても、水道の敷設や病院の建設などにより一定の改善がみられたという。

ハプスブルク期のボスニアについては、民族意識の変化にも目を向けねばならない。ボスニアでは宗派意識と民族意識とが不可分の関係にあった。キリスト教徒のうち、セルビア正教徒はセルビア人、カトリック教徒はクロアチア人、そしてイスラム教徒も独自の民族意識を形作りつつあったのである。ハプスブルクは当初、共通財務相カーライのもとで各宗派＝民族ではなくボスニアに由来する民族意識の喚起、いわゆる「ボスニア主義」政策を採用するとともに、各宗派の自治を厳しく制限した。しかし「ボスニア主義」構想は期待通りの結果につながらなかったうえ、抑圧的な政体に対する不満はセルビア人を中心に高まった。そのためカーライの後継者であるブリアーンは、現地社会を懐柔するために各宗派に一定の自治を認める方針に転換した。もっとも、この措置はかえって政権への反発を強める結果となった。ブリアーンが占領状態に終止符を打ち、併合を目指した一因は、ボスニアにおける不穏な事情であったといえる。

すなわち占領以来、ハプスブルク帝国はボスニアの行政権のみを掌握し、領土主権はオスマン帝国が保持する変則的な法的状態が続いていた。その状況を大きく揺るがせたのは、青年トルコ革命（1908年7月）である。オスマン帝国では憲法が復活するとともに、議会の再開も予定された。この際、オスマン側では占領地域であるボスニアからも議員を招集することで、ハプスブルクによる占領状態の解消がもくろまれた。時のハプスブルク帝国の共通外務相エーレンタールは、日露戦争の敗北後にバルカンに外交の重心を移しつつあったロシアとの内々の妥結を図り、併合を既成事実化するための段取りを整えた。もっともハプスブルクによる一方的な併合宣言（1908年10月）は、翌年春まで続

サラエヴォ事件で暗殺されたフランツ・フェルディナント夫妻の記念碑

いたロシアやドイツなどの列強諸国を巻き込む外交危機を招来することになる。

併合時にボスニア住民に約束された憲法は、1910年2月に制定された。それにともなって、ボスニア史上初めての議会が開設された（同年6月）。ボスニア議会は帝国全体に関わる案件からは締め出され、その政治的立場はオーストリアとハンガリーよりも低い水準におさえられたため、完全な自治が完成したとは言い難いだろう。統治者側の利害を反映した複雑な選挙制度も指摘されるべきである。一方、局地的な案件については本国の領邦議会よりも広範な権限が与えられるとともに、法の下での平等や移動、職業、思想信条、出版、学問の自由や集会、結社の権利、住居や財産の不可侵など基本的人権が明文化された。それらの多くは、オーストリアにおける基本的人権に関する法規の多くが敷衍されたものである。議会の開設後、現地社会の不満が解消されたわけではなく、サラエヴォ事件に関わる「青年ボスニア」を筆頭に政権に対する抵抗活動が存在した。それでもボスニア議会が、サラエヴォ事件後に解散されるまで活動を続けたことは明記されてよい。

おもに現地の研究者が主張するように、ハプスブルク施政がサラエヴォ事件を招来したのか否かについては断定できないため、ここでは、ハプスブルク帝国の歴史的評価はその崩壊以来、大きな変転をとげてきたこと、つまり両大戦間期の「諸民族の牢獄」から近年の「ヨーロッパ統合の先駆け」に変化してきたこと、これがボスニア支配の評価にも影響せざるをえなかったことを指摘するにとどめたい。とくにボスニア・ヘルツェゴヴィナ内戦（1992～95年）後、ボシュニャクやクロアチア人のなかには、ボスニアをヨーロッパに接続したハプスブルクへの好意的な見方が広まっているという。それがどの程度のものであるか判断できないが、私はサラエヴォ市街でその手がかりを見つけた。かつて第一次世界大戦中に建立されたサラエヴォ事件の犠牲者フランツ・フェルディナント夫妻の記念碑が、暗殺現場であるラテン橋のたもとに「再建」されたのである。もっとも12メートルの記念碑が実寸大で「再建」されたのではなく、ガラス製のミニチュア版にすぎない。これを「再建」といってよいかはわからないが、現在のサラエヴォにおけるハプスブルク観の一端を教えてくれるだろう。

（村上 亮）

8

サラエヴォ事件と第一次世界大戦

★プリンツィプ評価の変遷★

ウィーン中央駅の近くに、軍事史博物館がある。ガイドブックには載っているが、わざわざ訪れる観光客は少ない。この博物館の正面ホールに入ると、サラエヴォ事件を思い起こさせる展示物が目に飛び込んでくる。第一次世界大戦の引き金になったこの事件で暗殺された、ハプスブルク帝国（正式には、オーストリア・ハンガリー君主国）の皇位継承者フランツ・フェルディナント大公夫妻が銃弾を浴びた折に乗っていた幌型自動車、大公が着ていた血染めの青い軍服、そして暗殺犯ガヴリロ・プリンツィプが弾丸を放った拳銃が展示されていて訪れる人々を圧倒する。サラエヴォ事件はどうしてもハプスブルク帝国側の視点からとらえられ、プリンツィプらの暗殺犯を送り込んだとされるセルビアの責任論に焦点が当てられがちである。第一次世界大戦の開始100周年を前にした2013年には、セルビアでプリンツィプはテロリストか英雄かといった議論が展開された。

まず、サラエヴォ事件を概観しておく。事件が起こった6月28日は、ボスニアと国境を接するセルビアの国民にとって歴史的に特別の日である。1389年のこの日、中世セルビア王国を中心とするバルカンの連合軍はオスマン朝の軍隊とコソヴォで戦火を交え、敗北を喫した。6月28日はセルビア人にとっては「屈辱の記念日」である。この日の記憶はセルビア人に受け継がれ、19世紀にセルビアでオスマン帝国からの独立を求める動きが生じると、セルビア・ナショナリズムの中心に据えられた。「屈辱の記念日」にサラエヴォ事件が生じたのである。

ボスニアに駐留するハプスブルク帝国陸軍第15軍団の軍事演習を観閲するため、サラエヴォに来ていたフランツ・フェルディナント大公夫妻は近郊の保養地イリジャで休息したあと、この日に鉄道でサラエヴォに入り、自動車で市街地にある市庁舎に向かった。二人を待ち構えていたのが、青年ボスニアの7人の刺客であった。指導的な役割を担っていたのは年長のイリッチであり、このほかにチャブリノヴィチ、プリンツィプ、メフメドバシッチ、グラベジュ、チュブリロヴィチ、ポポヴィチが、サラエヴォの町を東西に流れるミリャツカ川沿いの通りに、拳銃や手榴弾を携えて待機していた。7人の名前から推察されるように、セルビア人が多いが、メフメドバシッチのようなムスリムもグラベジュのようなクロアチア人もいた。宗教・民族的な帰属を超えて、ボスニア生まれの青年たちが青年ボスニアの運動に参画していたことがわかる。

サラエヴォ事件を指揮したイリッチは、大セルビア主義（ボスニアを含めたセルビア人居住地域の統合を目指す）を掲げるセルビア王国の秘密結社「黒手組（正式名称は「統一か死か」）」の活動家であり、イリッチを通じて、他の6人も黒手組とさまざまな形で接触していた。青年ボスニアの目的であった、ハプスブルク帝国のボスニア統治を直接行動で打破するためには、軍事的な訓練や武器が必要だった。イリッチは「黒手組」からの知らせで大公のサラエヴォ来訪を聞きつけると、その暗殺計画にとりかかった。1914年4月、イリッチの呼びかけを受けて、当時ベオグラードに住んでいたプリンツィプ、グラベジュ、チャブリノヴィチの3人がこの計画に参加した。かれらは「黒手組」から軍事訓練を受け武器と弾薬を携えて、ドナウ川とサヴァ川の合流するベオグラードから、サヴァ川を船でボスニアとの国境に向けて出発した。

6月28日、サラエヴォの市街地を進んでいた6台の自動車パレードに向けて、チャブリノヴィチが手榴弾を投じた。手榴弾は3台目の大公夫妻の車の後ろの幌にあたり、次の車の下で爆発した。このため、車の運転手などが負傷したが、一行は市庁舎に向かった。市庁舎で歓迎式典を終えた大公は負傷者を見舞うために、車で病院に向かった。ミリャツカ川にかかるラテン橋近くにさしかかったとき、待ち構えていたプリンツィプが大公夫妻の乗った車の至近距離から銃弾を放った。大公夫妻に命中し、二人とも即死に近い状態で命を落とした。ハプスブルク当局はサラエヴォ事件にかかわった青年ボスニアの犯人グループを即座に逮捕した。唯一例外だったのはメフメドバシッチであり、かれはモンテネグロに逃亡して逮捕を免れている。10月に裁判が行われ、指導者のイリッチは絞首刑に、未成年者

ベオグラードのギムナジウム在籍時のプリンツィプ（右、1914年）［出所：Tim Butcher, *The Trigger: Hunting the Assassin who Brought the World to War*, Chatto and Windus, London, 2014］

のプリンツィプ、チャブリノヴィチ、グラベジュの3人は20年の懲役刑に処せられた。プリンツィプはチェコの刑務所で服役中に結核で病死した。

ハプスブルク帝国は事件後、国家主権の観点からして受諾することのできない犯人の捜査にかかわる事項を含む10項目の最後通告を、セルビアに突きつけた。セルビアの受諾拒否を受けて、ハプスブルク帝国はセルビアに宣戦布告した。第一次世界大戦の導火線となったこの事件は責任論の点からすると、アピスが率いる黒手組の事件関与が明らかであり、責任の一端はセルビアにもあった。しかし、青年ボスニア運動の参加者はアピスの指令だけで行動していたのではなく、ボスニアの置かれた状態に強い不満をいだいていた。当時のボスニアには形式的な議会しか存在せず、後進的な軍事占領地域というヨーロッパにおける特殊な状況に加えて、複雑な宗教・民族構成という困難な状況がみられた。

テロという手段によってでも、ハプスブルク帝国の統治を終わらせて、南スラヴの国家を建設しようという青年層の未成熟な情熱の発露が、サラエヴォ事件だったといえる。青年ボスニア運動が一つのイデオロギーによって強く結ばれていたのでないことは、この運動にかかわった人たちのその後の軌跡をみると明らかである。第一次世界大戦後に生き残った人の多くは、戦間期に三民族それぞれの運動に回帰してしまい、ユーゴスラヴィア主義を保持した人はわずかであった。第二次世界大戦に際しては、いっそう明確な分極化がみられた。メフメドバシッチらは最初からパルチザン運動に参加したが、もう一つの抵抗運動のチェトニクに参画した人もいた。作家のアンドリッチ（第48章参照）や第一次世界大戦後に釈放されたのち、ベオグラード大学で歴史学の学位をとり、同大学の歴史学教授となるチュブリロヴィチはパルチザン戦争の過程でパルチザン支持の態度を表明する。

最後に、青年ボスニアとプリンツィプに対する最近の評価の変化についてふれておく。ユーゴスラヴィア時代のボスニアにおいて、サラエヴォ事件は第一次世界大戦を導き、ボスニアを解放したとして、青年ボスニアは高く評価された。プリンツィプがピストルを放った場所には足跡が刻まれて、かれを称える記念碑がつくられた。その横には青年ボスニア博物館が設置されて、青年ボスニア関係の豊富な展示がなされていた。ミリャツカ川にかかる橋はプリンツィプ橋と改称されて、多くの観光客を引きつけた。しかし、1992年にボスニア内戦が生じると、プリンツィプはセルビア民族主義のテロリストと規定され、ムスリム勢力によって足跡も記念碑も破壊されてしまい、博物館は閉鎖された。内戦が終結してからも、しばらくそのままの状態が続いていたが、2007年に新しい記念碑がつくられて博物館がオープンした。ボスニア史博物館と名づけられたが、展示は貧弱になってしまった。プリンツィプ橋はもとの呼称のラテン橋にもどされた。いまや、プリンツィプはボスニアではなく、セルビアの英雄になった感が強い。

（柴　宜弘）

9

戦間期のボスニア

★ムスリム政党の実利追求★

第一次世界大戦が終焉に向かう中、南スラヴ人統一国家の建設が現実の政治課題となり始めた。国家統一の中心となったのは、第一次大戦の「戦勝国」となったセルビア王国であったが、ハプスブルク帝国領域内の南スラヴ人を代表する二つの組織、亡命者を中心にパリで形成された「ユーゴスラヴィア委員会」と、1918年10月にハプスブルク領内で組織され、ザグレブに拠点を置いた「スロヴェニア人・クロアチア人・セルビア人民族会議」も一定の役割を果たした。この「スロヴェニア人・クロアチア人・セルビア人民族会議」には、ボスニア・ヘルツェゴヴィナからも代表が参加しており、その下部組織として、「ボスニア・ヘルツェゴヴィナ民族会議」も組織された。南スラヴ統一国家の形成は、その地理的位置、また民族分布からみて、ほぼ必然的にボスニアがその一部となることを意味していた。その意味では、第一次大戦後のボスニアの運命は、ボスニアの域外におけるセルビア王国政府やユーゴスラヴィア委員会の議論（その帰結が1917年のコルフ宣言であった）において、すでに定まっていたとも言えよう。

1918年12月1日に、のちにユーゴスラヴィアと名称を変えることとなる「セルビア人・クロアチア人・スロヴェニア人王国」の建国が宣言され、ボスニアはその一部となった。1929年に国王のクーデタにより国王独裁が確立するまでの議会制期には、憲法制定議会選挙を含め、複数回の選挙が行われ、その結果に基づき連立政権が組織された。議会制期の各政党は、1920年に禁止された共産党などの少数の例外を除けば、民族ごとに組織されており、ボスニアの各民族もまた、主としてそれぞれの民族政党に投票した。ボスニアのセルビア人は、セルビア人の二大政党である急進党と民主党のいずれかに投票し、ボスニアのクロアチア人はクロアチア人全体の民族政党としての色彩を色濃く持っていたクロアチア農民党に投票した。ボスニアのムスリムたちの投票の受け皿となったのは、「ユーゴスラヴィア・ムスリム機構（JMO）」という政党であり、この党がボスニア・ムスリムの確固たる支持を獲得した。この政党の中心にいたのは、商人ら都市部の中間層や、公務員、専門職従事者などであったが、同時にムスリムの地主層の利益も代表していた。戦間期を通じてほぼ一貫して指導的地位にあったのは、メフメド・スパホであった。スパホは、ハプスブルク期にウィーンで大学を出た法律家で、1919年にJMOを設立した後には、巧みなバランス感覚で、ボスニアのムスリムの政治的支持をほぼ独占し、ムスリムの利益を追求した。議会制期には、集権国家を志向するか、より分権的な制度を導入するかという国家体制をめぐり、セルビア人主導の中央政府とクロアチア農民党の激しい対立が見られたが、スパホ率いるJMOは、ときどきの中央政府に協力することで、ムスリムにとっての利益を引き出すことを政治戦術の中心としていた。集権的な憲法案（いわゆるヴィドヴダン憲法）に賛成してその成立に協力し、また、多くの連立政権に参加して多数派形成に協力し、それと引き換えにムスリムに利益となる条件を引き出そうとした。具体

ユーゴスラヴィア・ムスリム機構のリーダー、メフメド・スパホ

的には、土地改革にあたってのムスリム地主に対する補償の増額、また、サラエヴォ、モスタル、トゥズラ、バニャ・ルカ、ビハチ、トラヴニクの6郡の設置というハプスブルク時代の地方行政区分をそのまま維持することなどが、JMOのセルビア人政党との妥協と取引により実現した。王国時代のユーゴスラヴィアにおけるこうした政治行動は、アントン・コロシェツに率いられたスロヴェニア人民党にも見られるもので、実際に両者の行動には共通点が多かった。

1929年1月6日、セルビア人の支配する中央政府とクロアチア農民党との対立に業を煮やした当時の国王アレクサンダルにより、憲法停止や議会解散などのクーデタがなされ、国王独裁が開始された。国名が正式に「ユーゴスラヴィア王国」となり、国王の主導のもと、民族政党や宗教政党の禁止といったユーゴスラヴィア・アイデンティティ強化策がとられた。こうした政策の一環として、地方行政区分の改革が行われ、全土に九つの州（バノヴィナ）が設置されることとなった。ハプスブルク期以来の行政区分は再編され、ボスニアの領域には、四つの州が設置されたが、かつてのボスニアの境界は州境としては踏襲されなかった。州の名称には、河川名などの地理的名称が採用された。ボスニア北西部はバニャ・ルカを州都とするヴルバス州となり、ボスニア北東部は、セルビア西部などとともにサラエヴォを州都とするドリナ州に組み込まれた。さらにヘルツェゴヴィナ東部はモンテネグロとともにツェティニェを州都とするゼタ州の、ヘルツェゴヴィナ西部はアドリア海沿岸とともに、スプリトを州都とする沿海州の一部となった。その後、1931年には新憲法が制定され、議会も復活したが、国王独裁の本質には変化は見られなかった。国王アレクサンダルは1934年に暗殺され、その後は実権が摂政公パヴレに移行した。こうした政治状況下においても、スパホとJMOは、中央政府との妥協と政権参加の方針を堅持した。実際に、スパホをはじめとするボスニア・ムスリムの政治家が、この時期のストヤディノヴィチ政権、ツヴェトコヴィチ政権に閣僚として加わっている。スパホは、1939年6月、ベオグラードで急死した。その死の背景には、暗殺説をはじめさまざまな説が唱えられているが、詳しい経緯は不明である。

スパホの死のおよそ2か月後の1939年8月、首相ツヴェトコヴィチとクロアチア農民党党首マチェクにより協定が締結され、クロアチア自治州の設置が取り決められた。クロアチア自治州には、ヘルツェゴヴィナ西部に加え、サヴァ川南岸のボスニアの中でクロアチア人が比較的多い地域なども新たに組み入れられた。ツヴェトコヴィチ・マチェク協定により、戦間期ユーゴスラヴィアを悩ませた「クロアチア問題」は一応の解決をみたが、その後に残された時間は長くはなく、1941年4月の枢軸軍の侵攻により、ボスニアを含むユーゴスラヴィアは、第二次世界大戦に巻き込まれることとなる。

（山崎信一）

10

第二次世界大戦とパルチザン戦争

★内戦の舞台となったボスニア★

ユーゴスラヴィアは、1941年4月に枢軸軍の侵攻を受け、第二次世界大戦に否応なく巻き込まれることとなった。枢軸国にユーゴスラヴィア侵攻を決意させた契機となったのは、1941年3月27日の無血クーデタであった。これは、ヒトラーの圧力に屈して三国同盟加盟を受け入れたツヴェトコヴィチ政権を転覆し、国王ペータルの成年を宣言し摂政公パヴレを追放したものである。クーデタ後に発足した新政権には、セルビア人諸政党のみならず、クロアチア農民党も参加していた。メフメド・スパホの死後、ジャフェル・クレノヴィチが党首となっていたユーゴスラヴィア・ムスリム機構（JMO）も新政権に加わっていた。

1941年4月6日、枢軸軍のユーゴスラヴィア侵攻が開始された。ドイツ軍、イタリア軍に加え、三国同盟に加わっていたハンガリー、ルーマニア、ブルガリア、イタリアに保護国化されていたアルバニアも軍を送った。ユーゴスラヴィアは10日ほどのうちに全土が占領され、国王と政府はイギリスに逃れ亡命政府を組織した。占領下のユーゴスラヴィアは、各国による分割占領下に置かれたが、最大の領域を占めたのはドイツとイタリアの傀儡政権である「クロアチア独立国（NDH）」であり、ボスニア・ヘルツェゴヴィナは全域が、このNDHに組み込まれた。NDHを主導したのは、ウスタシャと呼ばれる政治勢力であり、その指導者アンテ・パヴェリッチはボスニア出身のクロアチア人であった。ウスタシャはクロアチア民族主義をかかげ、セルビア人、ユダヤ人、ロマに対しては、殺害やヤセノヴァツ強制収容所への収容を含む激しい迫害が加えられた。ヘルツェゴヴィナ地方西部のクロアチア人には、ウスタシャを支持する者が多かった。また、ウスタシャの民族イデオロギーにおいては、カトリック信仰はクロアチアの民族性の前提条件とはされておらず、カトリックと並んでイスラムもまたクロアチア人の宗教と位置付けられ、よってボスニアのムスリムたちをクロアチア人とみなしていた。ウスタシャのイデオロギーに応え、ボスニアのムスリムの中には、ウスタシャに積極的に協力する人々も現れた。JMOのクレノヴィチは、NDHの副首相となっている。

枢軸軍の占領とウスタシャによるセルビア人らの迫害は、占領に対する抵抗勢力の組織を促した。かつての王国軍の将校であったドラジャ・ミハイロヴィチは、セルビア人主導のユーゴスラヴィア王国再建を目標に、チェトニクと呼ばれる抵抗運動を組織した。その一方、民族共存を一つの旗印としたチトー指導下のユーゴスラヴィア共産党が主導するパルチザンの組織も進み、1941年6月の独ソ戦開始後に、抵抗運動を本格化させた。セルビア民族主義的な主張をかかげたチェトニクは、ウスタシャによるセルビア人への暴力に対する報復として、クロアチア人にとどまらず、ボスニア東部などではムスリムに対しても暴力を行使した。またナチス・ドイツは、各地のドイツ系マイノリティや協力勢力の組織化の一環として、ボスニアのムスリムから志願者を募った武装親衛隊師団（ハンジャ

パルチザン戦争中のチトー（右）
［出 所：*Oružane snage SFRJ,* Ljubljana, 1977, str.13.］

ル師団）を組織し、パルチザンの掃討などに投入した。

第二次世界大戦中のボスニアは、それまでの歴史では見られなかったレベルの民族間の凄惨な暴力の舞台となった。オスマン帝国の時代よりサラエヴォに暮らし、サラエヴォの都市文化の不可欠な一部となっていた、主としてセファルディムのユダヤ人も、人種イデオロギーの犠牲となり、多くが収容所に送られ命を落とした。民族間の暴力が吹き荒れる中、一方で、市民の間に危険を顧みずにユダヤ人を匿うなどの、連帯意識の発露が見られたことも重要だろう。

民族融和を掲げたパルチザンは、共産党員を中核としながらも、民族間の暴力を逃れた人々を広く受け入れて勢力を拡大した。ボスニアでは、ウスタシャの暴力を逃れたセルビア人に加え、ムスリムやクロアチア人の中にも、パルチザンに加わる者が増加していった。パルチザンが目標としたのは、民族平等の原理に基づくユーゴスラヴィアの再建であり、枢軸軍やウスタシャとの戦闘に加え、抵抗運動の初期には協力関係にあったチェトニクとの対立も深まっていった。パルチザンの勢力拡大に危機感を抱いたチェトニクは、徐々に枢軸側に協力してパルチザンと戦い、その勢力を抑えようとするようになる。第二次大戦中のボスニアの暴力は、民族間の暴力という側面に加え、イデオロギー対立による民族内部の暴力という側面も有していたのである。

パルチザンは、圧倒的な戦力差のある枢軸軍に対して、ゲリラ戦術を採用した。その活動の舞台は山岳部が中心で、1941年秋には、セルビア南西部のウジツェを中心に、ボスニア東部にも広がる解放区（いわゆる「ウジツェ共和国」）を打ち立てた。その後、枢軸軍の攻勢によりパルチザンの本隊はボスニアへの移動を余儀なくされ、その後も、枢軸軍の攻撃を避けて、山岳部の移動を繰り返した。複数回にわたる枢軸軍の攻勢に対する、ボスニアを舞台とするパルチザンの「英雄的な戦い」は、のちの社会主義体制下において神話化された。戦後映画化された「スーチェスカ」における戦闘（映画の邦題は『風雪の太陽』）や、「ネレトヴァの戦い」は、いずれもボスニアが舞台となっている。また、ボスニア南西部で当時パルチザンの司令部が置かれていたドゥルヴァルへの、ドイツ軍の降下作戦に際しては、最高司令官チトーの身にも危険が迫った。こうしたパルチザンの英雄的活躍と、「村人から何も盗まない」と誇張された規律の厳しさは、社会主義政権下でことあるごとに宣伝された。パルチザン神話は、社会主義ユーゴスラヴィアの建国神話となったのである。

最終的にパルチザンは、ほぼ独力で、枢軸軍からのユーゴスラヴィア解放を成し遂げた。それは外国支配からの解放であると同時に、国内における内戦への勝利でもあった。その戦いの主要な舞台であったボスニアには、さまざまな形でパルチザン戦争の記憶が残っている。戦後ユーゴスラヴィアの骨格を形成したユーゴスラヴィア人民解放反ファシスト会議（AVNOJ）の開催地は、1942年の第1回がビハチ、1943年の第2回がヤイツェと、いずれも当時ボスニアに存在したパルチザンの解放区においてであった。ボスニアの首都サラエヴォの目抜き通りには、「永遠の炎」と名付けられたモニュメントが存在する。実際に絶えることなく炎が燃え続けているが、これも第二次大戦の犠牲者とパルチザンによるサラエヴォ解放を記念したものである。

（山崎信一）

11

社会主義期のボスニア

★多民族の共和国★

ユーゴスラヴィアにおいて、第二次世界大戦は共産党の主導するパルチザン勢力の勝利として終結した。大戦後のユーゴスラヴィアをどのような原理に基づく国家とするのかは、すでに大戦中から議論が進められていた。1943年にボスニアのヤイツェで開催されたユーゴスラヴィア人民解放反ファシスト会議（AVNOJ）の第2回会議においては、ユーゴスラヴィアを各民族の自決権に基づく連邦国家として再建すべきことが決定されている。こうして連邦制の骨格が形成されたが、その際にボスニア・ヘルツェゴヴィナは、単一の構成単位として連邦に参加するものとされた。AVNOJと並行して、各構成単位で同様の反ファシスト会議が組織された。ボスニアでは、ボスニア・ヘルツェゴヴィナ人民解放国家反ファシスト会議（ZAVNOBiH）の第1回会議が、1943年にムルコニッチ・グラードで組織された。1944年にサンスキ・モストで開催された第2回会議では、ボスニアは、ボスニアに住むセルビア人、ムスリム、クロアチア人の平等に基づく、三者が共有する不可分の祖国であると規定された。連邦レベルでは構成民族としてのムスリムへの言及はなかったが、ボスニア内部においては、ムスリムがセルビア人、クロアチア人と平等な存在であることが示されている。この段階では、ムスリムは民族性を持つ集団とは位置付けられなかったが、固有の集団であることははっきり認識されていた。

大戦終結後の1945年にユーゴスラヴィア連邦人民共和国が正式に建国され、ボスニアは、連邦構成単位としてのボスニア・ヘルツェゴヴィナ人民共和国となり、戦間期に途絶えていた行政単位としてのボスニアが復活した。その境界も、ハプスブルク期のボスニアとほぼ一致するものであった。戦後のユーゴスラヴィアは、ソ連を模範とする社会主義建設に乗り出したが、1948年のユーゴスラヴィア共産党のコミンフォルム追放の後には、独自路線の採用を模索し始める。この時期は同時に、親ソ連派と目された人々に対する粛清や政治犯としての投獄なども頻発した。ボスニア出身の映画監督、エミール・クストリツァのカンヌ国際映画祭最高賞受賞作『パパは出張中』（1985年）は、コミンフォルム追放後の政治的緊張感とそれが徐々に解ける様子を、コミカルに描いている。父親が愛人に漏らした不用意な一言が原因で父親は逮捕されるが、その父親に会いに、母親と子供がサラエヴォからボスニア東部の小都市ズヴォルニクを訪ねるシーンも描かれている。

1950年代後半以降、ユーゴスラヴィアは自主管理社会主義と非同盟外交に代表される、独自の社会主義路線を採用した。こうした中、ボスニアはユーゴスラヴィアの重工業発展の中心に位置付けられ、多くの工場が建設され工業化が急速に進展した。山岳地域であり、必ずしも輸送や交通の便の良くないボスニアが重工業化の対象となったのは、第二次大戦中のパルチザン闘争の経験から、仮に外国の侵略があった際に、ボスニアがもっとも安全であると考えられたことにもよっていた。同様の

社会主義期サラエヴォ郊外のニュータウン建設
［出所：*Socijalistička Repubulika Bosna i Hercegovina*, Zagreb, 1983, str.203.］

理由で兵器工場も設けられ、また連邦軍の地下基地も建設された。こうした工業化の進展により、輸送手段や交通網が整備されたのみならず、都市化や人々の生活水準の向上がみられた。ボスニアの人々は、それまでとは比較にならない近代化を社会主義政権下で経験することとなったのである。こうした近代化は、さまざまな側面に及んでいた。

都市化の進展は人々の都市への移住を促し、結果、都市部は今まで以上に各民族が混住する場となり、民族間結婚も増加した。教育・文化機関の整備も進んだ。高等教育機関としてサラエヴォ大学が開設・拡充され、学術機関として、１９５１年にボスニア・ヘルツェゴヴィナ学術協会が設けられ、この協会は１９６６年にボスニア・ヘルツェゴヴィナ科学芸術アカデミーに格上げされた。大衆文化の発展も目を見張るもので、サラエヴォはベオグラードやザグレブなどと並んで、ユーゴスラヴィア大衆文化の中心の一つとなった。また、１９６０年代には民族政策に変更が加えられ、ムスリムの民族性が承認され、「ムスリム人」は連邦レベルでも、セルビア人、クロアチア人などと同等の民族的権利を持つ構成民族と位置付けられた。１９８４年のサラエヴォ冬季五輪の開催もまた、交通網や観光施設の整備などに貢献した。

多民族の共和国であったボスニアでは、当然ながら共産党や共和国の指導者の民族籍もさまざまであったが、ボスニアの政治指導者は、民族的利害ではなく、ボスニア全体の利害に従って行動するのが常であった。ユーゴスラヴィアは全体として、共産党（正式には1952年に「ユーゴスラヴィア共産主義者同盟」と改称された）の一党独裁国家であり、共産党が一枚岩である限りは、民族間の対立にはつながらなかった。1971年のいわゆる「クロアチアの春」に際しては、「ボスニアのクロアチア人が人口比に応じて代表されていない」との民族主義的な言説がクロアチアで見られたが、ボスニアの党指導者は民族を問わず、ボスニアを分裂させかねない民族主義的な主張に反対した。ボスニアのムスリムの出自を持ち、のちには連邦首相を務めたジェマル・ビエディチ、ボスニアのクロアチア人で、1984年のサラエヴォ五輪の組織委員長や連邦首相を務めたブランコ・ミクリッチなどのボスニア出身の共産党政治家たちも、その点で一致していた。こうした傾向は、ユーゴスラヴィアの解体局面においても見られ、ボスニア選出の連邦幹部会員だったボギチ・ボギチェヴィチは、出自はボスニアのセルビア人であったが、ボスニア全体の利益を代表する立場から、連邦幹部会ではセルビアのミロシェヴィチの政策に反対を貫いた。

社会主義期のボスニアは、モンテネグロと並んで、チトーと共産党の路線にもっとも忠実な共和国であった。1980年のチトーの死後においても、スロヴェニアなどでは問題にならないようなチトーへのちょっとした批判が、ボスニアでは問題とされることもあった。それは、多民族の共和国であるボスニアの維持にはユーゴスラヴィア国家の存在が不可欠であり、ユーゴスラヴィアの維持にはチトー主義が不可欠であるのを、誰もが肌で感じていたからかもしれない。

（山崎信一）

12

連邦解体とボスニア紛争

★秩序の崩壊、民族に基づく再編成★

社会主義期において、多民族的なユーゴスラヴィアや民族間の共存を象徴する地域であったボスニア・ヘルツェゴヴィナは、今日、全く対照的に、民族間の対立や紛争と結びつけられることが多い。周知のように1990年代の前半、ユーゴスラヴィアの連邦国家が解体するに伴い、この国の各地で戦争が生じたためである。

戦争は、隣接するクロアチアの戦争とともに、ヨーロッパでは第二次世界大戦以来の犠牲や戦禍を生み出し、国際的に広く知られる出来事となった。とりわけ、敵対する民族の追放、強制収容、虐殺、強姦といった凄惨な事態は、「兄弟殺し」「民族浄化」などの言葉と一緒に、戦争を特色づける中心的な現象として多くの関心を集めた。

確かに民族間の対立は、この戦争の様々な場面に広く見受けられる。だが、一連の戦争が民族間の構図だけでは捉えきれない複雑な過程であったことも考慮する必要があろう。戦争当時から今日に至るまで、一見わかりやすく提示されるのは、そもそも不安定な多民族地域が抱える民族間の不和から、連邦国家は分裂し、戦争が生じた、という見方である。だが、連邦解体から戦争までの経緯は、1980年代末から数年の間に刻々と変化するボスニア・ヘルツェゴヴィナ共和国、ユーゴスラヴィア連邦、そして国際社会の各局面における展開の積み重ねの上に成り立っており、その道筋が最初から必然的に決まっていたわけではない。

加えて、そうした経緯が、複数政党制の導入、政治的自由化、市場経済への移行、民営化などといった社会主義体制終焉後の政治、経済、社会の大きな転換のなかで進行したことも重要な側面である。それは、人々の生活と生命が種々の変革と競争に晒され、不安や対立が先鋭化しやすい過渡期の時代であった。その意味で民族間の対立は、戦争の原因というよりも、むしろこうした社会変動の結果であったとも考えることができる。そしてその対立が現実となったとき、社会主義期まで良好であった民族間の関係は、むしろ戦争によって暴力的に分断されなければならなかったとも言えるだろう。

ボスニアの紛争に関しては、日本語でも数多くの著述が書かれ、また翻訳されており（本書巻末の文献案内を参照）、その様々な実相を知ることができる。この章では、戦争に至る大まかな流れを辿っておきたい。

紛争の基本的な背景は、ユーゴスラヴィアの連邦が崩壊し、それに代わる新たな国家形態をめざす見解が対立したことである。それまでは、ボスニア・ヘルツェゴヴィナを含む六つの連邦構成共和国の間で、連邦の存続が合意され、当然視されていた。しかし1980年代を通して、社会主義体制が深刻な経済不況やコソヴォ自治州の情勢悪化といった種々の問題に直面すると、そうした体制危機の解決に向けた方針の違いが共和国間の構図で浮上した。とくに顕著となったのがスロヴェニアとセルビアの対立である。89年には両者の関係が一気に悪化し、自らの利害と民族主義を主張しながら、独自の路線を互いに邁進する状況が生まれ、それによって連邦内の討議や意志決定が麻痺した。他の東欧諸国の動向（いわゆる「東欧革命」）を受け、複数政党制の導入などをめざして開催された90年1月の連邦共産党の臨時大会が、スロヴェニア代表団の退席によって延期となり、組織の事実上の解体に帰着したのも両者の対立が大きかった。

建国期から統一国家を牽引した連邦党組織の消滅は、国家の存続にとって小さくない意味をもったが、それでも連邦と関連諸機関は失われていなかった。また1990年前半は、連邦政府首相A・マルコヴィチによる経済政策が一定の成果をあげ、その手腕のもとで国家再建が進められる機運もあった。しかしここで転機となったのが、複数政党制の導入を受け、同90年に各共和国で順次行われた選挙である。連邦全体の選挙は見送られ、共和国ごとにバラバラに実施されたことに加え、選挙によって成立した各共和国の新政権が、連邦の諸制度を顧みず、従来以上に独自色を強めたことは、連邦制の先行きを見えなくした。なかでもスロヴェニアとクロアチアは選挙を終えた夏頃から、新政権のもとで一気に独立路線に舵を切り、連邦制に代わる国家連合案を要求した。これに対し、セルビアやモンテネグロは連邦再編を主張する一方、ボスニア・ヘルツェゴヴィナとマケドニアは両者の折衷案の立場をとった。そして、選挙で成立した各共和国の代表が集まり、91年1月から6月まで連邦国家の将来に関する協議が進められたが、合意には至らず、6月末にスロヴェニアとクロアチアが独立を宣言した。

独立はその後、マケドニア（1991年11月）やボスニア・ヘルツェゴヴィナ（92年3月）でも宣言されていくが、こうした動きに強く反対したのが、クロアチアやボスニアのセルビア人である。いわゆる「セルビア人問題」と呼ばれるように、セルビア外に居住するセルビア人にとって、独立は、従来の連邦制が保証した居住地に拠らない民族間の平等を喪失し、少数派の地位に陥る可能性を意味した。クロアチアでは、新政権による抑圧や差別の政策がセルビア系住民の一層の不信と反発を促し、セルビア人多数地域では自治組織が創設されて、共和国政府との対立が深まった。そして6月末の独立宣言を境に、両者の間に武力衝突が本格化し、クロアチアの戦争が始まった。

一方、社会主義期を通して3民族間の平等と権限の分有が実践されてきたボスニアでも、選挙を経て混乱が広まった。1990年11月の選挙では、大方の予想を裏切り、ムスリム人の民主行動党、セルビア人のセルビア人民主党（クロアチアのセルビア人を代表する政党の支部）、クロアチア人のクロアチア民主同盟（クロアチアの政権与党の支部）という、民族的な基礎に基づく3政党が勝利した。いずれの政党も選挙中は、従来のような民族間の権力分有を主張した。だが選挙後は、露骨な自民族の利権やポストの奪取に走り、その結果、共和国政府から地方の自治体まで、議会や行政における民族的な分断や対立が表面化することになる。民族間の均衡のシステムは崩壊し、統治の無秩序化が進んでいった。

こうした状況で、3政党は連邦国家およびボスニアの将来についても意見を異にした。しかし連邦制をめぐる事態の進展のなかで、これらの民族政党に率いられる3民族の立場は、1991年10月以降、二分していく。そのなかでボスニア・ヘルツェゴヴィナの独立を追求したのがムスリム人とクロアチア人である。既に独立を宣言した先の2共和国の連邦離脱が色濃くなった状況で、この両者に

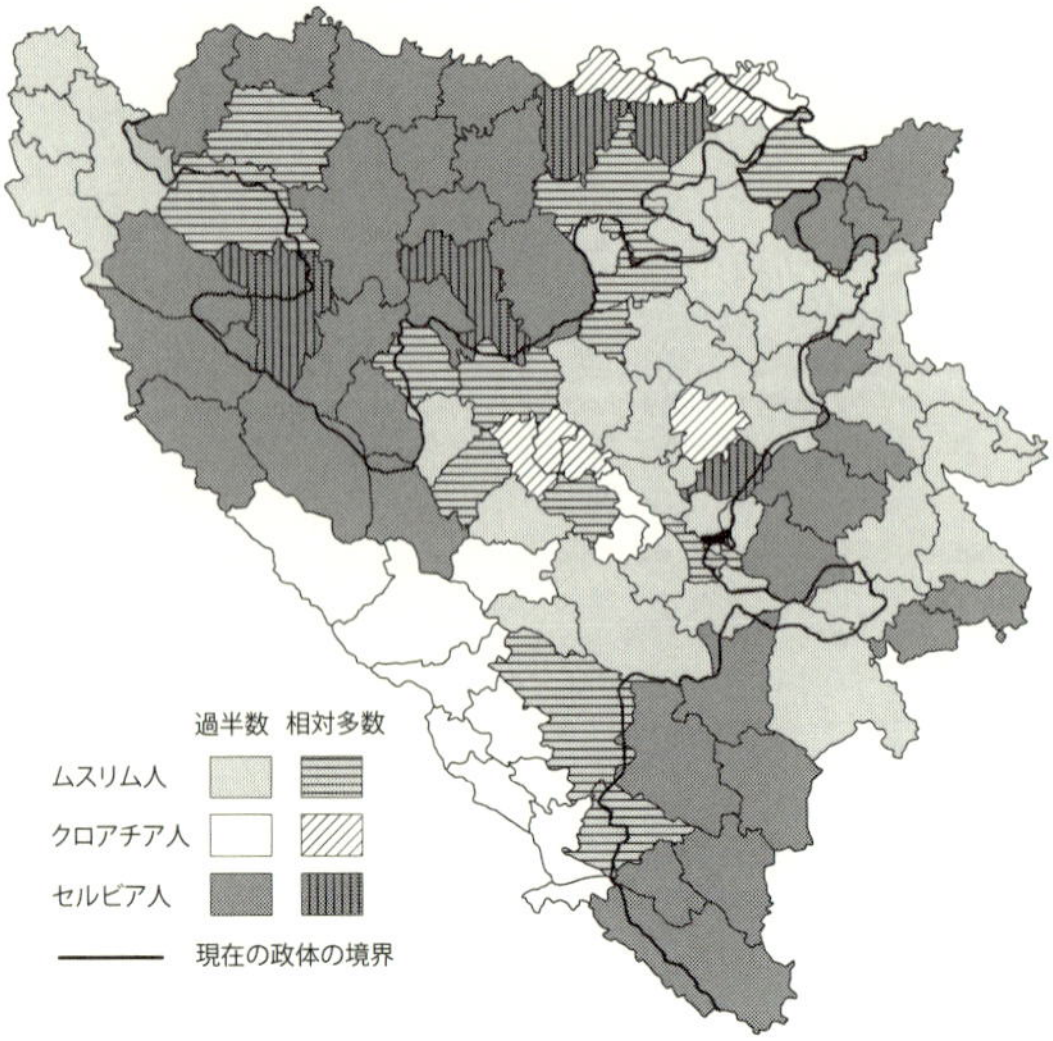

1991年国勢調査の結果による民族分布の地図。自治体ごとに多数派（過半数ないし相対多数）の民族が色分けされる［出所：United States, Central Intelligence Agency, "Bosnia and Herzegovina - ethnic population by opština, 1991 census," 1997（http://hdl.loc.gov/loc.gmd/g6861e.ct003048, 2019年4月15日閲覧）］

とってセルビア人の割合がより一層高い連邦に留まることは非現実的であった。一方、セルビア人はボスニアの独立に反対し、対抗措置として独自の自治組織の形成を進めた。

このように、独立の是非に関する政治対立が戦争に帰着するのは、クロアチアの場合と同様であるが、もうひとつ重要であったのは各勢力の武装化である。連邦制をめぐる混迷のなか、軍事面においても連邦の法的秩序を反故にし、民族・共和国の利益を優先する動きがなし崩し的に広がった。その先駆けがスロヴェニアやクロアチアであり、新政権のもとで秘密裏に共和国軍の創設に着手した。ボスニアでも早くて1990年終わり頃から、不信と不安のなかで自衛のための住民の武装が始まり、そこに先述の3政党による民族ごとの軍事組織化が進んでいった。ユーゴスラヴィアの全人民防衛に基づいて各地に配置された武器や装備はその資源となったほか、クロアチアの戦局の直接・間接的な影響も受けつつ、またセルビア人はセルビア化が進む連邦のユーゴスラヴィア人民軍との連携、クロアチア人（とムスリム人）はクロアチア本国の軍隊との一体化（やその支援）にも支えられて、３勢力は民兵組織から正規軍までの各種武装集団を整えた。

各勢力の武装化は、ボスニア・ヘルツェゴヴィナの独立が最終的に国民投票にかけられた１９９２年2月29日・３月１日の頃には相当程度進んでいた。投票ではセルビア人のほとんどがボイコットする一方、ムスリム人とクロアチア人を中心とする有権者の63・７％が票を投じ、99・７％が賛成した。もっともこの結果は当時想定内であり、問題の本質は、独立が宣言された場合に各勢力がどう対応するかであった。ムスリム人は独立国家における多数派支配を展望し、セルビア人とクロアチア人は民族ごとの勢力圏の分割を求めた。いずれの勢力も、自民族の利権の占有を領域的にも確保することを望み、必要ならば武力の行使も覚悟していた。３月中旬頃から一部の地方で戦闘が散発的に始まると、次第に激化していき、こうして軍事衝突が本格化した。

戦争は、各民族勢力が陣地の確保と維持をめざし、「陣取り合戦」の様相を呈しながら、断続的に続き、長期化していった。当初、同盟関係にあったムスリム人勢力とクロアチア人勢力の間でも１９９３年には衝突が始まり、３者の戦局となった。そのなかでとりわけ民族の混住地域は、各勢力の支配が競合する最前線となり、甚大な犠牲と被害がもたらされた。「民族浄化」と呼ばれたような追放、暴行、虐殺などの行為は、そうした地域の民族的な純化が目的であった。またそれ故に、戦争の特徴として、戦死者数よりも難民・避難民の数が大きく上回った点も指摘される。一連の戦争は、95年12月のアメリカ合衆国デイトンにおいて、３民族勢力による和平と勢力圏に関する協定によって終焉を迎えた。それは領域的、物理的に民族の共存空間を破壊し、再編成する過程の追認であり、戦後の社会の出発点となった。


（鈴木健太）

13

ボスニア紛争における暴力

★民族浄化とジェノサイド、性暴力★

1990年代から2000年代初頭にかけて、旧ユーゴスラヴィア解体の過程で生じた五つの紛争（スロヴェニア紛争、クロアチア紛争、ボスニア・ヘルツェゴヴィナ紛争、コソヴォ紛争、マケドニア紛争）において、もっとも凄惨かつもっとも多くの被害者を出したのが、「戦後欧州で最悪の紛争」とされるボスニア紛争（1992〜95年）である。ボスニア紛争はルワンダのジェノサイド（94年）とともに、90年代初頭の冷戦後社会で発生した凄惨な内戦や民族紛争の中でもとりわけ注目を浴び、人道的介入や「保護する責任」論、そして国際刑事裁判機関登場の契機となった象徴的な紛争である。

ボスニア紛争は、旧ユーゴスラヴィア国際刑事裁判所（ICTY）の最初の起訴事件タディチ事件において、適用法の関係からボスニア内の3民族武装集団間による内戦（非国際的武力紛争）か、隣国の関与する国際的武力紛争か、紛争の性質そのものが争われた紛争である。セルビアによる侵略戦争と捉える立場もある。しかしモスタルが顕著な例であるようにボスニア中部から南西部にかけては、ボシュニャク（ボスニア・ムスリム）とクロアチア人の間にし烈な戦いと凄惨な暴力が発生し、規模

表　ボスニア紛争の犠牲者内訳

	民間人		兵士		合計	
ボシュニャク（ボスニア・ムスリム）	31,107	81.3%	30,906	53.6%	62,013	64.6%
セルビア人	4,178	10.9%	20,775	36.0%	24,953	26.0%
クロアチア人	2,484	6.5%	5,919	10.3%	8,403	8.8%
その他	470	1.2%	101	0.2%	571	0.6%
合計	38,239	100.0%	57,701	100.0%	95,940	100.0%

出所：RDC統計より筆者作成

の大小はあれ３民族による三つ巴の紛争が展開されていた。筆者自身、日本のＮＧＯ職員として紛争当時現場に身を置いていたが、当時を知る国連や援助関係者の多くが口を揃えるのが、犯罪や暴力の「量」に圧倒的な差がありつつも、３民族間で暴力の「質」に差はなかった、裏を返せば、犠牲者の数に差はあれ、すべての民族が被害者であり、同時に加害者でもあったという点である。本章ではこうした視点に立ち、ボスニア紛争における暴力の量（被害者の数）と質（凄惨さ、態様）を、ボスニア紛争を特徴づける三つのキーワード（民族浄化、レイプ、ジェノサイド）から論じていく。

　ボスニアでは、戦前の人口約４３０万人の半数以上が、強制的な移動や追放により、また戦火や暴力を逃れて旧ユーゴ域内や西欧諸国への難民・避難民となったとされる。犠牲者数については、諸説あるが、多くの媒体や研究で約20万人とされてきた。しかし近年、この犠牲者数は大きく下方修正され実態が明らかになりつつある。サラエヴォの民間シンクタンク「リサーチ・アンド・ドキュメンテーション・センター（ＲＤＣ）」（代表：ミルサド・トカチャ）は10年におよぶ丹念な調査の末、紛争期間中のボスニア内のすべての死者の姓、名、父親の名、生年月日と生地、民族、軍人・文民の別、所属部隊（軍人の場合）、死亡年月日と場所（自治体）全10項目を明記した全４巻計４５００頁を超える死者の名簿を作成した。未確認情報のある5183人を除外し、死者・行方不明者の総数を最低でも9万5940人と算出した。このうち9万4430人が病死等によらない紛争の直接の犠牲者であり、うち8万4746人については死亡時の状況も確認した（Mirsad Tokača, 2013, *The Bosnian Book of the Dead: Human Losses in Bosnia and Herzegovina 1991-1995*, RDC and the Humanitarian Law Center of Serbia, Sarajevo）。

では一体、誰がどのような暴力を行使し、誰が犠牲となったのか。RDCによれば、9万5940人の内訳は、前頁の表のとおりである。単純に戦前の人口比（ボシュニャク44％、セルビア人33％、クロアチア人17％）と比較すると、ボシュニャクの民間人の犠牲が突出し、兵士との合計でも人口比以上の死者を出していることがわかる。

では暴力の主体となったのはどのような勢力か。時期により呼称は変わるが、ボスニアの独立宣言後は3民族それぞれの「正規軍」、すなわち、ボシュニャクによるボスニア・ヘルツェゴヴィナ政府軍（ABiH）、「スルプスカ（セルビア人）共和国」軍（VRS）、クロアチア防衛評議会（HVO）、およびこれら部隊の傘下の、あるいはその指揮命令系統下にない民兵や、民族主義的グループ、私兵集団、海外からの帰国者や外国人兵士など。さらにどの社会にもいる犯罪集団やごろつきが加わった。そして「普通の人」も加害者となり隣人や知人、職場の同僚に暴力をふるった。なかには、異常な精神・心理状態の下で、暴力そのものを楽しんだ集団も存在した。

このような暴力を象徴する単語として「民族浄化（ethnic cleansing）」や「ジェノサイド」が多用された。ボスニア紛争を特徴づけるこの二語は、どちらも国際社会、特に西欧諸国にナチ・ジェノサイドを想起させ、「強制収容所」の存在とともに、人々を震撼させ危機意識をあおったという共通項はある。しかし国際法上、両者は明確に異なる概念である。

「集団殺害」と訳されるジェノサイドは1948年のジェノサイド条約で国際法上の犯罪と規定され、定義はそのままICTYに引き継がれた。ICTY規程第4条によればジェノサイドとは「国民的、民族的、人種的又は宗教的な集団の全部又は一部を集団それ自体として破壊する意図をもって行われる」行為で、集団の構成員に対する殺害や肉体的・精神的危害などをさす。対象がこれら4集団のいずれかに分類され、同時に破壊する明確な意図を証明できるか否かが要件となる。ボスニア紛争では唯一、1995年7月にボスニア東部で発生したスレブレニツァ事件のみがジェノサイドとして認定された。しかしこの言葉はスレブレニツァ以外でも多用され、犠牲者のランク分けや敵を貶める道具として乱用されるきらいがある。

他方「民族浄化」は国連総会決議や安保理決議、ICTYの起訴状や判決にたびたび登場したが、法的概念ではないため明確な定義は存在しない。こうした状況下でたびたび引用されるのが、ICTY設立の契機にもなった「旧ユーゴ領域内で犯された重大なジュネーヴ諸条約違反と他の国際人道法違反に関する国連の専門家委員会」の最終報告書（S/1994/674、通称バショウニ報告）である。これによれば「民族浄化」とは「ある民族的・宗教的集団が、他の民族的・宗教的集団に属する住民を、暴力や恐怖を呼び起こす手段により、特定の地域から追放する意図的な政策」であり、「殺人や拷問、不当逮捕や勾留、超法規的な処刑、レイプや性暴力、市民の監禁、強制移住、追放、文民や民用物に対する故意の攻撃」などとされた。「民族浄化」は、現地語の“etničko čišćenje”が語源とされるが、本来現地になじみのある概念・言葉ではなく、この語の拡散にあたっては、ボスニア政府の依頼を受けたニューヨークの戦争広告代理店「ルーダーフィン社」の存在が広く知られる。

　さらにボスニア紛争を特別なものとした犯罪に性暴力とレイプがある。紛争の副産物、あるいは個々の兵士の性的欲求のはけ口ではなく、「民族浄化」政策の一環として、あるいはその効果的な遂行のために性暴力が組織的に利用され、戦時性暴力に関する国際世論を喚起する契機となった。性暴力も、三つ巴の戦いの結果として、3民族ともに加害者であり被害者であるが、圧倒的にボシュニャク女性の被害が多かった。こうした暴力の後遺症は時の経過が癒すものではなく、被害者を苦しめ続けている。

　最後に、民族以外の切り口を提示してこの章を終えたい。ボスニアの3民族の対立は根深い歴史的所産である。しかしその対立は政治的に作り出された側面があり、犠牲者の帰属について、民族対立の視点からのみ分析を加えることは、民族主義の名のもとに、凄惨なボスニア紛争をあおった者の世界観、価値観に追従しそれを拡大再生産することにもつながろう。三者には長い共存の歴史があり、ボスニア紛争は、紛争や分断をあおろうとした人間とそれをくい止めようとした人々、異民族を排除しようとした人間と戦前の「共存」という価値観を守ろうとした人々双方の闘いでもあったのである。犠牲となったのは特定の民族集団のみならず、過激派や極右集団の伸長をくいとめようとした人々、他民族の友人・隣人をかばい、普通の暮らしを続けようとした人々でもある。


（長　有紀枝）

14

紛争後のボスニア

★進まない統一への歩み★

デイトン合意により、3年以上にわたって繰り広げられたボスニア紛争は終結したが、ボスニアの統一国家としての国づくりは、紛争から20年以上たった今も順調に進んでいない。この章では、デイトン合意後のボスニアの歩みを、ボスニア下院（＝ボスニア議会代議院）選挙に注目しながら概観する。

紛争後のボスニアの国家体制で特徴的なのは、第28章で詳しく見るように、国家の中にボスニア連邦、スルプスカ（セルビア人）共和国という二つの政体（エンティティ）が存在することだ。その二つの政体は内政上大きな権限を持っており、そこに多くの政党が持つ民族主義的傾向が絡み合い、ボスニアの一体性の保持か民族別の分離か、という国家の方向性の違いが浮き彫りにされている。

また、第29章で紹介される上級代表もボスニアの国家体制の特徴である。上級代表は、ボスニアの和平のための文民の責任者として導入された。上級代表は、当初はボスニア紛争終結後短期間で廃止されることが予定されていたが、今なお存在し続けている。このことは、ボスニアが国際社会から自立を許されない存在だとみられていることを示唆している。

1996年9月、紛争終結後初めての総選挙が行われた。国際社会の期待に反して、この選挙では、民主行動党（ボシュニャク）、クロアチア民主同盟（クロアチア人）、セルビア人民主党（セルビア人）という、紛争を指導した三つの民族主義政党が圧勝した。紛争後の平和構築の停滞を恐れた国際社会は、上級代表に対し現地政治家の解任などの大きな権限を与えた。これにより、ボスニアの政治家が望まない改革を外から進めることができることになったのだが、この劇薬は強烈な副作用をもたらした。ボスニアの政治家は、民衆には不人気だが必要性が認められる政策があった場合に、他民族の政治家と妥協して実現するのを拒否するようになった。妥協すれば自民族の支持者から弱腰だとして非難され支持を失う恐れがあるが、妥協を拒否すれば上級代表が権限によりそれを実現してくれるからである。ボスニアの政治家はそうした無責任な態度をとるようになり、民族間の協調の機会が失われた。また、上級代表は強権を行使する存在として民衆から疎まれるようになっていった。

2000年はボスニア政治において大きな変化が訪れた年だった。前年の1999年、ボスニアのクロアチア人勢力を紛争後も支援し続けてきたクロアチアの与党、クロアチア民主同盟の党首であり大統領でもあったトゥジマンが死去した。翌2000年1月に行われた総選挙で、クロアチア民主同盟は敗北し独立後初めて下野した結果、ボスニアのクロアチア人は大きな後ろ盾を失うことになった。セルビアでは、同年10月に起こった政変でミロシェヴィチ大統領が失脚し、ボスニアのセルビア人への影響力がそがれた。こうして、クロアチア、セルビアという隣国からの影響力が弱まり、ボスニア政治の力学は変化した。

2000年11月の総選挙では、ボスニア下院で民族主義政党の勢力が減退し、民族を超えた政党間の協力が見られた。その結果、非民族主義政党による連立政権が樹立された。このような紛争後初の非民族主義勢力による政権運営も、連立政権を組む政党間の足並みの乱れもあり、一時的なものに終わった。２００２年の総選挙は、政権運営の中心を担っていた民族横断的政党である社会民主党に非常に厳しい結果となった。再び右記の三つの民族主義政党が主導権を獲得したが、上級代表による政治家の公職追放を恐れ、政治的には当初懸念されたほどの停滞は招かなかった。

２００６年の総選挙では、三つの民族主義政党に対抗する政党が、過激な民族主義的レトリックを用いて選挙戦を戦い、勢力を伸ばした。ボシュニャク政党では、ボスニアのための党が民族主義的傾向を強めて民主行動党に挑戦し、下院では僅差で敗れたものの、大統領評議会のポストを獲得した。セルビア人政党では、穏健派と見られていた独立社会民主主義者連合が民族主義化し、セルビア人民主党に大差をつけて勝利した。クロアチア人政党では、クロアチア民主同盟から分離したクロアチア民主同盟１９９０が強硬な民族主義的主張を繰り広げ、二党でクロアチア人票を分かち合った。

以後、三つの民族主義政党、新たに民族主義的主張を強めた政党、そして民族横断的な社会民主党や新政党の出現などにより、選挙のたびに結果が大きく変動するものの、三つの主要民族それぞれの利益が強調され、統一国家としての利益に優先されるという基本的な構図は変化していない。

ボスニアには多くの民族が住んでいるにもかかわらず、紛争後のボスニアでは、ボシュニャク、クロアチア人、セルビア人の３民族が制度的に重視されてきた。２００５年、欧州評議会ヴェネツィア委員会は、大統領評議会のメンバーや上院議員が特定の民族出身者に限定されていることを問題視した。翌年、ボスニアの主要３民族に属さないロマのセイディチとユダヤ人フィンツィが、その根拠となっている憲法規定を欧州人権規約違反だとして欧州人権裁判所に提訴した（セイディチ・フィンツィ裁判）。2009年、欧州人権裁判所は原告の訴えを認める判決を出し、ボスニアは憲法改正を求められているが、政治的な合意が得られず、今なお改正されていない。

以上見てきたように、ボスニアの選挙では民族主義政党が勝利を収めることが多いが、民衆の大多数がそのような政治家を支持している訳ではない。近年の選挙の投票率は50％台であり、また民族や政体を問わず政治家に対する不信感が根強い。2018年10月、サラエヴォ近郊のある村が政治家の来訪を「禁止」したとして国際的に話題となった。村には、「あなたたちは長年我々に嘘をついてきた。ポドゴラ村ではどの政党も歓迎しない」と書かれた横断幕が掲げられた。村人は、「政治家は、選挙のたびに良いことを言うが、選挙が終わったらそれを守ろうとしない」と不満を露わにした。

ボスニアではしばしば民族主義に反対するデモが起こり、世論調査でも反民族主義的意見が見られる。しかし、選挙になると民族主義政党が勝利することが多い。この先、民衆の政治不信が大きな力を生み出すことができるのか、また民族の垣根を越えてボスニアは統一国家への道を歩むことができるのか、注目される。

（遠藤嘉広）

III

多様な地域、多様な人々

15

サラエヴォ

★多様性と寛容の都市★

サラエヴォと聞くと、第一次世界大戦の導火線となったサラエヴォ事件（第8章参照）を、少し年配の読者なら、1984年のサラエヴォ冬季オリンピックを思い浮かべるかもしれない。1990年代のボスニア内戦の時期には、四方を山々に囲まれた盆地のサラエヴォはユーゴスラヴィア軍とセルビア人勢力に包囲された悲劇の町として、おびただしい報道がなされたので、その記憶が強く残っているかもしれない。この戦争後、ボスニア・ヘルツェゴヴィナはボスニア・ヘルツェゴヴィナ連邦とスルプスカ（セルビア人）共和国という二つの政体に分かれてしまい、住民の移動が余儀なくされて現在にいたっている。サラエヴォは社会主義ユーゴスラヴィア時代にはボスニア・ヘルツェゴヴィナ共和国の首都であり、内戦後もボスニア・ヘルツェゴヴィナの首都であることに変わりはない。しかし、この都市は二政体の境界地（大部分はボスニア・ヘルツェゴヴィナ連邦）に位置しているため、現在、かつてのサラエヴォ郊外の一部はスルプスカ共和国の東サラエヴォとなっている。コスモポリタンの都市としてよく知られたサラエヴォの景観は大きく変化してしまった。

第15章

サラエヴォ

2013年の国勢調査によると、サラエヴォ市の人口は約28万人であり、ボスニア・ヘルツェゴヴィナ連邦の一行政区分であるサラエヴォ県（カントン）と隣接する約6万人の東サラエヴォを合わせた総人口は約55万人である。サラエヴォ市に住む28万人の民族別比はボシュニャク（ボスニア・ムスリム）が80・74％、セルビア人が3・78％、クロアチア人が4・94％、その他10・54％となっていて、ムスリムの比率がきわめて高いことがわかる。これに対して、東サラエヴォの住民6万人の94％はセルビア人、4％がボシュニャク、1％がクロアチア人、その他1％の民族構成である。

サラエヴォという町の名称は、トルコ語のサライ（宮殿）とオヴァシ（野原）がスラヴ語風に合成された呼称に由来する。米国のボスニア史研究者ドニャによると、外国人旅行家からはボスナ・サライあるいはサライ・ボスナと呼ばれたりしたが、サラエヴォという名は1455年の文献に散見されるので、これ以前にオスマン朝の軍政上の施設がここに置かれていたとされる。周辺には、南スラヴの集落がすでにあったが、オスマン朝はそれらの集落をつくりかえるのではなく、新たな都市を建設しようとした。1462年、サラエヴォはカサバと呼ばれる小都市として出発し、交易の増大に伴い、オスマン政府は16世紀初めに商業都市（周囲の山々の頂には要塞を設置）として承認した。

第一次世界大戦まで、帝国支配が続いたボスニアの中心都市サラエヴォの歴史を概観しておく。バルカン半島に進出したオスマン朝は、1453年からサンジャク（県）という行政区分のもとでボスニアを統治した。サラエヴォの建設はこの時期に始められたのである。オスマン朝から派遣された二人の軍政官が都市としてのサラエヴォの基礎を築いた。一人はイサベグ・イシャコヴィチで、1460年代にボスニア県の軍政官に任命されると、自らの財産を寄進して都市の建設にあたった。サラエヴォの町を東西に流れるミリャツカ川沿いにボスニア統治の拠点となるサライ（宮殿）を建設し、川に橋を架け、主要な建造物をつくりあげた。オスマン朝の君主（スルタン）の要請により、この町最古のスルタン・モスク（16世紀に再建されて現存）も寄進した。

サラエヴォにとっての「黄金期」と称される16世紀になると、軍政官のガーズィー・フスレヴベグがイシャコヴィチの築いた町の基礎にのっとり都市の整備にあたり、自らの名を付けたモスク（現存）、図書館、メドレサと呼ばれるイスラムの教育機関、職人や商人のための諸施設などを寄進した。この結果、フスレヴベグの時期にサラエヴォは都市としての要件を満たすことができた。16世紀末には、人口が約2万人（第6章参照）に達し、バルカンではテッサロニキ、エディルネに次ぐ第3番目の都市に成長した。オスマン朝が征服した地域の公式の言語はオスマン語であったが、サラエヴォに流入してきた住民の大多数はボスニア各地からの南スラヴ人であり、セルビア語とクロアチア語が共通語であった。これらのキリスト教徒住民の多くは強制ではなく、オスマン社会での生きやすさを求めてムスリムに改宗していった。言語を同じくしながら、宗教の異なる住民というサラエヴォの特殊な状態が生み出されることになる。

1697年、オスマン帝国とハプスブルク帝国との戦争で、サラエヴォはハプスブルク軍の侵攻にあい、町の大部分が焼失する大打撃を受けた。これ以後、当時のサラエヴォの経済活動の水準は1900年まで回復することはなかった。ボスニア県の軍政上の中心は、この県の中央に位置するトラヴニクに移され、サラエヴォがその中心に復帰するのは1850年のことである。この間、オスマン帝国の領土拡大は止まり、これに伴って中央集権が緩むと、サラエヴォでも土着のムスリム有力者の自

多宗教のサラエヴォの景観。手前がシナゴーグ、その奥がセルビア正教会、その右がカトリック教会、遠方にモスクのミナレットが見える［出所：Robert J. Donia, *Saraevo: A Biography,* University of Michigan Press, 2006.］

治を求める動きが生じた。19世紀の前半、オスマン帝国はその生存をかけて近代化の改革を進めた。集権体制の強化が進められた結果、軍事的な力を奪われたサラエヴォのムスリム有力者は地主層として生き残る道を選んだ。ムスリムとキリスト教徒との法の下の平等が認められ、サラエヴォの経済活動を担ってきたムスリム職人層の影響力が低下し、隣接するセルビアから産品を取り入れて、富を蓄えるセルビア人商人層が急成長した。

1872年には、それまでの正教会とは規模の違う堂々としたセルビア正教会（サボルナ・ツルクヴァ）がサラエヴォの中心街に建立された。建設費用の大半を担ったのはセルビア人商人たちであったが、スルタンやセルビア公国の公も寄付を行い、ロシア皇帝は教会建築の熟練工を派遣し建設を支援した。大きなセルビア正教会がつくられることにより、イスラムの都市であったサラエヴォの400年にもおよぶ景観が大きく変化した。1878年にボスニアの行政権がオスマン帝国からハプスブルク帝国に移行されると、サラエヴォはハプスブルク帝国によるボスニア統治の中心地となり、ウィーンをモデルとした都市建設がはじめられる。行政機関の建物としてボスニア総督府（現在、ボスニア・ヘルツェゴヴィナ大統領府）と市庁舎（第一次世界大戦後に図書館、ボスニア内戦で破壊されたが、現在は修復され見学可能。55頁写真参照）がつくられた。

政治・経済活動が活発になり、人々の流入が増大して文化生活にも変化がみられるに伴い、町の景観が急速に変貌していった。1879年に2万1000人だった人口は1910年には5万2000人に増加した。1889年には、セルビア正教会のすぐ近くにカトリック聖堂が建てられ、1902年にはアシュケナジム系ユダヤ人のシナゴーグも建設された。こうして、サラエヴォはイスラムの伝統的な建築様式と西欧風の建築様式が混じり合う、独特の魅力的な景観をもつ町となった。その後、ユーゴスラヴィア王国の時期、第二次世界大戦後の社会主義ユーゴスラヴィアの時期にも、独特の景観は変わらなかった。しかし、1990年代のボスニア内戦を経た現在、サラエヴォにはアラブ資本やトルコ資本が大量に入りこみ、イスラム色が強まっている。多様性を認め合ってきた「サラエヴォっ子」たちの寛容の精神が、いまほど必要な時期はないように思われる。

（柴 宜弘）

16

モスタルとスタリ・モスト

★都市のシンボルとしての橋★

ボスニア・ヘルツェゴヴィナ南部、ヘルツェゴヴィナ地方の中心都市モスタルは、ユーゴスラヴィアの縮図であるボスニアの縮図といいうる都市であった。1991年の国勢調査によれば、自治体人口約12万7000人のうち、ムスリム人（その後のボシュニャク）が約34・6％、クロアチア人が約34％、セルビア人が約18・8％、そして「ユーゴスラヴィア人」が約10％となっている。主要三民族の民族比が比較的拮抗し、「ユーゴスラヴィア人」と申告する人の割合も多かったことがわかる。アドリア海まで50キロ弱ほどで地中海性に属するモスタルの気候は比較的温暖で、サラエヴォなどの他のボスニアの主要都市とは異なり、冬の降雪もまれである。ただし近年では、地球温暖化の影響か夏の酷暑、冬の厳冬といった極端な気候も見られるようになっている。

モスタルは、かつても現在も観光都市であり、都市とその近郊の観光資源には事欠かない。近郊の小村ブラガイは、今に残るイスラム神秘主義教団の「道場」（テッケ）の存在で知られる。また、1981年のメジュゴーリェの「奇蹟」（コラム10参照）により、一種の「宗教観光都市」となったメジュゴーリェまで

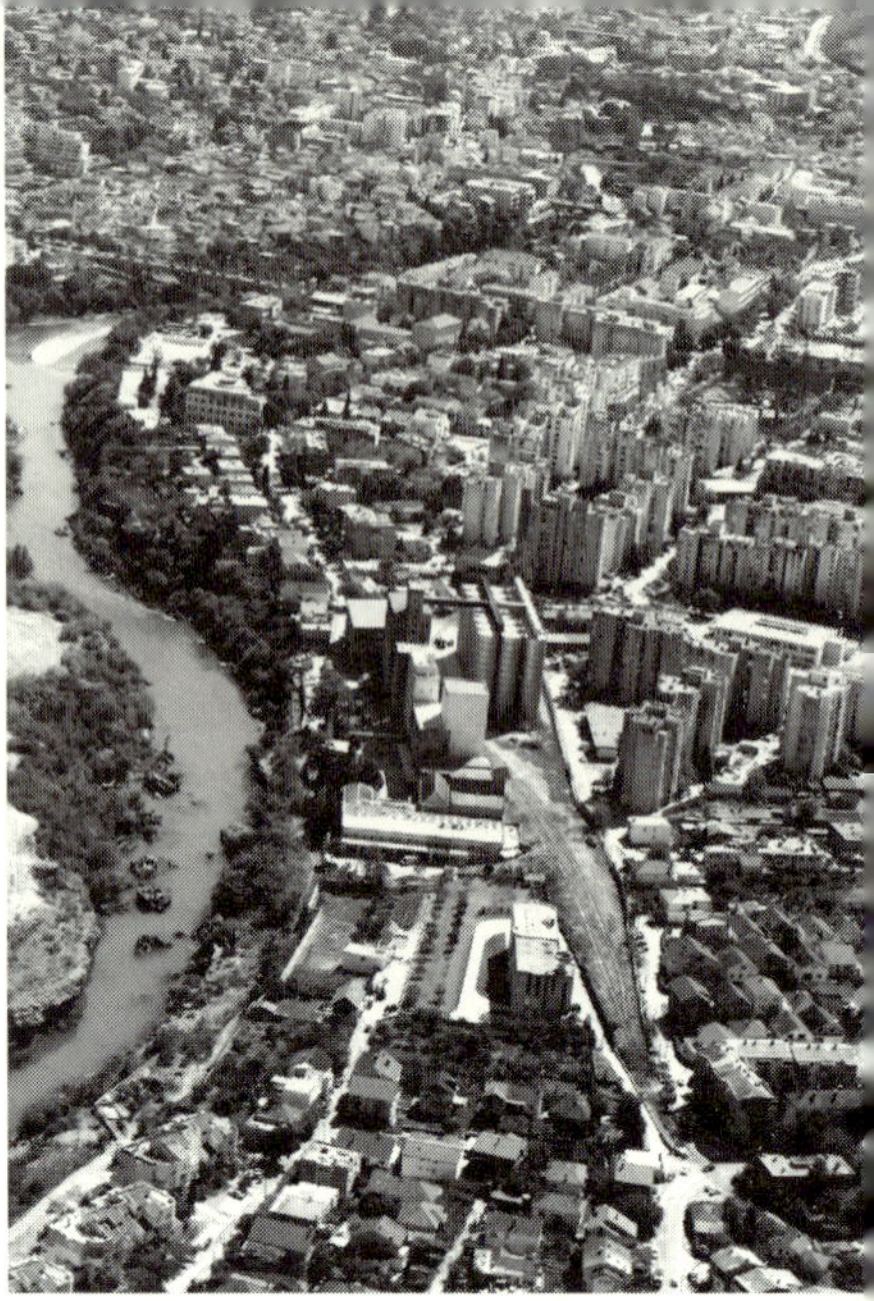

ネレトヴァ川両岸に広がるモスタル
［出　所：*Mostar u slici i riječi,* Mostar, 2013, str.13.］

も約25キロに過ぎない。また、モスタルを含むこの地域は、第二次大戦中のパルチザン戦争の主要な舞台であった。戦後の１９６５年には、モスタル西岸の街を広く見渡す高台に、広大なパルチザン墓地が建設され、社会主義期を通して都市のシンボルの一つであり続けた。また、19世紀末から20世紀初頭にかけて活躍したモスタル出身の詩人アレクサ・シャンティチも、この都市の文化を代表する人物である。シャンティチ自身はセルビア人だったが、「エミーナ」に代表されるその抒情詩は、節をつけられ、民族を問わず、モスタルにとどまらず、ボスニア、そしてユーゴスラヴィアの多くの人々に愛唱されている。

そして都市モスタルの最大のシンボルは、疑いなく「スタリ・モスト」（「古い橋」の意）の名で知られる石造りの橋（１２８頁写真）であろう。モスタルは、ネレトヴァ川沿いの盆地に発展したが、その発展はネレトヴァ川と川に架かる橋の存在なくしては考えられないものだった。そもそもモスタルが都市として成立したのも、ボスニアが15世紀中葉にオスマン帝国の支配下に入って後、ネレトヴァ川に橋（当時は吊り橋であったともいう）が架かる交通の要衝であったこの地が、商業や行政の中心として位置付けられたことを契機としている。「モスタル」という都市の名は、「橋（モスト）の守り手」を意味するもので、１４７４年のドゥブロヴニク共和国の文書にその名が現れている。そして、オスマン帝国の史料によれば、スレイマン一世の命により、吊り橋に代えて石の橋の建設が1557年に始まった。石造りの橋の建設には9年余りの歳月を要し、美しいアーチをみせる石の橋が完成した。橋脚間の距離は28・7メートル、夏の水面からの高さが20メートル強あり、当時最先端の技術により建設されたことがうかがえる。

モスタルを統治する政治主体が、オスマン帝国、ハプスブルク帝国、王政ユーゴスラヴィア、社会主義ユーゴスラヴィアと変遷しても、スタリ・モストは、常にこの都市の象徴であり市民の誇りであり続けた。いつしか、若い男性が度胸試しにスタリ・モストからネレトヴァ川に飛び込む習慣も生まれ、1968年からは飛び込みの競技会も組織された。

1992年に勃発したボスニア紛争は、都市モスタルにあまりに大きな傷跡を残した。都市の民族共存は破壊された。セルビア人の多くはモスタルを後にし、都市の東部にはボシュニャクが、西部にはクロアチア人が陣取り、街の目抜き通りを境に市街戦が展開した。そして戦闘が激しくなる中、1993年11月9日、クロアチア人勢力の砲撃によりスタリ・モストは破壊された。

ボスニア紛争は1995年に終結したが、モスタルの民族分断はその後も続いた。それは、ボシュニャクとクロアチア人の民族主義政党の対立という政治的分断にとどまらず、居住地域の分断と（ボシュニャクは東部に、クロアチア人は西部に主に暮らすようになった）、さらには学校教育の民族ごとの分断につながっている。同じ学校建物において、民族ごと（より正確には「母語」ごと）に学校が分断される「同じ屋根の下の二つの学校」はモスタルでもみられる。さらに民族間の分断は、文化団体の分断やスポーツクラブの分断にまで及んだ。1922年創立の歴史あるサッカークラブ「ヴェレジュ・モスタル」は、主としてボシュニャクの集うクラブとなり、クロアチア人は「ズリンスキ・モスタル」を自らのクラブと考えるようになった。こうした分断は、都市のトップクラブから、各街区の少年スポーツクラブにまで及んでいる。スポーツやスポーツの応援は、ナショナリズムを強く反映するもので、クロアチアとトルコのサッカーの国際試合が行われた際に、試合開催地から遠く離れたモスタルで、トルコ代表を応援するボシュニャクとクロアチア代表を応援するクロアチア人の小競り合いが起こるという事態も生じた。

紛争の後、国際社会の支援のもと、破壊されたスタリ・モストと橋につながる旧市街を再建しようとの試みが1999年に始まった。再建にあたっては、創建時と同様の材料や技術を用い、破壊前の形を可能な限り忠実に再現することに注意が払われた。そしてスタリ・モストの再建は、単なる文化財の再建というだけのものではなく、戦後も民族間の分断が続くモスタルにおいて、この橋を再び多民族共存の象徴としようという意図も持っていた。再建は2004年に完了し、翌2005年にはユネスコの世界遺産に登録された。スタリ・モストの象徴する多文化的、多宗教的な都市のあり方、そして和解の象徴としてのスタリ・モストの持つ意味が評価されてのことであった。

平和の到来と世界遺産登録を契機に、モスタルには多くの人が観光に訪れるようになった。民族間の分断は、紛争後20年が経過してもいまだに継続しているが、それでも少しずつ人々の意識に変化が生じてきている。民族を超えた草の根の組織も増えてきた。モスタルはボスニアの縮図であり、いかにモスタルで民族間の壁を取り払ってゆけるかが、ボスニアの将来を占うことにもつながるだろう。

（山崎信一）

17

川と緑の街、バニャ・ルカ

★居心地の良い土地を求めて★

スルプスカ（セルビア人）共和国の中心都市バニャ・ルカは、海抜163メートルに位置し、その人口は、2013年の統計調査によると、およそ18万5000人である。南方約90キロメートルにあるディナール山脈を源流とするヴルバス川が、街の中央を流れている。「ヴルバ」はボスニア語でヤナギを意味し、その名の通り川岸にはシダレヤナギが多く生育している。

夏は、その涼しい木陰に憩い、川遊びに興じる市民や観光客の姿も多い。この川を利用して、ラフティングやカヌー競技の大会も開かれるが、実はこの川固有の舟がある。「ダヤック」といって、ゴンドラのように細長い全長7メートルくらいの小舟に乗り、先のとがった長い竿を使って巧みに進んでいく。

街を通り抜ける舟遊びの途中、左岸の木々の間からカステル要塞が見える。ここは7月のロックコンサートをはじめとして数々のイベントが開かれ、バルカン中からやってくる若者たちの熱気であふれる場所だ。この要塞の歴史は古く、ローマ時代にその原型が建設され、カストゥラと呼ばれていたが、その周辺からは先史時代の遺物も発見されている。6～7世紀にスラヴ人がこの地に定住したといわれているが、いったいいつごろ

夏のヴルバス川とカステル要塞［撮影：D. R. タディチ］

からこの街はバニャ・ルカ、つまり「バン（総督）の町」と呼ばれたのだろうか。この名が文書に初めて登場するのは、オスマン帝国の影が北ボスニアにまで忍び寄る15世紀末、ハンガリー王ウラースロー二世によってである。やがて1527年、最終的にこの地域もオスマン支配に屈することになる。

ボスニアの他の地方同様、街の周辺は起伏の多い地勢で、穀物よりも果実栽培や質の高い乳製品の生産が盛んだ。バニャ・ルカといえばチエヴァピ（トルコ風の肉団子）というように、この街独自のレシピと食べ方（カイマクというクリームを合わせる）で、その名を高めている。ユーゴスラヴィア崩壊後、街角からセルビア色が消えつつあるザグレブやサラエヴォ（連邦側）でも、バニャ・ルカ・チェヴァピの店だけは健在である。

食文化のみならず人々の生活には、15世紀から19世紀にまで及んだオスマン支配による影響が今も残り、街の旧市街には、16世紀半ばにこの街を統治したフェルハト・パシャ・ソコロヴィチ（1530〜90）が建設した様々な公共施設の名残を見ることができる。彼は15年間という限られた治世の間に、フェルハディ・モスクを中心として、要塞、学校、墓地、モスク前の泉、隊商宿、武器工場、製粉所、聖職者のための住居、そして公衆浴場などをつくった。その他、ヴルバス川にかかる二つの橋と、両脇に200軒以上の店が並ぶ三つの通りを整備し、ボスニアで最初の時計塔をこの街に寄進した。

再建されたフェルハディ・モスク［撮影：S. サヒロヴィチ］

まさに彼のおかげで、バニャ・ルカは一躍この地方の政治・経済・文化の中心地となった。ちなみに、この野心的な男と同郷のいとこが、オスマン帝国の大宰相となったメフメド・パシャ・ソコロヴィチ（1505〜79）で、二人ともデウシルメ制度（キリスト教徒の少年を対象にした徴用）により子供のころボスニアからイスタンブルに送られた。教育を受け、才能と運に恵まれた彼らは、破格の出世を成し遂げて、やがて故郷に多くのものをもたらした。こうしてまさに錦を飾り歴史に名を残した二人も、最期は命を狙われて非業の死を遂げる。

晩秋の夕暮れ時、焼き栗で手を温めながら落葉の舞う旧市街を歩くと、かつてこの街を愛し、陰謀渦巻く次の任地へと旅立っていったボスニア生まれのオスマン人のことが思い起こされる。

公園が多く、緑の街とも呼ばれるバニャ・ルカが、12月の初めには

雪のバニャ・ルカ［撮影：O. ゴルボヴィチ］

一晩の降雪で真っ白に化粧する。新年を迎え2月の終わりまでは、氷点下の寒い日が続く。サッカー、ハンドボール、テニスは、一年を通して盛んなスポーツだが、スケートやスキーなどウィンタースポーツを楽しむ人々も多い。内外の演奏者によるコンサートや演劇も盛んで、寒い季節はいつも多くの市民が舞台を楽しんでいる。

こうした娯楽は、長いオスマン支配の後、19世紀後半に始まったオーストリア・ハンガリー統治がもたらしたものである。鉄道が敷かれ、カトリックおよび正教の教会や修道院が新たに建てられた。マリア・ズヴェズダナ修道院で1882年に初めてつくられたトラピストチーズは、今もこの地域の特産品として重宝されている。また、いくつもの学校や工場などが整備され、大いに近代化が進んだ。1873年創立の醸造工場でつくられるネクタル・ビールは、今も地元で人気がある。

現在、人口の90％近くを占めるセルビア人は、1月7日に正教会の大切な祝日、キリスト降誕祭を盛大に祝う。この季節、いつにもましてオーストリア・ハンガリー時代に建てられた建築物が美しく映える。もう一つの大きな宗教行事である復活祭は、人々にとって春の訪れも意味するだろう。この祝日は、カトリック教会と正教会とでは別の日であることが多く、かつ移動祝祭日だから毎年4月を中心に日付は変わる。こうしたキリスト教のクリスマスやイースター、イスラムのバイランなど、旧ユーゴスラヴィア時代のボスニアでは、街のどこかで祝われているそれぞれの祭に、誰もが穏やかなまなざしを向けていた。

バニャ・ルカの人口調査から、構成民族の推移を見てみよう。紛争前の1991年、セルビア人は約55%、クロアチア人とムスリムがともに約15%、ユーゴスラヴィア人と表明した人が約12%であった。独立後18年経った2013年の統計では、セルビア人が90%近く、クロアチア人は3%足らず、ボシュニャク（ムスリム）は4%強である。旧ユーゴスラヴィア崩壊の過程で、多くのセルビア人が流入し、逆に約6万人の市民がこの街を去った。

ここに住む人々は口々に「街の規模がちょうどよい」という。確かに生活に必要なものはすべてそろい、中心部には歩いていける距離に役所も学校も病院もある。街も郊外も緑が豊かで、休日には公園、川岸、周辺の山など自然の中に出かけてリフレッシュする人が多い。

5月の終わりから6月にかけて、街中の菩提樹が一斉に花開く。白い花のさわやかな香りは、夏の訪れを告げる水辺の木漏れ日とともに市民が愛してやまないものだ。この街から追われた人も、別の場所からたどり着いた人も、それは共通の思いのようだ。この住みやすい場所を求めて、どの時代にも多くの民がやってきた。民族や宗教の別なく、この街での心豊かな暮らしを慈しんだからだろう。

（清水美穂）

18

ボスニア・クライナ

★ボスニア西部の「荒れる辺境」★

「ボスニア辺境」を意味するボスニア・クライナは、ボスニア・ヘルツェゴヴィナ北西部一帯を指す呼称であり、サヴァ川とウナ川、ヴルバス川に囲まれた地域である。全般に山がちで森林に覆われ、平地はサヴァ川流域の北端に限られて、南端は石灰岩の険しい山々である。人口は、ボスニア紛争前の1991年には93・3万人を数え、ボシュニャク（ボスニア・ムスリム）が集住する西端と、セルビア人が集住する南端を例外として、各民族が複雑に混住していた。ボスニア・クライナの民族構成は、同年の国勢調査では、セルビア人42・4％、ボシュニャク39・3％、クロアチア人7・5％、ユーゴスラヴィア人5・1％、その他（ロマ人、ウクライナ人など）2・3％であった。しかし、紛争後初めて行われた2013年の国勢調査では、紛争中の強制移住や追放、国内避難、国外移住などにより、人口は74・7万人に減少した。また、民族構成は、セルビア人51・7％、ボシュニャク40・8％、クロアチア人3・7％、その他2・9％に変化して、各民族の棲み分けが進んだ。

ボスニア・クライナの呼称がヨーロッパの地図上で用いられるようになったのは、1860年以降である。それまで、この

第18章
ボスニア・クライナ

ボスニア・クライナの領域［出所：Wikimedia Commons］

地域は、ヨーロッパの地図上では「トルコ領クロアチア」と呼ばれていた。また、この地域が属するオスマン帝国では、「セルハト」ないし「クライナ」（トルコ語とスラヴ語でいずれも「辺境」の意味）と呼ばれていた。ボスニア・クライナは、古代ローマ帝国時代にはダルマツィア属州の一部であり、同帝国の解体後は、アヴァール人やスラヴ人などが来住した。10世紀には、中世クロアチア王国の一部となり、１１０２年にクロアチア王国がハンガリー王国の支配下に入ると、ハンガリー王国の一部となった。12世紀後半、現在のボスニア中部の領域では、中世ボスニア王国が建国された。この中世ボスニア王国は、１４６３年にオスマン帝国に滅ぼされるまで存続したが、その間、ボスニア・クライナの全域に支配を広げることはできなかった。ボスニア・クライナ西部では、ハンガリー王国支配下のクロアチア人が山がちな地形を活かして防御を固め、中世ボスニア王国、次いでオスマン帝国の侵攻を撃退したのである。クロアチア人によるこの抵抗は、１５２６年にハンガリー王国がモハーチの戦いでオスマン帝国に決定的な敗北を喫した後もしばらく続いた。そして、オスマン帝国がボスニア・クライナを完全に制圧したのは、それから60年以上経った１５９２年であった。

　１５８０年、ボスニア・クライナの大半を制圧していたオスマン帝国は、現在のボスニアからクロアチアの一部にまたがる地域にボスニア州を設置した。オスマン帝国の西進の最前線となったボスニア・クライナからは、カトリック教徒のクロアチア人が西方に脱出する一方、東方からイスラム教徒の支配階層や軍人が流入し、地元民の一部もイスラム教に改宗した。また、正教徒のセルビア人やヴラフ（アルーマニア人）が、東方の近隣地域（現在のセルビア南部、モンテネグロ、ヘルツェゴヴィナ地方など）から流入して、イスラム教徒の領主の下で小作農となったり、牧畜を営みながら国境警備を担ったりした。

17世紀に入り、オスマン帝国のヨーロッパへの拡大が停滞すると、ハプスブルク帝国が反攻を開始した。オスマン帝国は、17世紀末の大トルコ戦争でハプスブルク帝国とその同盟国に大敗し、1699年のカルロヴィッツ条約で、スラヴォニア（現在のクロアチアの内陸地方東部）とハンガリーをハプスブルク帝国に割譲した。このときの国境画定において、ボスニア・クライナは全域がオスマン帝国に残留した。同条約により、オスマン帝国の西端の国境地帯となったボスニア・クライナでは、ハプスブルク帝国に対する防衛網が整備されて、各要塞の守備に当たるイスラム教徒の軍人と、牧畜を営みながら国境警備に当たるセルビア人の数が増大した。なお、このときに画定されたボスニア・クライナをめぐるオスマン帝国とハプスブルク帝国の国境は、その後も維持されて現在のボスニアとクロアチアの国境となっている。また、現在のボスニア・クライナの西端におけるボシュニャクの集住と、南端におけるセルビア人の集住も、いわばこの時代のオスマン帝国による国境防衛政策の産物である。

18～19世紀には、オスマン帝国は次第に弱体化していったが、ボスニア・クライナでは、ハプスブルク帝国との間で、国境をめぐる小競り合いはあっても大規模な戦闘は起こらなかった。すると、19

第18章

ボスニア・クライナ

世紀のボスニア・クライナでは、強大化したイスラム教徒の封建軍事層による、彼らを抑えこもうとする帝国中央およびボスニア州当局に対する叛乱が頻発した。また、セルビア人農民による、重税の軽減を要求し、経済的支配関係からの自民族の解放を目指す武装蜂起も頻発した。そして、1875〜77年には、ボスニア・クライナを含むボスニア全土で、キリスト教徒（セルビア人とクロアチア人）農民の蜂起が反オスマン闘争へと拡大し、1878年、露土戦争後に締結されたベルリン条約によって、ボスニアではオスマン帝国の支配が終焉し、ハプスブルク帝国の統治下に入るのである。

さて、これまで見てきたように、ボスニア・クライナの人々は、15〜16世紀におけるオスマン帝国の侵攻に対する屈強な抵抗や、19世紀に頻発した叛乱、武装蜂起など、ボスニアの他地域に比べて武力闘争を数多く展開してきた。こうした歴史から、ボスニア・クライナは、ボスニアの言葉で「荒れる辺境」を意味する、「リューータ・クライナ」とも呼ばれている。そこでは、人々は、ボシュニャクもセルビア人も、直情径行的で戦時には団結して滅法強いが、平時には各自が持論にこだわって、まとまることが難しいというメンタリティを有しているのである。

20世紀にも、ボスニア・クライナでは、屈強な抵抗と蜂起が繰り返された。ボスニアが、第一次世界大戦後にユーゴスラヴィア王国の一部となった後、ナチス・ドイツの傀儡国家であるクロアチア独立国の領土となった第二次世界大戦時には、ボスニア・クライナでは、民族の枠を超えた非常に強固な反ファシスト闘争が展開された。また、第二次世界大戦直後の1950年には、新たに発足したユーゴスラヴィア連邦人民共和国における、貧困を理由とした最初の反政府暴動が、ボスニア・クライナ西端の町ツァジンにおいて発生した。さらに、ユーゴスラヴィアの解体に伴う1992〜95年のボスニア紛争では、ボスニア・クライナ西端に集住するボシュニャクの軍部隊（ボスニア共和国軍第5軍）が、3年以上にわたったセルビア人武装勢力による過酷な包囲戦を耐えぬいている。

ボスニア紛争の終結後、ボスニア・クライナの領域は、セルビア人主体の政体であるスルプスカ共和国と、ボシュニャク、クロアチア人主体の政体であるボスニア連邦に二分された。ボスニア・クライナ東部には、スルプスカ共和国の中心都市バニャ・ルカが所在しており、サラエヴォのボスニア政府と対立することが頻繁である。また、ボスニア・クライナ西部は、ボシュニャク人口が多くボスニア連邦側に属しているが、ボシュニャクの中心地であるサラエヴォとは遠距離であるのみならず交通が不便なため、往来が活発でなく、関係は必ずしも良好ではない。今後、EUの拡大がボスニアにも及んでいくなかで、ボスニア・クライナは、サラエヴォをはじめとする自国の他地域よりも、隣接するEU加盟国のクロアチアとの間で、経済的なつながりを深めていく可能性が大いにありうる。

（齋藤　厚）

追記：本章の執筆に当たっては、ボシュニャクの有識者で、かつてボスニア人権難民相、ボスニア連邦副大統領を務めたミルサド・ケボ氏と、ボスニア・クライナ出身のセルビア人であるボスニア外務省のドラガナ・アンジェリッチ氏に、貴重な助力と助言、示唆をいただいた。ここにこの両氏に対する謝辞を記すこととしたい。

コラム4

ヤイツェ――革命の聖地の昔と今

鈴木健太

山や森の美しいボスニア・ヘルツェゴヴィナ中央部、西方からのプリヴァ川が、南の山あいから流れ来るヴルバス川に出会うところにヤイツェの町はある。町の中心部は、二つの川に面した緩やかな丘に広がり、斜面に並んだ建物や家々の一番上には古い要塞が見える。一方、丘のたもとの川が合流する地点は滝になっており、何筋ものプリヴァ川の水が20メートルほどの落差をつけてヴルバス川に流れ込む。向かい側からは、これらの町の特徴を凝縮したような、滝の上に町が立ち、その頂上に要塞がそびえる景色を一望することができる。その絵画のような美しい眺めは、町章のモチーフにもなっており、ヤイツェの象徴として地元の人々や訪問者に愛されてきた。

町の歴史は古く、周辺の遺跡は、古代ローマの時代、またそれ以前からこのあたりに人が住んでいたことを示すという。ヤイツェの現在の名前が古文書に初めて登場するのは14世紀末のこと。中世のボスニア王国の時代である。15世紀には、オスマン帝国の侵攻を受けてこの地に王家が移った。最後の王ステファン・トマシェヴィチが王位に就き、そのわずか2年後にオスマン帝国軍に処刑されたのは、ここヤイツェであった。町を見下ろす要塞はそれより前、既に13世紀から存在したと言われる。

もっとも、この美しい景観の古い町が、それまで以上に、誰もが知る土地となったのは、20世紀後半の社会主義時代である。その直接のきっかけは、１９４３年11月29日の第2回ユーゴスラヴィア人民解放反ファシスト会議（略称「ＡＶＮＯＪ《アヴノイ》」）であった。第二次世界大戦の真っ只中、旧ユーゴスラヴィアの領域でナチス・ドイツなどの枢軸国の支配を打倒せんとす

ヤイツェの象徴。滝の上に並び立つ町と要塞
［提供：サメド・ジュジッチ氏、ならびにヤイツェ市文化・教育遺産および自然遺産と観光資源発展のための部局］

る解放闘争が続くなか、共産党を中心とするパルチザンの勢力はこの日、全土の解放区の代表を集めた会議を開いた。ボスニアの山中を転々としながら、度重なるドイツ軍の掃討作戦に何とか耐え抜いた後、ヤイツェで開かれた2回目の会議では、戦後の国家と社会の枠組みを記した「決議」が定められ、各民族の自決権に基づき、連邦原理に則った統一国家を建設することが宣言された。そして戦後、この第2回AVNOJは、実際に実現された解放と戦後国家の基礎として位置づけられ、開催地ヤイツェはそうした戦後体制の出発点であり、社会主義国家の建設に着手した「革命」の「聖地」であるとして、社会主義期を通して重要な役割が与えられた。実際に会議が行われた建物には、10周年の1953年に第2回AVNOJ博物館がつくられ、以来そこは毎年全国各地から人々が「巡礼」のために訪れる、文字通りの聖地となった。

そして現在、1990年代初頭に社会主義ユーゴスラヴィアは解体し、既に「聖地ヤイツェ」が昔話となって久しい。革命の結果それ自体が消滅したのみならず、連邦国家の崩壊に伴う戦争によって、この町も甚大な被害と犠牲を受けた。それまでヤイツェの自治体には3民族が居住していたが、戦争勃発後すぐにセルビア人（17%）が去り、近隣のセルビア人多数地域に移った。その後セルビア人勢力の攻撃が始まると、ムスリム人（40%）とクロアチア人（36%）の多数もヤイツェを離れ、難民となった。その結果、戦後の自治体人口は3万人弱と、戦前の4万人超からかなり減少した。また自治体の境界も一部が変更され、セルビア人多数区域が切り離された上で、ボシュニャク（ムスリム人）（49%）とクロアチア人（46%）の2民族が多数の行政単位となった（セルビア人は2%。なお、以上の人口に関する数値は、1991年と2013年の国勢調査の統計値を参照）。

戦争は、かつての「聖地」第2回AVNOJ博物館にも大きな損傷をもたらした。だが戦後の修復と再建によって、2008年11月29日、博物館は再び開館し、人々を集めるようになった。とくに例年、11月29日の「AVNOJの日」前後には、国内外から多くの訪問客が到来し、賑わいを見せる。「革命」の時代が過ぎ去り、戦争の傷跡と変化を経験した新しい時代のなか、かつての聖地には今日も変わらずプリヴァの滝が流れ落ち、緑と水の美しい町並みを描き出している。

19

東部ボスニア

★その多様性と波乱の歴史★

東部ボスニアは、隣接する地域との関係性や歴史的経緯によって、様々な特徴を持った下位地域からなる。まず、一般的に東部ボスニアというと、北のセンベリヤ地方（中心都市はビイェリナ）と南の東ヘルツェゴヴィナ地方（中心都市はトレビニエ）の間の、おおよそトゥズラからサラエヴォの東を通ってフォチャまでを南北に結ぶ線とドリナ川との間の地域を指す、といえようか。ドリナ川を境にして東に目を転じると、北にセルビア西部、および南にセルビアとモンテネグロの国境にまたがるサンジャク地方がある。セルビア西部のロズニツァ、リュボヴィヤ、バイナ・バシュタなどの町々は、東部ボスニアのズヴォルニク、ブラトゥナツ、スレブレニツァと深い関係を築いてきたし、サンジャク地方のプリェヴリャやプリイェポーリェは、東部ボスニアのフォチャ、ゴラジュデ、ヴィシェグラードとのつながりが深い。

東部ボスニアの土地は起伏に富んでいて耕地は少ない。主要な産業は、林業、木材加工業、鉱業、農業、電力産業などである。農産品は、牛、羊、山羊などからとれる乳製品、プラム、リンゴ、ベリーなどの果物、蜂蜜などが主流だ。ドリナ川の水力発電所は、ズヴォルニク、ヴィシェグラード、バイナ・バシュタの3か所に設置されているが、ズヴォルニクの発電所はセルビアの所有で、後者二つは、スルプスカ（セルビア人）共和国とセルビアが共同で管理している。

ドリナ川の源流はモンテネグロのドゥルミトル山にあって、山の西を流れるピヴァ川と東を流れるタラ川が、ボスニア国境のシュチェパン・ポーリェで合流してドリナと名を変える。川は、そこからサヴァ川との合流地点の町ラチャまでの直線距離にして175キロメートルを、346キロメートルかけて流れる。シュチェパン・ポーリェからヴィシェグラードまでには17の橋が、ヴィシェグラードからラチャまでには8の橋が架けられている。これらにヴィシェグラードの石橋を含めると合計で26の橋がある。

以下で東部ボスニア内の様々な地域、町を見てみよう。

ベオグラードからサラエヴォのスルプスカ共和国側にあるバスターミナルにバスで向かう際には、東部ボスニアの北半分の地域を通る。セルビアからは、ズヴォルニクで国境のドリナ川を渡ってボスニアに入る。しばらくドリナ川を左手に見ながら南下し、ドリナ川に注ぐヤダル川に行き当たったところで今度はヤダル川沿いを縫うように進む。ミリチを通ってヴラセニツァに至る。ここで南に折れ、ハン・ピイェサクを抜けると、ロマニヤ地方に入る。そこからパレを通って、サラエヴォのドブリニャ地区に着くというルートだ。ズヴォルニクからサラエヴォまでおよそ150キロメートルの道のりだが、バスは1500メートル級の山々の間の車がやっとすれ違えるくらいの道路を進むので4時間ほどかかる。車窓からは、山の裾野から中腹にかけてぽつりぽつりと集落や牧草地が見える。のど

ヴィシェグラード、ロガティツァ近郊のスターラ・ゴーラ山から見たドリナ川
［撮影：スネジャナ・カノストレヴァツ＝ツヴィイェティチ］

かで牧歌的な風景だ。

東部ボスニアで最大の都市といえばトゥズラである。ギリシア・ローマ時代から塩の産地として知られ、かつてはソリ（スラヴ語で塩の意味）などと呼ばれていたが、オスマン帝国時代以降トゥズラ（トゥズはトルコ語で塩の意味）と名を変えた。今ではジェノサイド（大量虐殺）という言葉と一緒に語られてしまうスレブレニツァも、ローマ時代に遡る長い歴史を持つ。「スレブロ」とはスラヴ語で銀という意味で、最盛期の15世紀にはドゥブロヴニクなどの商人が居住区を持つバルカン有数の銀の産地であった。

東部ボスニアの南には、フォチャ、ロガティツァ、ヴィシェグラード、ゴラジュデなどのいずれもオスマン帝国時代に発展した街がある。この地域一帯は東のサンジャク地方と隣接していて、サラエヴォからコソヴォ、マケドニア、ギリシア、イスタンブルへと続く交通路上にあった。近代以降オスマン帝国の領土が次第に縮小していくなかで、サンジャク地方が20世紀初頭までオスマ

第19章

東部ボスニア

ン帝国領に留まったことから、東部ボスニアは、ボスニア中央部とオスマン帝国領を結ぶ戦略的に重要な地域であった。東部ボスニアでもサンジャク地方でもムスリムと正教徒の共存関係が長い間維持されていたが、これらの複雑な事情も影響して、近代以降たびたび戦場になってしまう。

以下に東部ボスニアの歴史を手短に振り返ってみよう。

4世紀にローマ帝国が東西に分裂した時、その境になったのはドリナ川であった。以後、ボスニア・ヘルツェゴヴィナは長い間東西教会の布教活動の空白地帯となっていたが、ボスニア東部のドリナ川左岸地域（およびヘルツェゴヴィナ東部）には、古くから一定数の正教徒が居住し、その数はコソヴォの戦いのあとさらに増えていった。一方オスマン帝国支配下では、改宗や移住によってムスリム住民の割合が徐々に高くなっていく。この地域のカトリック教徒は、カトリックの修道院があった中世のスレブレニツァを除けば、歴史を通じてごく少ない。

近代以降にたびたび戦禍を被りつつも、正教徒住民とムスリム住民は、概ね良好な関係を築いていた。しかし、第二次世界大戦時、ウスタシャとドイツ軍（南ではイタリア軍）、チェトニク、パルチザンが入り乱れて争う戦場なってしまう。1941年9月にセルビア西部のウジツェを拠点に築かれた解放区が陥落すると、パルチザン部隊は東部ボスニアに拠点に移した。さらに、パルチザンは1942年初めのウスタシャとドイツ軍の総攻撃で壊滅的打撃をうけて、北西部ボスニアに部隊を移す。一方セルビア西部を拠点とし当初はパルチザンと協力していたチェトニクは、パルチザンの撤退後、東部ボスニアとサンジャク地方に住む多くのムスリムを虐殺した。その後パルチザンは、1943年半ばから再び東部ボスニアで徐々に勢力を取り戻し、5月から6月にかけてドリナ川上流域の「スーチェスカの戦い」をかろうじてしのぐと、10月のトゥズラ解放をきっかけに東部ボスニアの解放区を急速に広げて1945年の終戦を迎える。

社会主義時代に再び民族間の共存が図られるが、タブーとして封印されたこの地域の対立の記憶は、1990年代のボスニア紛争時のプロパガンダによって呼び起こされてしまう。紛争を経て、今日では多くの自治体でセルビア人が多数派になった。かつてムスリムが多数派を占めていたズヴォルニク、ヴィシェグラード、フォチャなどは、現在ではセルビア人が住民の大多数を占め、スルプスカ共和国に属している。反対に、ゴラジュデは、ボスニア・ヘルツェゴヴィナ連邦に属し、ボシュニャク（ムスリム）が圧倒的多数を占めている。大量虐殺があったスレブレニツァはボシュニャク人口を減らしたが、避難民の帰還が進んだ今では比較的その割合が高い。スレブレニツァは、ボシュニャクがセルビア人の割合を上回るスルプスカ共和国で唯一の基礎自治体である。

紛争後、他のボスニアの地域同様にボスニア東部でも様々な和解のための試みが行われてきた。しかし、今日セルビア人とボシュニャクが、アンドリッチの『ドリナの橋』に登場するヴィシェグラードの正教の司祭とイスラムのホジャのように、仲良く暮らしているとはとても言えない。この地域の人々が、「曲がりくねったドリナ川を真っすぐにする」と言うと実現不可能な試みの譬《たと》えだが、この地域で再び民族の共存関係を築くことは「ドリナ川を真っすぐにする」ようなものなのだろうか。

（長島大輔）

20

ヴィシェグラード

★『ドリナの橋』とアンドリッチ★

ヴィシェグラードはサラエヴォからバスで東へ3時間、ベオグラードからは南西へ6時間かかる、セルビアとの境の町で、ドリナ川とルサヴ川の合流地を中心としている。ドリナ川にはメフメド・パシャ・ソコロヴィチ橋がゆったりと架かっている。オスマン帝国随一の建築師ミマール・スィナンの設計によるもので、世界遺産に登録されている。

ユーゴスラヴィア唯一のノーベル賞作家イヴォ・アンドリッチ（1892〜1975）は、子供時代をこの町で過ごし、のちに、代表作となる小説『ドリナの橋』（1945）を執筆した。物語は16世紀初頭から始まる。オスマン帝国の支配のもと、一人の少年がソコロヴィチ村から徴用された。ドリナ川を渡るため、ヴィシェグラードの渡し場で一夜を明かした少年の心に、自然を前にした人間の無力と貧しく岩だらけの土地が刻まれた。イスタンブルに到着した少年は、長じて大宰相メフメド・パシャ・ソコロヴィチとなる。大宰相は、少年時代の胸の痛みを消し去るために、ドリナ川に橋の建造を命じた。地元住民たちが現場に駆り出され、過酷な労働を強いられる。普請の成功を祈願するために人柱となった双子の伝説、工事の妨害をして串刺しにされるキリスト教徒の農民、不慮の事故で半身を切断された陽気な「モール人」、無慈悲な総監督の圧迫に心が壊れてしまう警備隊長。橋の建造をめぐってさまざまな伝説が生み出された。そして5年後、人々の苦痛を土台として、11のアーチからなる美しい橋が完成した。カピヤと呼ばれる中央部は横幅が広く、片側には石造りのベンチが、もう片側には大きな石板が立っている。石板には大宰相を称える碑文がオスマン語で刻まれている。

当代のアーサフ、メフメト・パシャ閣下
この世は、高貴なる御方によって、栄光を見出した
財貨を功徳善行に費やし、神の御心に応えた
（中略）
ボスニアのドリナ川に巨大な橋を架けた
水の上に複数のアーチによる連なりを結びつけた

以後、橋は町の中心となって人々に憩いの場を提供するとともに、時代の移り変わりの証人となる。婚礼の日に橋から身投げをする少女ファタ。洪水から身を寄せ合うイスラム教徒、正教徒、ユダヤ教徒。橋のたもとでホテルを営むユダヤ人の女性ロッティカ。アリホジャ・ムテヴェリッチは大宰相から橋の管理を任された家の末裔で、橋をこよなく愛している。彼は語る。「全能の神アラーがこの世をお造りになったとき、大地は、つやつやとしたきれいな銅皿のように、平らで滑らかだった。それ

第20章
ヴィシェグラード

メフメド・パシャ・ソコロヴィチ橋

が悪魔の気に障った。人間が神からもらった贈物が妬ましかったんだ。そこで、大地が神の手元を離れたばかりで、窯入れ前の器のようにまだ湿って柔らかいときに、神の大地の表面をこっそり爪でひっかいた。それも、できるだけ多く、できるだけ深く。そういうわけで、深い川と峡谷ができてしまった。そのせいで、地方と地方が分断され、人々はあちらとこちらに隔てられ、地上を旅することもままならない。暮らしを支え、食べ物を作るための庭として神がくだされたのに。アラーは呪われし者の所業を遺憾に思われたけれども、悪魔の手で汚された仕事に戻ることもできず、天使たちを遣わして人間を手助けさせることにされた。天使たちの目に入ったのは、哀れな人間たちが深い峡谷を渡ることができず、仕事もできず、ただ両岸から見つめあい、叫びあっている姿だった。天使がそういう場所の上に翼を広げると、人々は翼をわたりはじめた。こうして、人々は神の天使から橋の作り方を学んだのだよ」。

しかし、天使の翼である橋もまた、歴史のうねりを免れることはできなかった。第一次世界大戦が勃発すると、オーストリア軍は埋め込んでおいた爆弾で橋を破壊する。「引き裂かれたアーチの砕かれた両端は、傷ましく互いを求めていた」。その無残な姿を目にしたアリホジャは、橋と運命をともにするかのように、心臓発作を起こして絶命するのだった。

『ドリナの橋』は第二次世界大戦中に、ナチス占領下のベオグラードで、出版のあてもないまま執筆された。第一次世界大戦後に修復された橋は、このとき再び破壊されている。とはいえ、『ドリナの橋』が描くように、町には長らくイスラム教徒と正教徒が微妙な距離を保ちながらも、ともに暮らしてきた。それは、幾度にもわたる争いのあとでも変わることがないように思われた。しかし、1990年代に民族対立が高まると、アンドリッチは体のいい「アイコン」として使われるようになる。まず、行動を起こしたのはムスリム過激派の若者である。アンドリッチを反ムスリム的であると非難し、ソコロヴィチ橋のたもとにあったアンドリッチの記念碑を破壊した。ハンマーで頭部を粉々にし、「お前は十分に書いた、今度は泳げ」と言ってドリナ川に投げ込んだという。1992年春には、セルビア側によるムスリム虐殺が行われ、町はセルビア側の支配下に入った。1995年3月には『ドリナの橋』刊行50年とアンドリッチ没後20年を記念した会が催され、セルビア民兵の最高司令官ラドヴァン・カラジッチがアンドリッチの像を除幕し、ムスリム虐殺を正当化するスピーチを行った。

それから20年ほど経った2014年、サラエヴォ出身の映画監督エミール・クストリツァが、ヴィシェグラードに「アンドリッチグラード」を開設した。『ドリナの橋』の映画化のために計画されたが、映画製作は断念され、テーマパークの建設だけが行われたのだった。クストリツァはヴィシェグ

アンドリッチグラードのアンドリッチ像

ラードからタクシーで20分ほどのセルビア国内にドゥルヴェングラード（木の町）と呼ばれる撮影町を建設しており、これが二つめの町ということになる。アンドリッチグラードには宿泊施設、レストラン、カフェ、バー、書店、クルージングなどのほか、文化施設も備えられている。カメングラード（石の町）という別名にふさわしく、石造りの門をくぐると、青年ボスニア通りがニコラ・テスラ広場へとまっすぐに延びる。通りの両側には、オスマン風の建物とハプスブルク風の建物が立つ。後者の壁面は二枚のモザイク画で飾られており、一枚には、プリンツィプと青年ボスニアのメンバーの憂鬱そうな顔が、もう一枚には、楽園で踊る少女たちの横で綱を引っ張るドディク・スルプスカ（セルビア人）共和国大統領とクストリツァが描かれている。誇張と引用に満ちた空間はたしかにクストリツァらしい。だが、そこに、アンドリッチが描いた多民族の歴史の面影を見ることはできない。広場の真ん中に立つアンドリッチの銅像は、ボスニアに生きることの難しさを語るかのように、うつむいていた。

（奥　彩子）

21

ヘルツェゴヴィナ

★その歴史と地理★

ヘルツェゴヴィナの人々は、国名のボスニア・ヘルツェゴヴィナを「ボスニア」と省略されるのが不愉快らしい。私も、来日したボスニア・ヘルツェゴヴィナ出身のグループの前で「ボスニアは、云々」と言って、グループのヘルツェゴヴィナ出身者に「ボスニア・ヘルツェゴヴィナと言うように」と注意されたことがある。確かに、ヘルツェゴヴィナの人々は自分たちを「ボスニア人」とは呼ばない。「ヘルツェゴヴィナ人」はボスニア地方とは異なる自らの文化、自然を大いに誇っている。彼らにとって故郷とは、輝く太陽がカルストの白い台地を照らす風景なのだ。

ボスニア・ヘルツェゴヴィナの正式名称は、「ボスニアとヘルツェゴヴィナ」である。「ボスニア（原語ではボスナ）」の名称は、国土の中央を流れるボスナ川に由来する。「ヘルツェゴヴィナ」とは、「ヘルツェグの地」の意で、中世ボスニア王国末期にこの地を治めていたスティェパン・ヴクチッチ（位1435～66）が「ヘルツェグ（ドイツ語のヘルツォグが語源で「公」の意）」を名乗ったことに由来する。それまではフムとかザフムリェ（アドリア海沿岸地域から見た「フムの向こう側」という意味）と呼ばれていた地域である。ヴクチッチは、ボスニア王国の最盛期を築いたトヴルトコ王の亡き後、東はリム川（現在のセルビアのサンジャク地方）、西はツェティナ川（クロアチアのスプリトのあたり）、北はラマ川（プロゾル、ヤブラニツァあたり）、南はドゥブロヴニクを除く沿岸地域に至るまで、支配領域を広げた。

ヘルツェゴヴィナと周辺地域

　ボスニアとヘルツェゴヴィナは、行政上の区分ではない。よってはっきりとした境界があるわけでもない。歴史地理的には、おおよそ、西はシュイツァ川（ポスシェあたり）から、北はラマ川とネレトヴァ川（コニッツあたり）を通って、東はゼレンゴーラ山とマグリッチ山（モンテネグロとの国境にあるボスニア・ヘルツェゴヴィナの最高峰）までを結ぶ線が境とされる（地図）。行政区分としては、おおよそ現在の「ヘルツェゴヴィナ・ネレトヴァ県（カントン）」と「西ヘルツェゴヴィナ県（カントン）」（いずれもボスニア・ヘルツェゴヴィナ連邦）と、スルプスカ（セルビア人）共和国のトレビニェ地方とカリノヴィク（スルプスカ共和国の東サラエヴォ地方の自治体の一つ）を合わせた領域である。また、歴史的にイモツキ（現在はクロアチア）周辺のアドリア海沿岸地域、フォチャ以南のドリナ川上流域を含める場合もあるし、また文化的共通性からリヴノを含める場合もある。コトル湾のヘルツェグ・ノヴィ（現在はモンテネグロ）も、中世ボスニア王国時代に築かれ、前述のヴクチッチが整備した港であった。

国全体の面積の5分の1強を占めるヘルツェゴヴィナには、人口の10分の1ほどが暮らす。つまり、モスタルなどの都市部を除けば人口密度は低い。北部のネレトヴァ川の上流域には2000メートル級の山々が連なるが、川の中流域からアドリア海沿岸地域にはなだらかな丘陵地帯が広がる。主に石灰岩からなるカルストの地表には灌木と低草がまだらに生えている。秋から冬にかけて特に雨が多く、反対に乾季の夏にはほとんど降らない。日照時間は非常に長く、所によって年間2500時間を超える。つまり葡萄をはじめ果実の栽培に適している。この地域の固有種であるジラヴカとブラティナからは上質のワインが造られる。他にも、煙草、イチジク、ハーブとそこから採れる蜂蜜、オリーブなどが特産である。

オスマン帝国時代のヘルツェゴヴィナ地方は、19世紀の一時期を除いて、ボスナ州に属する一つの

トレビニェ中心部の広場［撮影：タティヤナ・ブライチ］

サンジャク（県）であった。モスタルやトレビニェなどの都市は、アドリア海沿岸地域とサラエヴォやヴィシェグラードなどの内陸の諸都市を結ぶ交易の中継地として発展した。19世紀に入って、オスマン帝国のヨーロッパ地域に住むキリスト教徒住民に対する列強の干渉と、それに呼応した諸民族のナショナリズムが高まると、ボスニア・ヘルツェゴヴィナの正教徒とカトリックも、それぞれセルビア人、クロアチア人としての意識を植え付けられていく。1875年にヘルツェゴヴィナのネヴェシニェで起こったキリスト教徒農民の反乱は、ボスニア・ヘルツェゴヴィナ全土に飛び火しオスマン帝国による支配を終わらせた。その次にやってきたオーストリア・ハンガリー帝国に対して、ボスニア・ヘルツェゴヴィナ各地で反乱が起こったが、中でもヘルツェゴヴィナ住民は最後まで激しく抵抗した。なんとか反乱を抑え込んだ帝国は、ボスニアとヘルツェゴヴィナを一体の領域として統治した。この時代、モスタルは、ヘルツェゴヴィナの中心都市として、各民族の政治的権利拡大と、文化的・宗教的自治を求める運動の中心地となった。

国王独裁下のユーゴスラヴィア王国では、バノヴィナ（州）の設置によって、ボスニアはヴルバスとドリナ、ヘルツェゴヴィナは沿海とゼタに分割されてしまう。さらにこれらのバノヴィナの一部（西ヘルツェゴヴィナ地方とボスニア北部のポサヴィナ地方）は、1939年につくられたクロアチア・バノヴィナに吸収された。第二次世界大戦時、ボスニア・ヘルツェゴヴィナ全体がナチス・ドイツの傀儡国家「クロアチア独立国」に編入されると、ドイツ軍はボスニアを、イタリア軍はヘルツェゴヴィナを、それぞれの軍事支配下に置いた。ボスニア・ヘルツェゴヴィナは、ウスタシャ、ドイツ軍、イタリア軍と、セルビア民族主義を掲げるチェトニク、チトー率いるパルチザンが入り乱れる主戦場と

ネレトヴァ川にかかるモスタルのスタリ・モスト
［撮影：白石邦広］

なった。ヘルツェゴヴィナでは、特にアドリア海沿岸地域からボスニア中央部に抜けるネレトヴァ川流域や、ドリナ川流域とヘルツェゴヴィナ東部を結ぶ山岳地帯で、たびたび激しい戦闘が行われた。

第二次世界大戦時後、ユーゴスラヴィア共産党の指導者たちは、ボスニアとヘルツェゴヴィナを、その領土的一体性を認めて、セルビアとクロアチアのどちらにも属さない独立した共和国とした。ボスニア・ヘルツェゴヴィナは、ユーゴスラヴィアで唯一特定の民族名を冠さない共和国であった。第二次大戦中、血で血を洗う対立の舞台になったヘルツェゴヴィナでは、急速な復興が目指された。戦争によって荒廃した土地に再びタバコ、葡萄、イチジクなどが植えられ、水力発電所が整備されて繊維産業、工業部品産業が栄えた。

しかし、1990年代の戦争によって、ヘルツェゴヴィナは再び流血の舞台となってしまう。1991年セルビア人がセルビア人自治区を設立すると、ヘルツェゴヴィナのクロアチア人も、クロアチア人が多く住む西ヘルツェゴヴィナ地域を中心に、「ヘルツェグ・ボスナ・クロアチア人共同体」（1993年8月に「共和国」）を宣言した。1992年になって戦闘が始まると、まもなく西からディナール山脈を越えてクロアチア人武装勢力が、東からドリナ川を越えてセルビア人武装勢力が侵攻した。

両軍はネレトヴァ川を境に、それぞれ西と東に勢力を分け合い、その狭間のボシュニャクと領土を争った。ネレトヴァ川の西側がクロアチア人勢力によってほぼ掌握されると、クロアチア人部隊はモスタルのスタリ・モスト（古橋）を迫撃砲で破壊した。現在のモスタルでは、ネレトヴァ川を境にして西側にクロアチア人、東側にボシュニャクが住む。戦争前に2万4000人ほどいたセルビア人は、今では5000人にも満たない。

再建中のモスタルのセルビア正教会［撮影：白石邦広］

紛争終結から20年以上たったヘルツェゴヴィナの人々は、観光をてこに経済発展への道を模索している。だが、各民族の住み分けが完了したヘルツェゴヴィナにかつての多様性は見られない。かつて、著名なセルビア系詩人アレクサ・シャンティチの名を冠していたモスタルのギムナジウムは、今ではただ「モスタル・ギムナジウム」と呼ばれている。一方、セルビア系が大多数を占めるトレビニェの市民は、モスタルのスタリ・モストを誇りに思わない。美しい自然や、再建されたモスタルのスタリ・モスト、巡礼地メジュゴーリェなどの観光資源をどう生かすか。ヘルツェゴヴィナの将来がかかっている。

（長島大輔）

コラム5

ブルチュコ

百瀬亮司

地図を見ると、ボスニア・ヘルツェゴヴィナはやや歪《いびつ》な三角形のような形をしている。この三角形の中は複雑な曲線が入り組み、スルプスカ（セルビア人）共和国とボスニア連邦という二つの政体に分けられている。しかし、三角形の右上の角の辺りに、いずれの政体にも属さない小さな地域を見つけることができるだろう。面積500平方キロメートル弱、ボスニア全体の100分の1にも満たないこの地域はブルチュコ特別区と呼ばれる。国際河川でもあるサヴァ川に面したこの地域は戦略的要地として、ボスニア紛争開戦当初から現在に至るまで、地域の地政学的安定にとってきわめて重要な役割を振り当てられている。

現在、ブルチュコ特別区と呼ばれる領域は、社会主義時代には河川港を擁する経済的にも重要な場所であった。1991年の統計によれば、民族構成ではムスリムが多数派を占めていたがその数は全体の半数には満たず、クロアチア人、セルビア人もそれぞれ対人口比20％以上を占めており、典型的なボスニア多民族地域であったと言える。ボスニア紛争が勃発すると、ブルチュコでは各陣営の利害が衝突することとなった。ムスリムにとっては、先述した河川港が存在すること、域外への鉄道の経由地であることから、交通の要衝として重視された。セルビア人にとっては、ブルチュコ周辺は、バニャ・ルカを中心としたボスニア西部のセルビア人居住地域と、ボスニア東部のセルビア人居住地域ならびにセルビア本国とを東西につなぐ回廊を形成していることから、戦略的に重要な地域と考えられていた。クロアチア人勢力にとっても、ブルチュコは一大クロアチア人コミュニティが形成されていることに加え、やはり流通面からも無視できない地域であった。このため、1992年春のボスニア紛争開戦当初から、ブルチュコはセルビア人勢力の攻撃目標となり、その後も各陣営による攻撃が繰り返された。また、停戦交渉においてもこの地は常に焦点となった。

ブルチュコの最終的帰属についてはデイトン和平交渉でも解決に至らず、最終的にはセルビア人代表のミロシェヴィチが譲歩して、ブルチュコについては1年以内に国際調停に委ねられることになった。その後も最終決定は繰り返し延期され、現在はいずれの政体からも事実上独立した特別区とされる。2013年の統計が示す民族籍による人口割合は、ボシュニャク（ボスニア・ムスリム）が約42%、セルビア人が約34%、クロアチア人が約20%とされているが、各民族共同体で居住域は大まかにすみ分けられており、一連の旧ユーゴスラヴィア紛争によって生みだされた分断都市の一つと言える。

その一方で、ブルチュコは紛争後における社会的融和のモデルケースとしても注目されている。特筆すべきはその教育改革である。モスタルをはじめ、ボスニアの多くの地域では、民族共同体ごとに教育が行われている。それぞれが異なるカリキュラムを持ち、民族籍が異なれば、生徒や教師が学校で交流するような機会はほぼない。ブルチュコもかつてはそうだったが、2000年度学事暦以降、段階的に学校制度の統合が進められ、ボシュニャク、セルビア人、クロアチア人の生徒・教師が、同じ教室で同じカリキュラムを学ぶ教育が実践されている。

ボスニア上級代表事務所には特別区監理官が置かれるなど、国際社会による監理は継続しており、問題が完全に解消されたわけではない。しかし、ブルチュコは少しずつ往時の姿をとり戻しつつある。

22

構成三民族

★進む相互の分断★

現在のボスニア憲法は、ボスニアの「構成民族」を、ボシュニャク、クロアチア人、およびセルビア人と定めている。これら三民族が凄惨な殺し合いと領土争いをした結果、10万を超える人々が死亡し250万に及ぶ人々が国内外に避難したことは記憶に新しい。そのため、遠く日本に暮らす私たちの多くは、三民族が歴史を通じて絶えず反目し合ってきたと考えがちだ。一方で、社会主義ユーゴスラヴィア時代を、諸民族が対立を克服して平和に共存していたバラ色の時代として、過度に理想化する見方もある。ここでは、紛争前の共存とはどのような意味での共存であったのか。紛争を経てその共存がどのように破壊されたのかについて、考えてみたい。

その前に、構成三民族とは何であろうか。前述の通り、ボシュニャク、クロアチア人、セルビア人は、デイトン合意に基づくボスニア憲法において「構成民族」と規定されている。「構成民族（konstitutivni narodi）」とは、「国家としてのボスニア・ヘルツェゴヴィナにおいて、自決権をもつ民族」という意味だ。デイトン合意付帯第4項には次のように書かれている――「構成民族たるボシュニャク、クロアチア人、セルビア人は（その他の民族とともに）、ならびにボスニア・ヘルツェゴヴィナの国民は、ここに憲法を以下のように定める」。「その他の民族とともに」という文言は、取って付けたように括弧で括られている。そして、三民族と「その他の民族」に加えて、「ボスニア・ヘルツェゴヴィナの国民」とわざわざ併記している。ボスニアが全ての国民の民主主義的平等に基づく国であると強調したいのだろう。しかし、周知の通り大統領評議会メンバー（3人）と民族院の議員（15人）の被選挙権は三民族にのみ与えられている。三民族に特権的地位が与えられ、「その他の民族」の権利が制限されているのは明らかである。

本題に入ろう。まずボスニアの伝統的農村の構造がどのようなものだったか見てみよう。ボスニアの一般的な農村では、いくつかの同姓の親族が集落をつくり、複数の集落が集まって村を構成している。村の中心的な集落に教会やモスクが建ち、その隣には墓地がある。基本的に一つの村は一つの宗教共同体から成るが、一つの村の中で、丘や川などを境に一定の距離をおいて異なる宗教信徒の集落が並存することもあった。宗教共同体の最小単位を、カトリック（クロアチア人）はジュパ、ムスリム（ボシュニャク）はジェマート、正教徒（セルビア人）はパロヒヤと呼ぶ。ボスニアの、特に山間部では、長い間このような宗教共同体の住み分けが続いてきた。住み分けといっても集落と集落、村と村の距離は、数百メートルから、せいぜい数キロメートル程度であった。農村に住む人々は、近隣の町で開かれる定期市や農業祭などで日常的に交流し協同していた。たびたびおこる戦乱によってこのような共存関係が崩されても、戦いが終わってしばらくすればまた元の相互依存関係に戻った。都市部でも各信者集団の住居は街区ごとに分かれていたが、これらの街区はしばしば入り組んでいて、異なる宗教の住民が隣り合って暮らすことも稀ではなかった。

社会主義ユーゴスラヴィア時代には工業化によって農村から都市への人口流出が進んだが、農村の人口が全体として減っただけで、従来の宗教（すなわち民族）ごとの住み分けの状況に大きな変化はなかった。都市の新興住宅街にはいくつもの集合住宅が建てられ、地方から移った様々な民族が暮らした。地方でも都市でも、民族の区別なく行政機関、企業で働き、農業協同組合を組織した。第二次世界大戦で深まった民族間の亀裂は、ユーゴの「友愛と統一」の旗印の下、克服されたかに見えた。

１９９０年代の戦争はボスニアの共同体レベルでの共存関係を破壊し、三者の領域的分布図を大きく塗り替えてしまった。ボスニア紛争は、紛争当事者によって「侵略」（ボシュニャク）、「防衛・祖国戦争」（セルビア人）、「祖国戦争」（クロアチア人）などと公式に呼ばれている。しかし実際は程度の差こそあれ三者とも、正規軍・非正規軍・民兵・犯罪者集団などが、他民族の一般市民を虐殺したり、女性をレイプしたり、追放したり、嫌がらせをして半強制的に移住させたりした、という点で共通している。このような行為は、自民族の住民が一定の領域で可能な限りの多数派となるように、またそのような地域を可能な限り拡大するために行われた。地方ならば集落・村の単位で、都市部であれば街区の単位で徹底して行われた。そして、領域支配を既成事実化するために、占領地域の他民族の人々が暮らしていた痕跡を消した。例えば教会・モスク、歴史的建造物や偉人の像などを破壊し、通りの名前を書き替えた。

紛争によって作られた三民族の住み分け状態は、デイトン体制下の今日の自治体ごとの民族構成を見れば一目瞭然である（表2）。ボシュニャクの割合が住民の８割を超える自治体は１９９１年には３だったが２０１３年には41になった。同様に、クロアチア人の割合が８割を超える自治体の数は７か

表１　構成三民族・「その他」の人口の推移

	合計	ムスリム人／ボシュニャク	セルビア人	クロアチア人	その他
1991	4,377,033	1,902,956 (43.5%)	1,366,104 (31.2%)	760,852 (17.4%)	347,121 (7.9%)
2013	3,531,159	1,769,592 (50.1%)	1,086,733 (30.8%)	544,780 (15.4%)	130,054 (3.7%)

1991年から2013年にかけて約85万もの人口が減少している。紛争による人的損失にくわえて、人口流出がその大きな原因だ。
出所：http://www.statistika.ba/

表２　構成三民族が自治体人口に占める割合と自治体数

自治体の人口に占める割合	ボシュニャク		クロアチア人		セルビア人	
	1991	2013	1991	2013	1991	2013
90% 以上	2	29	5	10	3	30
80% 以上90% 未満	1	12	2	4	5	12
70% 以上80% 未満	14	4	3	3	7	8
60% 以上70% 未満	7	3	1	1	8	9
50% 以上60% 未満	13	3	3	4	9	4
50% 未満	72	91	95	120	77	79

出所：http://www.statistika.ba/

ら14に、セルビア人の割合が8割を超える自治体の数は8から42になった。

自治体の数自体、109から142に増えている。デイトン合意に基づき、二つの政体（エンティティ）と10の県（カントン）の境界がひかれたことで、境界線上にまたがって存在した自治体が複数の自治体に分割されたためである。そして、それぞれの政体、県内部でも民族構成の変化に応じた自治体の境界変更が行われた。例えば、現在はスルプスカ（セルビア人）共和国に属するドボイは、周辺自治体との間で境界変更が行われた結果、大きく形を変えた（次頁の地図参照）。紛争前のドボイは、セルビア人50％、ムスリム人（ボシュニャク）31％、クロアチア人11％、その他9％と、三民族が共存する典型的なボスニアの地方自治体だった。

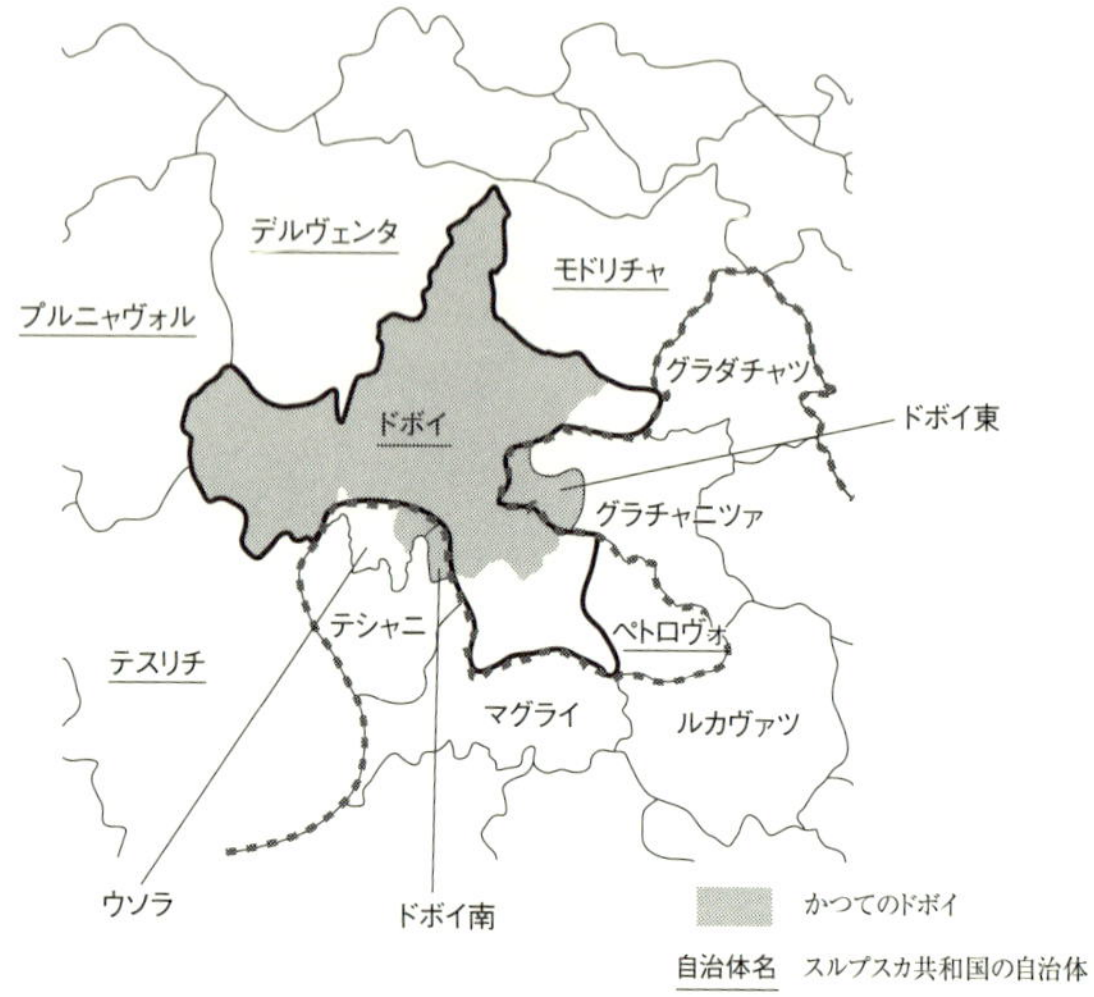

ドボイとその周辺の自治体の変化

しかし紛争後（2013年）の住民構成は、セルビア人73％、ボシュニャク21％、クロアチア人3％、その他2％となっている。ドボイに隣接しボスニア・ヘルツェゴヴィナに属するマグライ、テシャニ、ルカヴァツ、ドボイ南（新設）、ドボイ東（新設）、グラチャニツァ、グラダチャツは、いずれもボシュニャクが85％以上を占める自治体になり、ウソラ（新設）（ボスニア・ヘルツェゴヴィナ連邦）はほぼクロアチア人、ペトロヴォ（新設）（スルプスカ共和国）はほぼセルビア人の自治体になった。

境界線が全く変わらなかったか、ほとんど変わらなかった自治体でも、特に紛争中に激しい領土争いが行われた地域で、住民構成が大きく変わったケースがある。例えば、スルプスカ共和国に3地区を譲り、ネヴェシニェから1地区と2地区の一部を得たのみで、さほど領域に変更がなかったモスタルでも、多くの地区で民族構成が変わった。モスタルのセルビア人は自らが多数を占めていた6地区をボシュニャクに、5地区をクロアチア人に奪われた。一方、クロアチア人が多数派だった5地区はボシュニャク系に、ボシュニャクが多数派だった1地区はクロアチア系になった。その結果、モスタル全体でクロアチア人（34％から48％）とボシュニャク（35％から44％）がそれぞれ構成比率を上げた一方で、セルビア人（13％から4％）の割合は大きく下がった。現在のモスタルでは、クロアチア人とボシュニャクが、ネレトヴァ川を境に東西にくっきりと分かれて暮らしている。

このように三民族が別れて暮らす状況が、果たして良いことなのか悪いことなのか、判断が分かれるだろう。あれほどの相互不信を引き起こした紛争が起こってしまった以上、無理に共存を強いられるよりも良いのかもしれない。また、長い時間をかけて今後、民族間のわだかまりを克服する試みが始まるかもしれない。いや、そもそも民族帰属など気にせずともだれもが自由で幸せに暮らせるボスニアを夢見るのは、果して非現実的だろうか。

（長島大輔）

23

マイノリティ

★「ユーゴスラヴィア人」、ロマ、ユダヤ人★

ボスニア・ヘルツェゴヴィナは、多数派を占める民族のいない多民族国家である。ボシュニャク（ボスニア・ムスリム）、セルビア人、クロアチア人の主要三民族が大きな割合を占めているが、それ以外の民族が存在しないというわけではもちろんない。例えば、紛争直前の1991年の国勢調査統計を見てみよう。旧ユーゴスラヴィア地域では、現在に至るまで国勢調査の民族籍は自己申告によっているが、この時の調査では主要三民族の占める割合は併せて92％あまりで、それ以外を申告した割合が8％ほどとなっている。三民族以外で大きな存在感を示すのが、24万人あまり、割合で5・5％ほどを占める「ユーゴスラヴィア人」と申告した人々である。それに続くのが、「不明」（約3万5000人）、「無申告」（約1万5000人）で、続いてモンテネグロ人（約1万人）、ロマ（約8900人）、アルバニア人（約4300人）、ウクライナ人（約4000人）、スロヴェニア人（約2200人）などとなっている。ユーゴスラヴィアの一部であったボスニアには、他の共和国・自治州からも一定数の人々がやってきていた。ヨーロッパの中でもバルカン諸国に数多く暮らすロマは、ボスニアにも暮らしている。多くの場合、ロマは

『鉄くず拾いの物語』（DVD）
［発売元・販売元：KADOKAWA／角川書店］

貧困に苦しみ、また差別にさらされながら閉鎖的な共同体に暮らしている場合が多い。こうしたロマの状況は、『ノー・マンズ・ランド』で知られるダニス・タノヴィッチ監督の２０１３年の映画、『鉄くず拾いの物語』で生き生きと描かれた。この映画は実話をもとにしたドキュメンタリー的なものであり、出演者の多くは演技経験のないロマたちで、ベルリン国際映画祭で審査員グランプリを獲得するなど、国際的にも話題となった。このほかウクライナ人と申告した人々は、ベルリン会議の後、ボスニアがハプスブルク帝国の占領下に置かれていた時期に、同帝国領だったガリツィアなどから移住した人々の子孫であり、北部のプルニャヴォルなどに多い。第二次大戦前にサラエヴォなどの都市部に多かったユダヤ人は、大戦中の迫害と戦後のイスラエルへの移住により激減し、１９９１年の統計では４２６人を数えるに過ぎない。

　１９９１年の調査において、主要三民族以外でもっとも数が多かったのは、「ユーゴスラヴィア人」と申告した人々である。「ユーゴスラヴィア人」と申告した動機はさまざまであり、「友愛と統一」のスローガンに象徴される諸民族の融和をかかげる社会主義体制への支持を、特定の民族籍を明らかにせずに「ユーゴスラヴィア人」と申告することで表明したケースも一定数あったことが想定される。ただそれ以上に重要なのは、民族間結婚の増加により両親の民族籍が異なる人々も増加し、そうした人々が「ユーゴスラヴィア人」と申告したケースである。「ユーゴスラヴィア人」の割合が民族間結婚の多かった都市部で多いことも（ボスニア全土での割合5・5％に対して、サラエヴォでは10・7％、モスタルでは10・1％、トゥズラでは16・7％、バニャ・ルカでは12・1％など）、この点を裏付けていると言えるだろう。自らを「ユーゴスラヴィア人」と申告した人々は、ユーゴスラヴィアの解体とそれに続くボスニア紛争の中、深刻なアイデンティティ危機に直面することとなった。日本でも活躍したボスニア出身の歌手ヤドランカもまた、民族間結婚で生まれた「ユーゴスラヴィア人」のひとりだった（第57章参照）。

ボスニア紛争後最初の国勢調査は、2013年に行われた。その結果を見ると、主要三民族以外の人々に関しても紛争前と比較して大きな変化が生じていることが見て取れる。この調査での主要三民族の割合は96・3％で、それ以外はおよそ3・7％ということになる。ユーゴスラヴィアの解体を経て「ユーゴスラヴィア人」と申告した人の割合は激減し（それでも2500人あまりが申告している）、「無申告」（約2万7000人）、「不明」（約6500人）などを除くと、多いのは、「ボスニア人（ボサナッツ）」（約3万7000人）や「ボスニア・ヘルツェゴヴィナ人」（約1万1000人）など、地域としてのボスニアへのアイデンティティを有すると申告した人々、さらにはロマ（約1万3000人）、アルバニア人（約2700人）、ウクライナ人（約2300人）、モンテネグロ人（約1900人）などである。ボシュニャクではなく、かつての民族名称である「ムスリム人」と申告している人も約1万2000人存在している。

紛争後のボスニアは、デイトン合意に基づき、構成三民族の平等に重きを置いた政治制度の設計がなされた。例えば、デイトン合意の付属文書でもあったボスニア憲法では、大統領評議会にはボシュニャク、セルビア人、クロアチア人がそれぞれ1名ずつ選出され、ボスニア議会民族院（上院）には、三民族がそれぞれ5名ずつ選出される旨が定められている。こうした制度は、かつての民族別割り当てを部分的に踏襲したものであったが、「すべての市民の平等な権利」という普遍的な原則とは齟齬をきたすものであった。すなわち、ボシュニャク、セルビア人、クロアチア人の三民族以外には、大統領評議会や議会民族院への被選挙権が認められていない。言い換えれば、三民族以外には被選挙権という市民としての基本的権利が一部剝奪されているという差別的な状況にあるということである。この制度の問題点は当初より認識されていたが、選挙制度の変更には民族利害も絡むため、制度改革は遅々として進まなかった。その後２００６年には、この問題がストラスブールの欧州人権裁判所に持ち込まれた。ボスニア市民である、ロマのデルヴォ・セイディチとユダヤ人のヤコブ・フィンツィは、被選挙権を与えられていない点を人権侵害として訴え、２００９年に欧州人権裁判所は、この制度が欧州人権規約に違反する差別的なものであるとの判決を下した。この裁判（原告二人の名をとり「セイディチ・フィンツィ裁判」と呼ばれる）の判決により、ボスニアは早急に差別的な制度を改正することを迫られた。しかし、憲法改正を含む改革はデイトン合意全体の見直しの問題とも絡み、度重なる交渉によっても政党間の合意が得られず、いまだにこの問題は放置されたままである。民族主義政党が強固な基盤を持ち続けるボスニアでは、制度的にも現実の生活においても、三民族以外の人々は困難な状況に置かれている。

（山崎信一）

24

民族間関係

★「その他の人々」★

ボスニア・ヘルツェゴヴィナには人口の大多数を占める構成三民族（ボシュニャク、クロアチア人、セルビア人）と、「その他の人々」が暮らしている。「その他」とは、ほぼ10年に一度実施される人口調査のカテゴリーだ。カテゴリーといっても、文字通り「構成三民族以外の人々」という意味でしかない。しかし、「その他の人々」の帰属意識は構成三民族の帰属意識と表裏一体の関係にある。構成三民族の帰属意識が強調されればされる程、「その他の人々」の「～ではないもの」としての帰属意識が明確にならざるを得なくなるからだ。つまり、民族の帰属意識において曖昧さが許されない風潮のなかで、「その他の人々」は自己規定を強いられている。ところが、民族の帰属意識自体が、不変で確固たる、揺るぎない、自明のものではない。ここでは、構成三民族がどのようにして本来曖昧であるはずの帰属意識を明確なものとして表そうとしているか、また、「その他の人々」はどのように自己規定を強いられているのか、考えてみよう。

ボスニアの歴史をさかのぼると、オスマン帝国時代の末期になってようやく、各宗教集団のなかで、近代の民族（ネーション）なる概念が広がり始めた。それ以前は、どの宗教に属しているか、あるいは自由農民か小作農か地主か官吏か、といった違いが、人々を隔てる尺度になっていた。ボスニアの場合特徴的なのは、宗教の教義や信念による違いよりも、宗教によって異なる儀礼や祝祭、服装、倫理道徳観が、集団と集団の間を隔てていた、ということだ。復活祭を旧暦で祝うのが正教徒で、新暦で祝うのがカトリック、ラマダンの斎戒の勤めを行えばムスリムといった具合に。あるいは帽子の色が緑ならムスリム、赤ならキリスト教徒といった具合に。社会階級についてみてみると、地主の多くはムスリムであったが、キリスト教徒の地主も少数だが存在したし、ムスリム全体からみれば圧倒的多数の農民（その多くが土地に縛られない自由農民）は同じイスラム教徒の地主や官吏よりも、キリスト教徒の小作農民と似たような状況に置かれていた。19世紀半ば以降のいわゆる「民族形成」とは、相互に共通する要素を全て不都合なものとして捨象して、このように複雑な社会関係からセルビア人、クロアチア人、ムスリム人／ボシュニャクを創造していくプロセスであった。

ところで、例えばセルビア人とはどのような人々だろうか。セルビア正教徒の信徒であろうか。全く信仰心のない人でも、正教の教会で洗礼を受けさえすればセルビア人と呼べるだろうか。ヘルツェゴヴィナに住むセルビア人とコソヴォに住むセルビア人は、同じだろうか。スラヴァを祝う人々がセルビア人だろうか。父親か母親のどちらかがセルビア人でなかったら、その子供はセルビア人として認められるのだろうか、等々。同じような疑問は、クロアチア人にもボシュニャクにも当てはまる。民族帰属とは結局のところ政治的意思表明であり、一定の基準さえ満たせば民族の一員として認知される。基準とは前述の近代までの時代と同様に、どの教会で洗礼を受けたかとか、どの祝祭をどのよ

表　ユーゴの各共和国における婚姻全体の民族間結婚が占める割合（%）

	ユーゴ	BiH	モンテネグロ	クロアチア	マケドニア	スロヴェニア	セルビア	セルビア・プロパー	ヴォイヴォディナ	コソヴォ
1950	8.6	7.4	13.3	12.5	7.7	6.9	7.5	—	—	—
1960	11.1	9.6	16.7	14.4	13.4	5.9	10.6	6.9	20.2	9.8
1970	11.2	8.8	12.7	15.3	9.7	7.7	11.2	7.0	24.0	7.8
1980	13.0	11.8	14.1	16.9	7.8	11.3	13.3	10.1	27.2	6.4
1990	13.5	11.6	16.6	19.1	7.8	11.2	13.4	10.8	28.2	6.7
2000	—	7.4	18.8	7.1	7.1	13.9	12.7	8.0	25.7	—
2005	—	6.8	18.1	8.4	8.4	—	10.1	5.5	22.4	—

出所：1950〜1980年は Ruža Petrović, *Etnički mešoviti brakovi u Jugoslaviji*, Beograd: Institut za sociološka istraživanja Filozofskog fakulteta u Beogradu, 1985, str. 58.
1990年以降は Сњежанапа Мрђен, "Етнички мијешани бракови на простору бивше Југославије, 1970-2005. година.," Нови Сад: *Зборник Матице српске за друштвене науке*, бр. 131, 2010, стр. 255-268.（引用は 265-266）

うに祝うかとか、割礼をしたかどうかというものである。それらは外部の観察者からみれば些細な指標に過ぎないが、当事者にとっては大きな意味を持っている。ボスニアにおける民族帰属とはどうやらそのようなものらしい。

ともかく、政治的意思表明として三民族の帰属を選ばなかった人々が、「その他の人々」である。１９９１年の人口調査で35万人（７・９％）ほどであった「その他の人々」は、２０１３年調査で13万人（３・７％）に減少している。これは、１９９１年調査の「その他」に含まれていたかつての「ユーゴスラヴィア人」が、２０１３年調査でいずれかの民族帰属に転向したためと思われる。残った３・７％の「その他の人々」には、民族間結婚による夫婦やその子供が多く含まれていると推察される。かつて民族間結婚は特別なことではなかったが、伝統的価値観が残る地域では、簡単なことでもなかった。つまり民族間結婚の割合には地域差があり、ヴォイヴォディナで最も高く、コソヴォで最も低かった（表）。ボスニアにおける民族間結婚の割合は、ユーゴ全体の割合（13・５％）をやや下回る

11・6%だった。

民族間結婚の夫婦の間に生まれた子供は、どのような帰属意識を選択するのだろうか。ユーゴ時代（1981年）のボスニアでは、民族間結婚の二世代目は、44%が父親の民族帰属を、28%が母親の民族帰属を、22%がユーゴスラヴィア人を選んだ。民族間結婚の多くは、その地域の多数派民族の夫と少数派民族の妻という組み合わせで、その子供は多数派民族の子供として自己規定するケースが多かったと思われる。2013年調査の「その他の人々」がいかなる状況にあったのかを示すデータはないが、かつてユーゴスラヴィア人を選択した人々のように、民族間結婚の子供で両親のいずれの民族帰属も選ばなかった人々が、「その他」を選んだと推察される。

2018年6月に1000人を対象に行われた意識調査（PRIMEコミュニケーションズ）によれば、民族間結婚を支持する人は33%、支持しない人は39%、どちらでもない人は29%であった。この質問には、支持するか否かの選択が自身の民族間結婚についてなのか、他人の民族間結婚についてなのかについて言及されていないが、民族間結婚を自分のこととして支持する人の割合は、ずっと低く見積もらなければならないだろう。

これらの数字をどう受け止めるかはさておき、民族間結婚とその子供たちに対する一部の人たちのヒステリックなまでに差別的な態度が、彼らを難しい立場に追い込んでいるということに疑いはない。例えば、民族主義を掲げるあるボシュニャク知識人にとってセルビア人は「遺伝的に呪われた」存在である。また、ボスニア紛争当時のスルプスカ（セルビア人）共和国大統領は、「（ムスリムは）イスラムが作り出した遺伝的奇形である」と述べている。このようなあからさまで身の毛もよだつ危険な言動は、あながち例外的とは言えない。民族主義者たちにとって民族間結婚は、「純粋で神聖な自民族の血統」に、「呪われ、穢れた遺伝子」を持ち込む「裏切り行為」に他ならないのだ。

唯一の希望は、ボスニアの少なからぬ人々が、エスノポリティクスの害悪に気づき、市民として共有すべき権利と価値に気づき始めたことだ。２０１３年に議会での法案審議の遅れから出生登録の空白期間が生じ、新生児に与えられるべき国民番号が与えられなかったことから、一人の赤ちゃんが生まれつきの免疫不全を治療できず手遅れで亡くなった時、ボスニア全土で数万人の市民が連日抗議に立ち上がった。過度の理想化は慎むべきだが、「その他の人々」や、構成三民族の押しつけがましい帰属要求に嫌気がさした人々は、エスノポリティクスを超克する可能性を持っているのではないだろうか。彼らが外国に移住せずにボスニアに留まっていればの話ではあるが。

（長島大輔）

25

ボスニアの海

★ネウムとペリェシャツ橋★

いかにも内陸国のように見えるボスニア・ヘルツェゴヴィナだが、わずかながら「ネウム回廊」と呼ばれるアドリア海への出口を持っている。ネウムは約21キロの海岸線を持つボスニア唯一の地方自治体である。ボスニア連邦のヘルツェゴヴィナ・ネレトヴァ県（カントン）に属し、2013年の国勢調査によれば人口4960人、その97・63％がクロアチア人であった。第二次世界大戦後にアドリア海のビーチ・リゾートとして発展し、連邦ではサラエヴォについで多くの観光客が訪れているが、それ以外に目立った産業はなく、大規模な貿易港が存在するわけでもない。

ユーゴスラヴィア解体後、ネウムは隣国クロアチアにとって厄介な存在となった。ネウムによって、ドゥブロヴニクをはじめとするダルマツィア南部がクロアチアのその他の国土と分断される形となったからである。現在のドゥブロヴニク・ネレトヴァ県は、その名前が示す通り、かつて中継貿易で繁栄した都市国家ドゥブロヴニクの版図にネレトヴァ川下流域一帯を加えたものだが、両者は陸上ではつながっていない。ザグレブからドゥブロヴニクにドライブする際には、アドリア海沿岸を北西

ネウム［出所：Pudelek/ Wikimedia Commons］

から南東に抜ける欧州自動車道路E65を利用するのが一般的だが、ネウムの前後でクロアチア側とボスニア側の国境検問所を通り抜けなければならない。約9キロの短い区間であり、旅行者にほとんど実害はないものの、とくにクロアチアにとって物流の妨げとなっていることは否めない。

この「ネウム回廊」の起源は１６９９年のカルロヴィッツ（スレムスキ・カルロヴツィ）条約にまで遡ることができる。神聖ローマ帝国、ヴェネツィア、ポーランド・リトアニア、ロシアからなる神聖同盟との「大トルコ戦争」に敗れたオスマン帝国が結ばされたこの屈辱的な条約によって、オスマン帝国支配下のボスニアはアドリア海への出口をほとんどヴェネツィアに奪われ、内陸部へと後退した。その際にダルマツィア一帯に広がる新たなヴェネツィア領とこれに対抗するドゥブロヴニク共和国の間に緩衝地帯として、北側ではネウム、南側ではストリナにボスニアの領土が確保されたのである。これらはオスマン帝国およびその後のオーストリア・ハンガリー帝国の時代を通じてボスニアの一部となっていたが、第二次世界大戦後にユーゴスラヴィアが連邦国家として再編された際、ストリナはモンテネグロに割譲され、ネウムだけがボスニアに残された。ストリナは連邦解体後にボスニアとモンテネグロの係争地となったが、２０１５年にボスニアが現状を追認し、これを放棄することで一応の決着がついている。一方、「ネウム回廊」に関しては、ボスニアとクロアチアの間でクレク半島の突端にあるクレク岬（ポンタ・クレカ）と二つの小島ヴェリ・シュコリとマリ・シュコリをめぐる国境・領海問題が未解決のままとなっている。１９９９年に両国の間で国境に関する合意が成立したものの、クロアチア議会がその批准を拒否したまま現在に至っている。

クロアチアが「ネウム回廊」問題を解消するために考え出したのが、ネウムの北側の国境付近に位置するコマルナ村とネウムの西側にアドリア海のマリ・ストン湾を隔てて広がるペリェシャツ半島のブリイェスタ村とを結ぶペリェシャツ橋の建設である。ネウムを迂回することで、ダルマツィア南部が飛び地となっている問題を解消できると見込んでいる。２００７年に着工されたものの、財政上の理由から工事は取り止めとなり、一時は高い壁で覆った専用道路や海底トンネルの建設などの代案も出されたが、最終的に新たな橋の建設という原点に立ち返ることとなった。２０１７年にあらためて入札を行った結果、中国路橋工程有限責任公司が工事を請け負うこととなったペリェシャツ橋は、全長２４０４メートル、幅21メートル、高さ55メートルの斜張橋で、２０１８年着工、２０２２年完成の予定。プロジェクト全体の費用は4億２０００万ユーロに達するが、その85％はＥＵ基金から充当される見込みである。

ボスニア大統領評議会では、２０１７年にボシュニャク（ボスニア・ムスリム）代表のイゼトベコヴィチが国境問題が未解決のうちはペリェシャツ橋の建設に反対する立場を堅持すると述べたのに対して、クロアチア人代表のチョヴィチが同橋の建設を支持する発言を行うなど、見解の不一致が顕著となっている。同年、ボスニア議会下院でボシュニャク議員がセルビア人議員の賛同を得てクロアチア政府に同橋の建設の即刻中止を求める宣言を採択する一方、ボスニア議会上院でクロアチア人議員らが中心となってこの宣言がボスニア議会全体の立場ではないことを強調する宣言を採択するといった混乱も生じている。ボスニア側の反対理由として、将来的にネウム港が整備された際にこれを利用する大型船舶の障害になること、そしてボスニアの公海へのアクセスが阻害されかねないことが挙げられる。クロアチア側はこれに対応してペリェシャツ橋を当初の計画より高くするとともに、ボスニアの公海へのアクセスも無制限に認めることとしたが、ボスニア側には根強い反対意見があり、ボスニア国内での合意形成も難しいようである。

ところで、クロアチアにとっての「ネウム回廊」問題は、ボスニアにとってのプローチェ港問題と関連づけられてきた。ボスニアにとってもっとも重要な貿易港は、ネレトヴァ川下流域に位置し、取扱貨物量においてクロアチア第二の規模を誇るプローチェ港である。第二次世界大戦前は国王に因んでアレクサンドロヴォ、戦後は共産党のイデオローグに因んでカルデリェヴォと呼ばれていたプローチェは、ユーゴスラヴィアを象徴する港湾都市と言えるかもしれない。サラエヴォやモスタルは欧州自動車道路E73などによってプローチェと結ばれており、これとほぼ同じルートの鉄道路線も存在する。ボスニアでは「ネウム回廊」問題に関するクロアチアへの譲歩と引き替えに、少なくとも現状では貿易港として機能しないネウム港ではなく、プローチェ港を経済特区として活用することを求めてきた。実際、同港にはボスニア連邦が管理する石油ターミナルなどが存在する。ペリェシャツ橋の建設も含めて「ネウム回廊」問題がなお紛糾しているのに対して、プローチェ港の活用は双方にメリットがあり、より現実的な解決がはかられている。

（石田信一）

Ⅳ

政治・経済・国際関係

26

政治の概観

―★民族間バランスと民族的権利の保障のための政治制度★―

紛争後ボスニア・ヘルツェゴヴィナの政治制度は、国内にいくつもある自治機構を含めて、ボシュニャク（ボスニア・ムスリム）、セルビア人、クロアチア人の間でバランスをとることが目指されており、とても複雑である。私は現在、ボスニアで勤務していることもあってその実情を目の当たりにしており、例えば、ボスニアの中央政府で働く公務員の民族構成は、1991年国勢調査時の比率が厳密に適用され、ボシュニャク44%、セルビア人31%、クロアチア人17%、その他8%である。しかも、例えば、外国にあるボスニアの大使館では、トップ（大使）とナンバー2（次席）が別々の民族でなければならないといったルールも存在しており、こうしたルールが厳密に適用されると、人事がスムーズに回らなくなる。実際、私はボスニア政府との間で仕事を進めている最中に、この民族間バランスのルールのために、担当者が突然代わったりいなくなったりして、仕事が中断したり振り出しに戻ったりした経験を何度もしている。

ユーゴスラヴィア時代のボスニアでも、こうした民族の人口比をポスト配分に反映させる方法は、政治や行政、国公営企業などにおいて導入されてきた。もちろん、運用は今日ほど厳格ではなく、共産主義体制下でそれらが機能不全に陥ることは回避されていた。しかし、1980年代末にユーゴスラヴィアが解体に向かうと、ボスニアで少数派となるセルビア人とクロアチア人は、多数派のボシュニャク（当時の民族名はムスリム人）に対して、人事面で民族間バランスをとるだけでは、自民族の権利は保障されないと主張しはじめた。1990年11月に行われた自由選挙では、各民族の民族主義政党が大勝して、セルビア人とクロアチア人の間では、ボスニア内に自民族の領土を形成しようとする動きが顕在化した。さらに、隣接するクロアチアで紛争が激化していた91年秋には、セルビア人が、ユーゴスラヴィアへの残留を掲げて、自民族が多数派を占める領域において自治区の創設を宣言した。これに対して、ボシュニャクと、とりあえずボシュニャク側に付いたクロアチア人が主導するボスニア当局は、セルビア人が反対しボイコットするなかで自国の独立に関する国民投票を実施し、賛成多数の結果に基づき、92年3月に独立を宣言した。すると同年4月、米国、EC等はボスニアの国家承認に踏み切り、それに強く反発したセルビア人が武力で民族領土の確保と拡大を開始して、ボシュニャク、クロアチア人との間で大規模な紛争が勃発した。

紛争時の状況や経緯などについては他章で扱われているのでここでは割愛するが、以上で述べたように、ボスニア紛争が起こった最大の原因は、国内で少数派となることを嫌ったセルビア人が、各民族の複雑な混住にもかかわらず、民族領土の形成に走ったことであった。それでは、1995年11月にデイトン合意によって紛争が終結したボスニアでは、冒頭で述べた中央政府の人事以外に、民族間のバランスや民族的権利の保障のためにいかなる制度が導入されたであろうか。それを次に見ていこう。

紛争後のボスニアでは、和平成立時の各民族間の軍事および政治的な状況を踏まえた、非常に複雑な政治制度が導入された。それらを具体的に説明するには紙面が足りないので、主な特徴をかいつまんで挙げると、第一に、国家の中央政府がほとんど実質的権限を持たず、紛争を通じて形成された、国家を構成する二つの政体が、ほとんどの実質的権限を有することとなった。第二に、ボシュニャク、セルビア人、クロアチア人の3民族がボスニアの「構成民族」と規定されて、国政レベルにおける民族ごとの代表制と3民族の拒否権が制度化された。また第三に、国際社会を代表して、これら政治制度の確立などデイトン合意の民生部門が着実に履行されるかを監視・監督する、上級代表のポストが設置された。

第一の二つの政体について、その一方はスルプスカ（セルビア人）共和国であり、セルビア人が紛争で確保した民族領土を基盤とする政体である。またもう一方はボスニア連邦であり、紛争時のボシュニャクおよびクロアチア人支配地域と重なるが、両民族の支配地域を跨いだ10カントン（県）により構成される政体である。ここでボスニア連邦が、ボシュニャク支配地域とクロアチア人支配地域による連邦という形態でないのは、デイトン合意より前に米国の仲介で創設された際、両民族による支配地域争いの再発や、支配地域の固定化などを防止しようとしたためである。このように、ボスニア連邦は、スルプスカ共和国がセルビア人の民族自治政体であるのに対して、ボスニア内の二つの政体は、スルプスカ共和国がセルビア人の民族自治政体であるのに対して、ボスニア連邦はボシュニャクとクロアチア人の共存と均衡に基づいた政体であり、両政体の構造は非対称的である。

第二の国政レベルにおける民族ごとの代表制と3民族の拒否権については、国家元首と議会に関し導入された。ボスニアの国家元首となる大統領評議会は、3構成民族の代表各1名の計3名で構成され、各民族代表には、自分が支持しない決定を阻止する手続きを発動する権限が与えられている。また議会は、上下院二院のうち上院が、3構成民族の議員各5名の計15名で構成され、出席議員の単純過半数で行われる議決に対して民族として拒否する場合、各民族の議員団はその過半数（3名）の賛成により、民族の「死活的利益」の侵害を宣言することができる。かつ、立法は全て両院の承認を必要とし、両院ともにいずれかの政体から選出される議員の3分の2以上が反対票を投じている場合には可決できない。この3民族の代表と拒否権の制度では、各民族の有権者人口の大小を反映させずに、各民族の代表者数と拒否権とを同一にすることで、民族的権利の保障が図られている。

ボスニア政府庁舎・議会議事堂［出所：Wikimedia Commons］

第三の国際社会による上級代表は、当初は国際機関や地元政治家との調整役などに権限と任務が限定されていた。しかし、1996年9月に実施された国政・地方選挙後に発足した国の政府と議会において、3民族はほとんどすべての政策で意見が対立し、先に述べた拒否権を行使して立法作業が停滞し、デイトン合意の履行は難航した。国際社会は、こうした状況を打開すべく、97年12月、ボスニアの平和の再建を支援する諸国・国際機関によって構成される和平履行評議会（ＰＩＣ）の会合において、議会における審議未了・未審議の法律の強制発効や、大統領・閣僚を含むデイトン合意に違反した公職者の追放などを行う権限（ボン・パワー）を、上級代表に付与した。すると上級代表はこの権限を活用して、国旗の制定や通貨の統一などをはじめとする、ボスニアの国家としての法的・機構的な整備に取り組んでいった。

これまで見てきたように、紛争後のボスニアでは、広範な権限を有するボスニア連邦とスルプスカ共和国が国内に設置された。そして、国政レベルでは、国家元首と議会上院に関し3構成民族に同一の代表者数と拒否権とを付与することで、またその行政機構では、公務員の民族構成に1991年国勢調査時の比率を厳密に適用することで、民族間バランスと民族的権利の保障が図られた。その後も、この制度の不十分な部分について見直しが行われ、特に国政レベルで3構成民族を前提に制度が築かれているのに、ボスニア連邦とスルプスカ共和国ではそうなっていない点については、2002年4月に両政体の憲法改正によって改善が図られた。この結果、ボスニア連邦では議会上院において、また、スルプスカ共和国では民族の代表機関が新設されて、国政レベルの議会上院と同様の制度が導入された。また、両政体の政府では、最大民族以外の2民族出身の閣僚が半数を占めることとなり、両政体の大統領についても、その下の副大統領が1名から2名に増員されて、それぞれ異なる構成民族の出身者が就くこととなった。他方で、未解決のままの問題も存在しており、その主なものには、09年に欧州人権裁判所が欧州人権規約違反であるとの判決を下した、大統領評議会のポストを3構成民族に限る（つまり3構成民族以外では同ポストに立候補できない）というボスニア憲法の規定の問題などがある。

紛争終結から10年が過ぎた2000年代半ば以降、上級代表はボン・パワーの行使をなるべく手控えるようになり、国の運営は基本的にボスニアの政治家の手に委ねられることになった。しかし、それ以降、3民族の政党・政治家による駆け引きのためにボスニア政治は停滞するようになり、最近では、政治家が既存の制度の不完全な部分を国内の裁判所に訴えてそれが認められ、関連の法律の条項が削除されて、制度自体が機能不全に陥るといった問題も一部で発生している。政治的な停滞が国の発展の足かせともなっているなかで、ボスニアの政治家には、民族間バランスと民族的権利を保障する制度を活かした、責任ある政治への取り組みが求められている。

（齋藤　厚）

27

デイトン体制をめぐって

★民主国家建設を阻む要因★

「ボスニア・ヘルツェゴヴィナの国家建設を阻害しているのは、デイトン合意そのものであることは否定し得ない――」。新生ボスニアの復興・民主化を主導するために設置された国際機関「上級代表事務所（ＯＨＲ）」の法務部上級顧問、ダミル・グニディチ氏は、〝デイトン体制の総括〟を求めた筆者にこう切り出した。３年半に及ぶ紛争を終焉に導いたことに加え、新しい民主国家建設の青写真ともなった「デイトン合意」は結果として、民族分断の固定化、経済発展の停滞をもたらし、地元政治家たちに自助努力する意欲を失わせた。国家の将来を担う若者の流出も深刻化している。「紛争再発を防ぎはしたが、自立できる国家を創生することには失敗した」。機能不全の〝主犯〟ともいわれるＯＨＲで20年もの間、呻吟し続けてきた同氏は、自らの活動に対しても厳しい評価に終始した。

デイトン合意締結により、ボスニアは国家の一体性を維持しながらも、ボシュニャク、クロアチア人主体の「ボスニア・ヘルツェゴヴィナ連邦」とセルビア人主体の「スルプスカ共和国」という二つの自治政府（エンティティ）で構成される実質的な〝連邦国家〟に生まれ変わった。同合意は戦闘を終結させること（軍事部門）と、自立できる新生民主国家を建設すること（民生部門）という二つの大きな目標を持ち、合意内容は添付された11の付属書に詳述された。これら付属書の規定は、新憲法発効、民主選挙実施、難民・避難民帰還、人権擁護、司法・警察改革等と多岐にわたっている。また、本来国家に属すべき権限の多くが国際社会の代表の下に置かれ、新機関の主要ポストは外国人で占められることとなった（中央銀行総裁、憲法裁判所判事の3分の1、人権室の過半数のメンバー等）。こうした国際社会代表の権限の大きさについて、初代上級代表（付属書10の規定によって設置されたポスト。和平合意履行を支援する国際社会の代表）を務めたカール・ビルト元スウェーデン首相は「新たな政治的エンティティを国際社会の手で創出しようとしている」とその特殊性に言及している。この国際社会の管理主義的アプローチには当初よりボスニア国内外から批判的な声が多かったが、ボスニアにおける国際社会の関与は、さらに拡大・延長されていく。

国際社会の監督下における民主政体への移行期間は当初、１９９６年9月に実施された紛争後初の国政・地方選挙で終了する予定だった。しかし、国際社会の期待に反して、この選挙では、紛争を主導した各民族主義政党（「民主行動党〔ＳＤＡ〕」、セルビア人民主党〔ＳＤＳ〕、ＢＨクロアチア民主同盟〔ＨＤＺ・ＢＨ〕）がそれぞれの民族から圧倒的な支持を得たことから、選挙結果に基づく行政府の立ち上げが難航。組閣後も、与党となったこれらの政党が自民族の利益のみを追求して議会運営を阻害し続けた。当時のビルト上級代表は１９９６年10月、国連事務総長への報告書の中で、「ボスニアは依然として民族別に３分割されたままである。……中略……（国際社会が）このまま撤退すれば、この国が再び紛争に引き戻されるのを覚悟しなければならないだろう」との危惧を表明、マンデート延長の必要性を強調している。

現地責任者である上級代表の要請に基づき、国際社会による移行期の管理行政はまず2年間延長され（「和平安定化期間」）、さらに1997年12月には無期限延長されることが決まった。同時に和平プロセスが一向に進展しないことに対する国際社会のフラストレーションを背景に、介入の性格も劇的に変化し、当初の限定的な介入から、無制限かつ強権的な介入に変貌を遂げることになる。最もドラスティックに権限が強化された上級代表については後述するが（第29章）、同代表のほかにも、当初は選挙のオペレーションおよびモニタリングのみを担当していた欧州安全保障協力機構（OSCE）が選挙結果の履行にまで介入するようになり、さらには特定政党の選挙参加資格剥奪、選挙当選者の追放にまで手を染めるようになる。

一方、多国籍部隊（和平履行部隊〔IFOR〕）を全国展開させていた北大西洋条約機構（NATO）のマンデートはデイトン合意上、1996年12月20日に終了することになっていたが、基地を提供している当事国ボスニアとは一切の協議もなされないまま、一方的に延長された。同年11月18日、北大西洋理事会（NAC）大使級会合では、軍事面ばかりでなく民生部門履行における役割を大きくするなど、マンデート拡大が提案され合意に達している。

デイトン体制がうまく機能しなかった原因は複合的ではあるが、付属書4として和平合意に〝添付〟された新憲法の規定が機能不全の枠組みを固定化してしまったこと、こうした事態に対して国際社会が過度の介入を繰り返した結果、地元政治家がオーナーシップを喪失し、「無責任体質」に堕したことが大きい。

紛争当事者の妥協の産物として制定され、ボスニア国民がその条文策定に一切関わっていないデイトン憲法の特徴は、①中央政府にはきわめて限定的な権限しか付与されておらず、実質的な権限のほとんどがエンティティに帰属していること、②構成3民族に拒否権が付与されていること、であろう。

新憲法において明示的に示された中央国家の権限は外交や通貨政策等、わずか10項目（憲法第3条1項）に限定されており、それ以外の「政治機能・権限はすべてエンティティのそれに属する」（第3条3項（a））ことになっている。同規定に基づき、当初中央政府に設置されたのは「外務省」「民生通信省」「対外経済関係・貿易省」の3省のみ（その後、国際社会の介入により9省まで拡大）。財務省、国防省、内務省、司法省、教育省、農業省など、本来、国家に属するような省庁もエンティティ政府に帰属し、総合的な権限も中央政府に比して圧倒的に大きくなった。

こうした中央政府の脆弱さに加え、中央上院および大統領評議会の各民族代表には、あらゆる採決に際し、「民族の死活的利益に反する」と宣言することによって、その決定を無効にできる拒否権が付与されている（それぞれ第4条3項（c）、第5条2項（c））。セルビア人、クロアチア人の各政治指導者は新国家建設以来、隣接する母国との関係強化を重視し、ボスニアで統一国家を維持することに反対するスタンスを続けてきたが、先述のように高度に分権化された政治システムや各民族への拒否権の付与が、中央政府の機能不全・民族分断の固定化にもたらした影響は計り知れない。

これに対し、ボスニア国内外から憲法改正の必要性が繰り返し指摘されたが、同憲法が和平合意の一部を構成していることから、「憲法改正は和平合意の枠組みを崩すことにつながり、その改正はパンドラの箱を開けるようなもの」との考えから、〝不備条項〟もそのまま放置されてきた。

このように新憲法が直接的に国家機能不全の根源となり、国家建設プロセスが停滞したことに対し、国際社会は上記の通り、自らの権限を拡大し介入主義的アプローチを強化することよって対応した。この中で国際社会はほとんどすべての重要な決定を、ボスニアの立法府・行政府を迂回して行ったため、「責任を取らない政治家ばかりになってしまった」と言われている。

紛争終結と新国家建設――。性格の異なる二つの大きな目標を掲げた和平合意の評価はこの後、歴史が下すことになろうが、ボスニアでの教訓を得た国際社会が、その後、各地で相次いだ紛争の解決に際し、和平交渉の段階から憲法を押し付けようとした例はない。

（橋本敬市）

28

「第三エンティティ」問題

★クロアチア人の自治要求★

ボスニア・ヘルツェゴヴィナはボスニア紛争を終結させたデイトン合意によってボスニア連邦とスルプスカ（セルビア人）共和国の二つの政体（エンティティ）からなる新国家として再出発した。ボシュニャク（ボスニア・ムスリム）、セルビア人、クロアチア人という三つの集団が主要構成民族として認められているにもかかわらず、政体は二つだけであり、とくにクロアチア人が多数派を占める政体が存在しないという点に、彼らの一部が不満を強めてきた。こうした不満を解消する方策の一つとして提唱されているのが、クロアチア人のための新たな政体、いわゆる「第三エンティティ」の樹立である。

ボスニア・クロアチア民主同盟をはじめとするクロアチア人諸政党によって組織され、2011年以降は1年おきに開催されているボスニア・クロアチア民族会議が、この「第三エンティティ」の実現に向けて積極的な動きを見せ、例えば2015年にはボスニア国内でコンセンサスが得られない場合には国際会議によって新憲法を制定し、3民族にとって不均衡ではない連邦国家に再編することを求める「宣言」を採択している。

現在のボスニア連邦においてボシュニャクに比べて少数派でし

第１回ボスニア・クロアチア民族会議（2000年10月）
［出所：http://www.hnsbih.ba］

かないクロアチア人が不平等な立場にあり、その権利が侵害されているという認識が、こうした動きの背景にある。ボシュニャクとは別の新たな政体の獲得は、ボスニア紛争の時期に樹立され、のちにボスニア連邦に統合された「ヘルツェグ・ボスナ・クロアチア人共和国」の復活として否定的にイメージされることも多いが、その直接の起源は短期間で失敗に終わったクロアチア人自治政府設立の試みに求められる。それは隣国クロアチアで政権交代があり、ボスニアのクロアチア人に対する財政面その他の支援が大幅に縮小された時期にあたる。

２０００年の国政選挙・地方選挙は、上級代表事務所（ＯＨＲ）および欧州安全保障協力機構（ＯＳＣＥ）が民族主義政党の影響力を弱めるための戦略を展開し、結果的に初めての「非民族主義政権」を発足させたことで知られる。選挙前にクロアチア民主同盟を含む民族主義政党の閣僚その他の関係者の解任や公職追放、選挙への参加資格の剥奪などがかなり強引な形で行われただけでなく、ボスニア連邦上院（民族院）のクロアチア人議員の選挙規則に関して、各県議会のクロアチア人諸政党が指名する従来の方式から県議会が一般投票によって選出する新しい方式に改正された。多数派であるボシュニャクがクロアチア人議員の選出に際して自らの影響力を行使できるようになったという点から、各民族の利益保護を目的とする連邦上院の存在意義を損ねる面があったことも否定できない。

２０００年10月、クロアチア民主同盟がその他のクロアチア人諸政党に呼びかけ、選挙規則の改正に抗議して開催されたのがクロアチア民族会議である。この会議で採択された「ボスニアにおけるクロアチア民族の権利と地位に関する宣言」には、①ボスニアにおけるクロアチア民族の主権が疑いなく奪うことのできないものであること、②クロアチア民族が自らの政治・教育・学術・文化・情報その他の諸機関をボスニア全域に持つべきこと、③ボスニアの主権を持つ三つの構成民族の完全な憲法上および実際上の平等の確立をめざすこと、④クロアチア民族が大統領評議会や議会上院などに対して自らの民族代表を独自に選ぶことに加えて、ボスニアにおける共通の政府機関等においてコンセンサスによる決定、パリティに基づく参加、トップの輪番制が採用されるべきこと、⑤この宣言に示されている政治的意志に反する諸決定を違

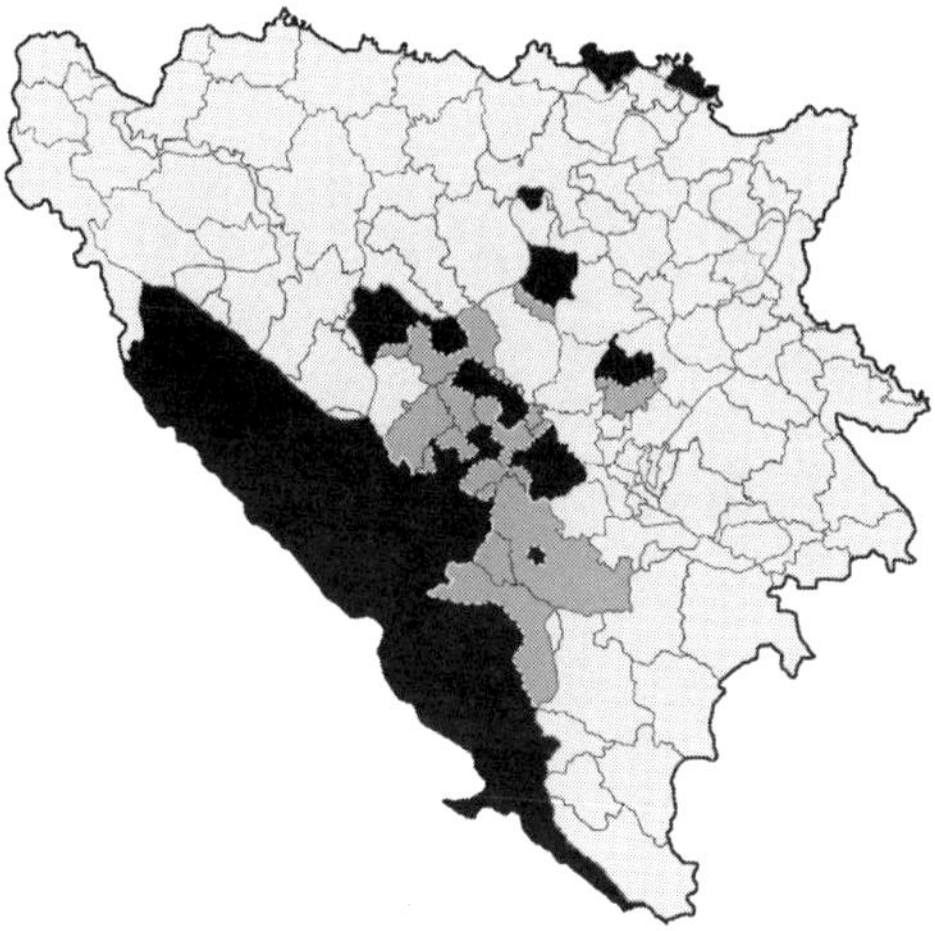

「第三エンティティ」案の一例（黒い部分：クロアチア系の電力会社の範囲）［出所：Wikimedia Commons より筆者作成］

法なものとみなすことなどが盛り込まれている。クロアチア民族会議はこの「宣言」の是非を問う住民投票まで組織し、クロアチア人有権者の9割以上の支持を得ることに成功した。

もっとも、OSCEは国政選挙の当日に実施されたこの住民投票を有権者を動員するための選挙運動とみなし、この選挙におけるクロアチア人代表の選出を無効とした。その後、クロアチア民主同盟に所属する閣僚評議会議長が解任されると、大統領評議会のクロアチア人代表でもあったクロアチア民主同盟のイェラヴィチ党首は、クロアチア民族の死活的利益に反するとして大統領評議会を退き、中央政府、連邦、県における政権参加をボイコットすることを表明したが、OHRはこれに取り合わず、同党抜きで政府の立ち上げを進めた。ここに至って、クロアチア民主同盟の呼びかけで、2001年3月にクロアチア民族会議が開催され、自治政府の設立が決定された。彼らはそれがクロアチア人にとって民族の集団的権利を保護するために残された唯一の方法であると主張した。

もっとも、イェラヴィチは公職から追放され、国際社会を後ろ盾とするボスニア連邦政府のクロアチア人自治政府への関与が疑われる銀行や公共企業に対する締め付けも厳しくなり、わずか半年のうちに自治政府の試みは失敗に終わった。それはボスニアのクロアチア人にとって大きな経済的損失をもたらしただけでなく、国際社会からの信頼回復やボスニア連邦への再統合など困難な課題を残すものとなったのである。

その後、2002年4月に導入されたボスニア連邦憲法およびスルプスカ共和国憲法の修正条項によって、双方で3民族の権力分有が制度化され、スルプスカ共和国でも議会・政府等にクロアチア人代表枠が設定されたものの、ボスニア連邦ではセルビア人代表枠が設定されたため、もとより劣勢であったクロアチア人にとって不平等な地位を固定化するものと考えられた。実際、２００６年および２０１０年の大統領評議会選挙でボスニア社会民主党候補が多くのボシュニャク票を得てクロアチア人代表となったことや（２０１８年にも繰り返された）、２０１１年にボスニア連邦の社会民主党連立政権がクロアチア人議員の信任が得られないままに発足したことに、危機感を強める人々もいた。彼らによって、２０１１年４月にクロアチア民族会議が再結成され、クロアチア人が多数派を占める連邦構成体（必ずしも「第三エンティティ」とは限らない）の創設などを含む抜本的な憲法改正や正当なクロアチア人代表の選出を保証する選挙法改正を求める決議が採択されたのである。その後の動きは、冒頭に述べた通りである。

もっとも、隣国クロアチアを別にすれば、ボスニアにおけるクロアチア人の民族主義的かつ分離主義的な傾向こそ批判にさらされることが多い。ボスニア連邦ではパートナーであるはずのボシュニャク諸政党の理解を得ることは難しく、クロアチア人も一枚岩ではない。何よりも、国際社会が基本的にデイトン合意に基づくボスニアの現在の国制を維持しようとする限り、「第三エンティティ」創設の可能性は非常に低いと言えよう。

（石田信一）

29

国際社会とボスニア

★上級代表とその権限★

紛争終結後20余年――。ボスニアには今なお、国家機関を超える権力を持つ国際社会の代表が駐在している。デイトン合意の規定に従って任命された「上級代表」である。立法府を迂回した法の発効、行政府の意向に反する政策決定、司法への介入、さらに公職者の一方的解任――。その強権的なアプローチが、「英国による19世紀のインド支配」や「信託統治」にたとえられることも多いが、こうした「荒療治」なしにはボスニアの国家建設が停滞していたとの見方もある。和平合意当時の国際社会の想定を超えて、ボスニアに君臨し続ける「上級代表」のあり方を問う。

第27章でみたように、デイトン合意履行に関与する国際機関のマンデートは段階的に拡大されたが、最もドラスティックに権限を強化されたのは上級代表である。ボスニアでは1996年9月の国政・地方選挙において、紛争を主導した3民族主義政党（「民主行動党（ＳＤＡ）」、セルビア人民主党（ＳＤＳ）、ＢＨクロアチア民主同盟（ＨＤＺ・ＢＨ））が圧勝。国際社会が進める国家の民主化、市場経済化に抵抗する一方で、自党への利益誘導を優先させ、国家機能の停滞状況を生み出した。特にボスニアの復興に不可欠な法的枠組みの整備が全く進まなかったことが、国際社会の介入を後押しした。

デイトン合意付属書10に規定された上級代表職の設置目的は本来、「（関係当事者の）活動を容易にし、これらの活動を結集し、安保理決議で委嘱された任務を遂行することによって、和平合意の民生部門に関する各組織の活動を適切に調整すること」（第1条2項）だった。

初代上級代表を務めた元スウェーデン首相のカール・ビルト（在任1995年12月～97年6月）は、デイトン合意後から約1年半後に退任するまで、自らのマンデートをきわめて限定的にとらえ、付属書10の中で明示的に付与された権限のみを行使し、国際機関や地元政治家との調整役に専念していた。しかし、初めての民主選挙を経て発足した立法府、行政府が民族間の対立で機能しなかったことから、ビルトを引き継いだカルロス・ウェステンドルプ元スペイン外相（在任1997年6月～99年8月）が同付属書の別の条項（上級代表に対し「民生部門履行に関し、デイトン合意を解釈する上で、現地における最終権限」〔第5条〕を付与している）を柔軟に解釈することによって、法の発効・停止、大統領・閣僚を含む公職者の解任、メディアに対する規制、教育カリキュラムの策定、難民・避難民に対する住宅返還等、広範な分野に直接介入するようになった。

この権限拡大が初めて成文化され、追認されたのが、ドイツ・ボンで開催された和平履行評議会（ＰＩＣ：デイトン合意履行を支援する計55か国・国際機関で構成）会合（１９９７年12月９・10日）である。同会合の結論文書 XI.2によると、同評議会は「上級代表が（中略）困難な問題解決を容易にするため、和平合意の解釈に関する現地での最終解釈権を行使する意向を歓迎する」として、強制力のある決定を行うべき三つの事項（①民族合同機関会合の開催時期・場所・議長の決定、②中央の行政府が合意に達しない場合の暫定措置発効、③和平合意履行に違反した公職者に対する措置）を挙げている。

同会合の開催地にちなんで「ボン・パワー」と呼ばれるようになったこの権限の適用範囲は、当初上記3項目に限定されていた。しかし、上記②の「中央の行政府が合意に達しない場合の暫定措置発効」権限は、段階的に拡大解釈され、ウェステンドルプ上級代表時代の末期には、中央政府のみならず、エンティティ、県、市町村のいずれのレベルにおいても、いかなる決定をも下すことができ、いかなる法案も独断で発効させることができるようになった。一方、③「和平合意履行に違反した公職者に対する措置」については、和平合意履行を阻害する公職者を解任する権限と解釈され、直接選挙で選出された大統領を含む多数の公職者が一方的に解任されている。

上級代表が下した拘束力のある決定は、ボン・パワーが最も頻繁に行使された2003年7月までに365回にのぼっており、その内容も制度確立に関するもの（エンティティ憲法改正、市民権法など）、規制機関を創出するもの（民営化監督委員会、独立メディア委員会など）、経済改革（民営化、新通貨導入など）、人権・法の支配確立（難民・避難民の財産権、報道の自由、司法改革など）等、多岐にわたっている。

前述した通り、ボスニアでは紛争終結後も民族対立が続き、議会が新たな紛争の場となっていた。新憲法の「パワー・シェアリング」原則によって各民族に実質的な拒否権が付与されていたことなどから、上級代表がボン・パワーを付与されるまで、議会の立法機能は完全に麻痺していた。上級代表は1997年12月の「強権獲得」以降、審議不能となっていた法案を次々に発効させ、和平合意履行に一定の役割を果たしたことは否定できないであろう。しかし、民主的に選出された議会の審議を軽視する措置として、国内外からの批判が相次いだ。

一方、同時期までに上級代表が解任した公職者は計109人（ウェステンドルプ上級代表時代16人、ヴォルフガング・ペトリッチ上級代表時代＝在任1999年8月～2002年5月＝78人、パディー・アッシュダウン上級代表時代＝在任2002年5月～2006年1月＝15人）にのぼる。

解任に際し、上級代表はこれまで、デイトン合意付属書10の規定、和平履行評議会ボン会合による「デイトン合意の最終解釈権」の積極的解釈支持、その後の同評議会諸会合における強権発動に対する追認などを根拠にしながら、明確な手続きを確立しないまま、多くの公職者を解任してきた。しかし、こうした一方的な解任通告に対し、その正当性を疑問視する声がOHR内部からも上がるようになった。

OHRで人権擁護部長を務めていた国際法学者、クリストファー・ハーランドは上級代表事務所内で行われた解任問題に関する意見聴取（2000年6月11日。筆者同席）の中で、「解任の正当性、手続きの透明性・公平性などの面で『人権及び基本的自由の保障に関する条約（欧州人権条約）』第6条及び『市民的・政治的権利に関する国際規約』第14条に違反する」と指摘している。

こうした声に対し、OHR法務部は「手続き上の問題は存在するが、上級代表の決定に対し、デイトン合意の署名当事者が一切、公式には問題提起していない以上、デイトン合意履行のための措置として、同合意規定内の行為と認識している」との公式見解を示してきた。

アッシュダウンを継いだシュヴァルツ・シリング上級代表（在任2006年1月～2007年1月）は2006年7月、強権的介入への批判が高まる中で、「地元政治家によるオーナーシップ戦略」を提唱。「ボン・パワー」の使用を制限するとともに、近い将来OHR自体を閉鎖する意向を表明した。しかし、シュヴァルツ・シリングは2007年1月、PIC会合で解任され、後任のミロスラヴ・ライチャク（在任2007年7月～2009年3月）が「ボン・パワー」の重要性を改めて主張するとともに、OHRマンデートのさらなる延長を要請し、2007年6月のPIC運営委員会で承認された。ライチャクの後任にはオーストリア外交官のヴァレンティン・インツコが就任（在任2009年3月～現在）。再び、国際社会のスタンスが「オーナーシップ重視」に傾く中で、同事務所の規模は次第に縮小され、2018年6月現在のスタッフ数は最盛期の10分の1にあたる80人まで削減されている。また、これまで総計約750回行使された「ボン・パワー」は2011年6月、連邦上院選出・連邦政府設置に関する中央選挙管理委員会決定を無効にする介入がなされて以来、一度も発動されていないという。

「ボン・パワー」の使用頻度が減少するに従い、OHRはその影響力を弱め、現在はボスニア内の民族間対立、特にスルプスカ共和国の分離主義的レトリックを抑制できない状況になりつつある。同共和国指導者による中央政府軽視も深刻だ。自立できるボスニア国家建設という国際社会の支援目標に鑑みれば、「ボン・パワー」の妥当性に関する議論は簡単ではないのであろう。

（橋本敬市）

30

経済の概観

★これからの成長に向けて★

今日のボスニア・ヘルツェゴヴィナ経済を象徴するのは、その停滞や高失業率だろう。現在のボスニア経済には１９９０年代の紛争の爪痕が未だに色濃く残されている。東欧諸国が１９８０年代末の政治改革を機に、１９９０年代には計画経済から市場経済への体制移行を遂げて、さらに２０００年代にはＥＵ統合を果たしたのに比べて、ボスニアを含む旧ユーゴスラヴィア諸国は、１９９０年代を紛争や荒廃からの復興に費やさざるを得なかった事情がある。それはまさに失われた10年で、彼らは荒廃からの復興と市場経済への移行という二つの大変革を同時期に背負うことになったのである。

かつての旧ユーゴ時代には共和国間に経済格差があり、それが連邦の分裂の原因となったことはよく知られている。崩壊直前の１９９０年時点での共和国ごとのＧＮＰの割合は、セルビア38・１％、クロアチア25・０％、スロヴェニア16・５％、ボスニア12・８％、マケドニア５・７％、モンテネグロ１・９％の順で、ボスニアは特に鉱業や林業によって連邦経済に貢献していた。紛争中は国内生産の著しい下落とハイパーインフレによる極度の混乱に苦しみ、１９９５年時点のＧＤＰは１９９０

年時の17％にまで落ち込んだ。その後、紛争が終結した翌年の１９９６年には60％、さらにその翌年は36％という高いＧＤＰ成長率を記録したが、これは紛争で破壊されたインフラや住宅の建設需要が余りにも膨大で、２０００年までに38億ドルの復興支援が国際社会から集まったからである。そのあとは復興にも一定の目処が立ち、支援額が減ることで経済成長率も鈍化したが、それでも政府は付加価値税の導入などの改革に取り組み、金融危機が起こる２００８年までは順調な経済成長を遂げた。また２０１３年以降は、金融危機の煽りを受けた国内経済も回復の兆しを見せて、ここ数年間は２～３％台と安定した経済成長率を示している。

２０１６年のＧＤＰは１６９億ドルで、一人当たりＧＮＩは４９４０ドルである。これは国連や世界銀行による分類上は中進国に入り、高所得国入りの一歩手前の段階にある。主要な産業は農業や林業、鉱業などで、製造業では繊維や家具の生産が行われているが、これらは主な輸出品目ともなっている。貿易相手国は、輸出、輸入ともに西ヨーロッパのドイツ、イタリアや、近隣国のクロアチア、セルビア、スロヴェニアである。オスマン帝国時代から盛んだった農業は今でも主要産業のひとつだが、こちらの方は紛争で土地が荒廃したことや、地雷のために未だに使用が困難な土地があることが課題となっている。

通貨は、以前は異なる三つの通貨が使用されていたが、１９９８年からは兌換マルク（ＫＭ）が導入されている。これは1ユーロ＝１・95ＫＭに固定されているため、欧州諸国との貿易との安定化にも寄与している。

ボスニアにおける最大の経済問題は失業率の高さで、これは深刻な社会問題である。国内産業が不振のために、失業率は統計上では20・5％（2017年）に上るが、これはヨーロッパ諸国のなかでも高い部類に入り、特に15～24歳の若年層の失業率は54％にも達して、また失業者の75％が過去2年間、定職に就けていない状態にある。そのため若年層の雇用創出が急がれる。失業問題は、国内に労働集約型の製造業などの主要産業がないことが原因だが、一方でEU諸国や近隣のバルカン諸国との競争力を強化するには生産性を高める必要があり、そのためには既存企業のリストラにも踏み込まざるを得ない。そのなかで失業率を引き下げていくことは容易ではない。実際、2014年2月に国内第三の都市トゥズラで発生したデモは「ボスニアの春」とも言われたが（第44章参照）、これは旧ユーゴ時代の国営企業が民営化されて、その際に解雇された従業員が政府や企業を相手に賃金の未払いに抗議したことが引き金となった。

ボスニアではGDPの10～12％を海外からの送金に依存している。こうした海外送金には、紛争中に紛争を逃れて難民や移民となった家族からの送金や、一時的な出稼ぎ労働者、さらにはドイツやオーストリア、スイスなどで暮らすボスニア人年金受給者からの送金などがある。ちなみに出稼ぎ労働者が多いのは前述の失業問題とも関係していて、仕事を求めて多くの若者が国外に出て行かざるを得ない事情がある。バルカン諸国のなかでも、こうした海外送金への依存度が最も高いのがコソヴォで（GDPの15～17％）、ボスニアはそれに次ぐ高さにある。なお、海外送金には正式な手続きを経ずに直接持ち込まれるものも少なくないために、正式な統計データで捕捉するのは難しい。

こうした経済状況を好転させるために、政府は海外からの直接投資に期待を寄せている。ビジネス誘致の指標となる世銀のDoing Business（2019年版）によればボスニアは全世界の190か国中89位で、これはセルビアの48位、クロアチアの58位に比べれば劣るものの、前向きに考えれば、課題である法制度や煩雑な行政手続き、許認可取得などが改善されれば、投資の上昇を見込める可能性はある。

近年、アラブ首長国連邦のドバイをはじめとする湾岸アラブ諸国の富裕層が、サラエヴォ周辺の不動産を購入するケースが増えている。これは国内経済にポジティヴな効果を与えている反面で、厳格なイスラム教徒と穏健な現地社会との摩擦への懸念が市民の間で高まっていると言われる。

2013年の国勢調査によるとボスニアの人口は1991年当時の430万人から350万人へと減少した。これは単に紛争による影響だけではない。現に2013年から2016年までの間には8万人がボスニアを去っている。この問題は頭脳流出という、将来の国造りに重大な禍根を残す恐れもある。それ以外にも、社会的、経済的な格差の広がりや貧困問題も指摘されている。統計によれば、全人口の15～20％が貧困状態に置かれて、さらに25％がこうした状態に陥る危険性に直面している。

ボスニアの特徴は分断された政治体制や社会構造だが、経済面でも、政体や県（カントン）ごとに細分化された政治体制のせいで経済政策や改革の調整が十分に行われないことが少なくない。特に復興の際にはスルプスカ（セルビア人）共和国と連邦政府との間に生じた援助量の格差が問題となった。

ボスニアが経済成長していくためには、国内の民間セクターの育成が必要だろう。また、国家財政への負担が大きい公共セクターを効率化することも重要である。さらに、ボスニアが国を挙げて取り組もうとしているEUへの統合のためには、経済成長と環境保全を両立させた持続可能な経済開発を果たさなければならない。ボスニアが高所得国への仲間入りを果たせるのか。難しい局面を迎える。

（阿部俊哉）

コラム6

アグロコメルツとフィクレト・アブディチ
——地方ボス支配

鈴木健太

民族間の関係に注目が集まるボスニア・ヘルツェゴヴィナにおいて、地域の多様性や差異は決して小さくない。そもそも住民の民族的な構成は、都市・町・村によって異なり、それぞれの文脈に応じた地域の社会がある。そうしたローカルな場面では、地方ボスとも呼ばれる、地元の政治や経済を支配するような人物が時に登場する。地方ボスは、社会生活の様々な場面で影響力を行使する一方、その恩恵にあずかった人々はボスを積極的に支持し、そのなかで強固な利害共同体が維持される。地方ボスを取りまくパトロン・クライアント関係やそれに付随する縁故主義は、この地域に限った話ではないが、旧ユーゴスラヴィア地域では、ボスニアやモンテネグロの例が、地方の抱える現状や問題としてしばしば言及される。

ここで取り上げる、ボスニアで最も有名な地方ボスの一人の名は、フィクレト・アブディチ。1939年、クロアチアとの境界に近い西部の小さな町、ヴェリカ・クラドゥシャに生まれたムスリム人実業家であり、この人物とともに町はその名が一躍広く知られることになった。民族的にムスリム人が多数を占めるこの町は、それまで貧しく、さしたる産業もなかったが、地元の小さな農業関連企業でアブディチが若くして企業長に就いた1960年代終わり頃から、状況は一変する。その手腕のもと、会社はアグロコメルツの名とともに事業を拡大し、農産物や食品加工の国内有数の大企業に急成長した。町は発展し、人々の暮らしはずっと良くなり、アブディチの人気と影響力は絶大なものになった。当時のユーゴスラヴィアにおいて、独自の自主管理社会主義に基づく分権化の結果、有力な企業長と自治体権限の融合が顕著になったことも、そうした地方ボス台頭の背景にあった。

だが1987年、アグロコメルツ社の倉庫で起きた火災への調査から、社内の不正経理が明るみになると、巨額の無担保商業手形の発行、当時のボスニア全体の2年半分の総生産に相当する負債総額といった実態が判明した。同社の成功の陰に潜んだこの一大スキャンダルによって、アブディチは逮捕され、刑に服した。一方、経済危機の最中に起きたこの事件は、ボスニアのみならず連邦全体を揺るがし、自主管理下の企業の内実を浮き彫りにするとともに、共産党指導部の信用や正統性を失墜させた。

しかし、一連の騒動のなかで、ボスニアのムスリム人や地元におけるアブディチの人気は衰えるどころか、むしろ強まり、アブディチやアグロコメルツが濡れ衣を着せられたと信じる地元民も多くいた。それを示すかのように、社会主義からの体制転換に伴う1990年の複数政党制選挙において、刑期を終えたアブディチは、共和国幹部会のムスリム人代表（定員2名）に立候補し、最大得票を獲得した。だが最終的に、幹部会代表（大統領）の職に就いたのは得票二番手のA・イゼトベゴヴィチであり、その後ボスニアの戦争が生じるなかで、この2人の関係はムスリム人勢力内の対立に発展する。

アブディチは、地元や近隣のビハチ周辺において強固な支持をもち、絶対的な指導者としてイゼトベゴヴィチ率いるサラエヴォの中央政府に反発した。この一帯がセルビア人地域に囲まれた「飛び地」であるゆえに、セルビア人との良好な関係を望んで同盟工作を画策し、また1993年9月には「西ボスニア自治州」の創設を宣言した。これを受け、同地ではボスニア軍とアブディチの「自治州」軍との間の凄惨な戦いが1年以上続くことになる。結局、アブディチの勢力はボスニア軍に屈してクロアチアに逃げ、そこで終戦を迎えたが、戦後、そのまま亡命を続けるアブディチを待っていたのは戦犯法廷であった。戦中のボスニア軍関係者の収容所収監など、ボスニア当局はアブディチの戦争犯罪を訴追し、2002年には禁固20年の刑が確定した（後に15年に減刑）。

2012年３月の出所は、隣のセルビアやクロアチアでも話題となり、アブディチの特集記事が登場した（セルビアの週刊誌『ヴレーメ（*Vreme*）』2012年3月8日号。表紙の写真は1992年当時のもの）

それから10年あまりが経った2012年、生涯２度目の出所を果たし、晴れて自由の身になったアブディチはその後どうなったのか？――2019年３月現在においては、故郷に戻り、ヴェリカ・クラドゥシャの町長となっている。2016年の同町長選にアブディチは出馬し、およそ過半数の得票を得て勝利した。社会主義期から体制転換、戦争、そして戦後と激動の時代を経て、「バーボ（親爺）」の愛称で親しまれた地方ボスは今なお健在のようである。

31

観光業

★活かしきれないポテンシャル★

観光地としてのボスニア・ヘルツェゴヴィナのイメージは、日本人の間には確立していない。実際、この国を訪れる日本人観光客が少ないのは、未だに1990年代の紛争時代の残像が心のどこかに残っているからだろうか。同様に紛争の歴史を辿ったクロアチアには既に多くの日本人が訪れている一方で、ボスニアの観光資源が十分に知られていないことを残念に思うが、観光地ボスニアの魅力を知る一人としては、これからこの国の魅力が広く知られて、一人でも多くの日本人がここを訪れることを心待ちにしている。

2017年にボスニアを訪れた外国人観光客の総数は130万人で、これは前年に比べて13％上昇した。特に隣国のクロアチアやセルビア、トルコ、イタリア、少し珍しいところではアラブ首長国連邦からの観光客が上位を占める。ヨーロッパでありながらイスラム的色彩が濃いエキゾチックな国という魅力に引き寄せられるのかもしれない。そのなかで、2017年に訪れた日本人は6651人とまだまだ少なく、宿泊日数も平均で1・3日と短い。

確かに、アドリア海沿いのクロアチアのビーチリゾートも素

第31章

観光業

モスタル近郊クラヴィツァの滝

晴らしいが、そこから内陸部へと少し足を延ばしただけで、南欧を彷彿とさせる、力強い日光が降り注ぐ石灰岩の大地や、奥深い森林や川や滝などの豊かな自然と出会える。オスマン帝国時代やそれ以前の史跡もきちんと整備されていて、さらにチトー大統領所縁の地を巡る少しマニアックな現地ツアーに参加すれば、かつてのユーゴスラヴィアという国がいかにユニークで、そして先進的な国だったのかを再認識できる。それに加えてここでは、地元のソウルフードやワインなどの食事が、クロアチアや西欧諸国と比べてもかなりお手頃な価格で楽しめる。

ボスニアはバルカン半島にある内陸国で、スロヴェニアからアルバニアへと南北に連なるディナール山脈の山岳地域の中心部に当たり、さらにネウムという街では約20キロだがアドリア海にも面している。そうした恵まれた自然環境のなかで、夏にはトレッキングやクライミング、冬にはスキーなどのウィンタースポーツと、幅広いアクティヴィティが楽しめる。サラエヴォの西隣にあるイリジャ地域には温泉プールを備えた施設があり、その奥にはヴレロ・ボスネと呼ばれる美しい湧き水を湛えた自然公園が広がる。またサラエヴォからモスタルへ向かう幹線道路のルート上にあるコニッツという街では、夏場はネレトヴァ川でラフティングを楽しめる。さらに、コニッツからヤブラニツァ、モスタルへと続く一帯はプレニィと呼ばれて、2000メートル以上の山々が連なる有数のハイキングエリアで、ヨーロッパのハイカーたちを魅了している。

有名な史跡や観光地にも事欠かない。サラエヴォ市中心部のバシェチャルシヤと呼ばれる旧市街はオスマン帝国時代の名残を留めている。1984年の冬季五輪で使われた郊外の競技施設はその後、公園に改装されたが、1990年代の紛争中に集団墓地へと姿を変えた。現在、この墓地には日本のNGOが植樹した桜が毎年4月に綺麗な花を咲かせている。加えて、往来する市民が狙撃のターゲットとなったスナイパー通りや、旧ユーゴ連邦軍に包囲されたサラエヴォへの物資輸送の命綱だった地下トンネル、紛争中に砲撃を受けて全焼した市庁舎（旧国立図書館）など、紛争の傷跡を残した場所は数多い。第一次世界大戦のきっかけを作った「サラエヴォの一発の銃声」の現場には博物館が隣接していて、そこでは事件当時の資料を閲覧できるし、その横にはミリャツカ川に架けられた美しいラテン橋を見ることができる。イスラム教徒のモスクやセルビア正教の教会、カトリック大聖堂、ユダヤ人のシナゴーグが狭い範囲のなかで建ち並ぶ姿を目の当たりにすると、改めてここが多民族、多宗教国家として、長年、多様性や寛容性が重んじられてきたことを認識するが、同時に、それでもなお紛争を避けられなかった歴史の非情さを思い知らされる。

ヘルツェゴヴィナ地域、トレビニェの街並み

東部のセルビアとの国境近くのドリナ川沿いにあるのはヴィシェグラードという古い街である。ここで有名なのはオスマン帝国の名宰相と呼ばれたメフメド・パシャ・ソコロヴィチが建造した橋で、これはノーベル賞作家のイヴォ・アンドリッチの名作『ドリナの橋』の舞台となっている。さらにここには著名な映画監督のエミール・クストリツァが設立したアンドリッチグラードというテーマパークがある。サラエヴォからは少し距離があるが、是非足を向けてほしい。

ヘルツェゴヴィナ地域（ボスニア・ヘルツェゴヴィナの南部地域）にも魅力的な観光地が数多い。この地域の中心都市であるモスタル市でひときわ目を引くのがネレトヴァ川に架かるスタリ・モスト（古い橋）で、これは16世紀のオスマン時代に建造されたアーチ状の橋である。この橋は紛争中に激しい砲撃に晒されて、1993年11月に全壊したが、紛争後はユネスコや世界銀行などの援助によって2004年7月に再建されて、世界遺産にも登録されている。それ以外にも、モスタル近郊にある聖母マリアが姿を現したというメジュゴーリエでは、クリスチャンの観光客でにぎわっている。

ヘルツェゴヴィナ地域はヨーロッパでも最も気温の高い地域である。ここでお薦めしたいのは、モスタルから南下してトレビニェに至るまでの内陸部である。さらにそこから南へ向かうと隣国モンテネグロへと通じる回廊がある。クロアチアのドゥブロヴニクからアドリア海沿いにモンテネグロへと抜けるのもいいが、こちらの内陸部のルートの方は、なだらかな丘陵地が続き、ボスニアの違った顔を見せてくれる。そのルートの途中にあるリュビニェ村の近くには長寿で知られる集落がある。野生のハーブに囲まれて、心から癒される桃源郷のような場所である。

旅行に美味しい食事は欠かせないが、ボスニアのワインはお薦めである。国内の各地で生産されているが、なかでもヘルツェゴヴィナのワインは秀逸で質が高い。赤はしっかりと強く、白はスッキリ爽やかな後味が特徴である。ブドウの品種は地元品種が中心で、赤ではブラティナかブラナッツ、白ではジラフカが有名で、値段も数百円から高くても３０００円程度とリーズナブルである。日本ではなかなかお目にかかれないのが残念である。

初めからボスニアだけを目指すのは難しいかもしれない。まずはクロアチアなどと合わせたツアーに参加してみるのも手だろう。ドゥブロヴニクからは、モスタルへの一日ツアーも数多くある。さらにセルビアやモンテネグロ、アルバニア、コソヴォなどと組み合わせたバルカンツアーもあり、まだまだ日本人にはなじみの浅いこの地域の魅力にまとめて触れることができる。そしてこの国の良さを発見できれば、今度は少し長めに滞在してみてはいかがだろうか。

（阿部俊哉）

32

国際関係

★バルカン諸国との微妙な関係★

ボスニア・ヘルツェゴヴィナはクロアチア、セルビア、モンテネグロの旧ユーゴスラヴィア3か国と国境を接している。いずれも1990年代のボスニア紛争に深く関わった国々であり、各々の関係は複雑で、つねに友好的なものとはいえない。とくにクロアチアとセルビアはボスニアの主要構成3民族のうちクロアチア人とセルビア人の「本国」にあたり、それぞれの結びつきが強固であることが、それに拍車をかけている。ボスニア紛争が終結してから四半世紀近くが過ぎ、サラエヴォに本部を置く地域協力会議など数多くの地域協力機構にともに参加しつつ、EU加盟を視野に入れた（クロアチアは2013年に加盟済み）広範な地域協力および経済関係の強化に関しては大いに進展が見られることは事実である。ボスニアにとって、セルビアとクロアチアはドイツとイタリアに次ぐ貿易相手国となっており、2018年3月にモスタルで開催された3か国の首脳会談のような多国間会合も頻繁に開催され、各国が協力して地域統合を推進することが確認されている。その点では、当面は1990年代の紛争を再燃させるような事態がこれらの国々の間で生じるとは考えにくい。その一方で、ボスニアはこれらの国々

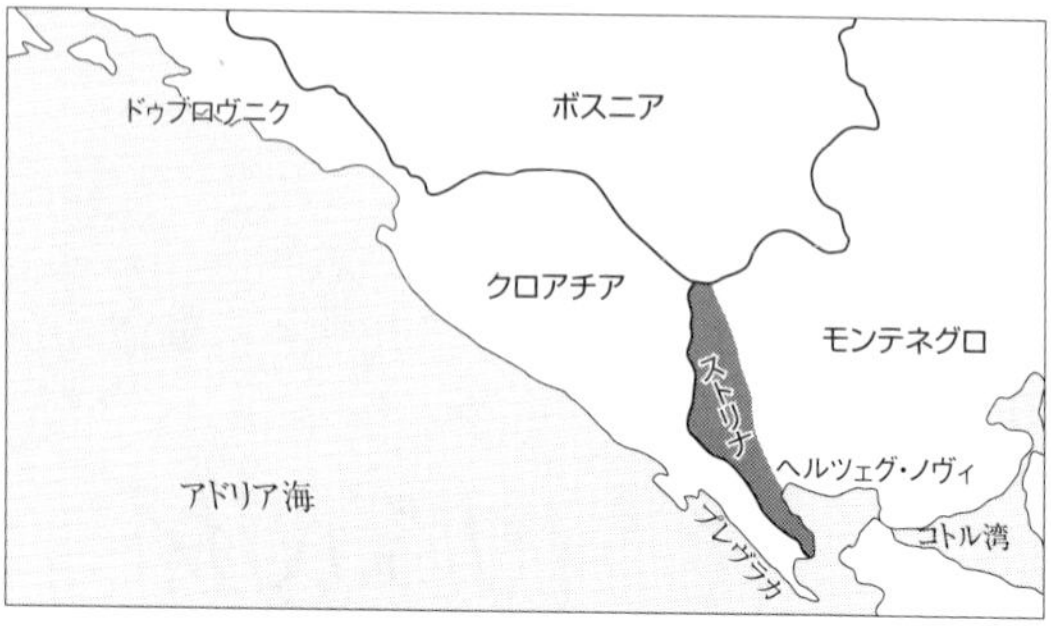

モンテネグロとの国境問題：ストリナ回廊
［出所：https://miruhbosne.com/?p=2158 より筆者作成］

との間でいくつもの未解決の問題を抱えたままである。なおボスニア紛争における「戦犯」の処遇や戦争責任をめぐる対立も生じており、最近では2015年、スレブレニツァの虐殺事件20周年の追悼式典に際して、同地を訪れたセルビアのヴチッチ首相に群衆から石やペットボトルが投げつけられる事件が起こり、ボスニアとセルビアの関係が悪化したことがある。紛争の火種は消えたわけではない。

ボスニアが近隣諸国との間で抱える重要な問題の一つが国境画定問題である。現在のボスニアは基本的にユーゴスラヴィア連邦時代の共和国境界を国境として継承しているが、この共和国境界は単なる行政区分と考えられていたこともあり、曖昧な部分が少なくなかった。連邦解体に前後して民族主義的な主張が高まる中で、既存の共和国境界に対する疑義が生じるようになり、多くの場合、現在に至るまで決着がついていない。ボスニアを含む西バルカンの国々にとって、国境画定問題の解決がEU加盟の前提条件とされており、2国間での交渉は進められているが、先行するスロヴェニアとクロアチアのケース（ピラン湾問題）のように国際的な仲裁裁判所に委ねられる可能性もある。

最近では、2014年にボスニア議会のベチロヴィチ議員がモンテネグロのストリナ一帯の帰属問題を提起して、モンテネグロとの間で軋轢が生じたことがある。ストリナはコトル湾に面した、ボスニアにとって長らくネウムと並ぶ数少ない海への出口であったが、第二次世界大戦後にボスニアとモンテネグロの共和国境界を設定する際にモンテネグロに帰属することになった。ストリナ一帯の帰属問題が提起されたのはこれが最初ではなく、2000年代に出版された『ボスニア歴史地図帳』にはストリナ問題も紹介されているし、ボスニア連邦の歴史教科書の中には「ボスニアの人々が知らないうちに、ボスニア議会の承認もないままに、ボスニアは第二の海への出口を失った」と主張するものさえあった。それが、ベチロヴィチが新たな決議案まで提出したことによって、モンテネグロがボスニアに新任大使を送らず、ボスニアもモンテネグロから大使を帰国させるような外交問題にまで発展したのである。結局、上記の決議案はボスニア議会で否決され、2015年に両国の間で国境画定に関する合意が成立したことで、一応の決着がついた。

セルビアとの国境問題：ズヴォルニク水力発電所
［出所：Ванилица/ Wikimedia Commons］

一方、セルビアとの間では、約40平方キロにわたる4か所の係争地があり、国境画定に関する交渉は難航している。第一・第二の係争地はドリナ川下流にある二つの水力発電所「ズヴォルニク」と「バイナ・バシュタ」の周辺地域で、セルビアはこれらの発電所の土地がすべて含まれるように国境をドリナ川左岸に移動させることを求めている。現在のところ発電所そのものはセルビア電力産業公社が所有し、もっぱらセルビア向けに電力を供給しているものの、ボスニアからは自らの土地と資源を使用しているとの批判も出ている。第三の係争地はベオグラードとバール（モンテネグロ領）を結ぶ鉄道路線のうちボスニアを通過する約12キロの区間で、セルビアはその沿線全域をセルビア領とすることを求めている。第四の係争地はボスニアの飛び地が存在するセルビアのプリボイ一帯であり、セルビアは国境をリム川まで移動させ、ボスニアのルード自治体の一部をプリボイに移管する提案を行っている。なお、ボスニアとセルビアの国境は、すべてボスニア連邦ではなくスルプスカ共和国との国境である。スルプスカ共和国のドディク大統領はセルビアの提案を支持する発言を行っているものの、ボスニア政府はこれに反対する立場をとっており、2018年にはボスニア大統領評議会のボシュニャク代表のイゼトベゴヴィチが国際的な仲裁裁判所への提訴を示唆している。

さらに問題となっているのが、1999年に合意が成立したものの、クロアチア議会が批准を拒否して実現に至らなかったクロアチアとの国境画定に関する交渉である。ボスニアはクロアチアとの間で約1000キロもの長い国境線をともにし（ボスニアの統計では932キロ、クロアチアの統計では1011キロ）、ウナ川をはさんでクロアチアのフルヴァツカ・コスタイニツァと向かい合うコスタイニツァ、かつてクロアチアの一部であったビハチのザヴァリェ地区などに係争地を抱えている。なかでもペリェシャツ橋の建設問題と関連してマスコミなどを通じて頻繁に取り上げられているのが、ボスニア

クロアチアとの国境問題：コスタイニツァ
［出所：Sti2/ Wikimedia Commons］

唯一の海への出口となっているネウム周辺のクレク岬、ヴェリ・シュコリ島、マリ・シュコリ島の帰属をめぐる問題とそれに伴う領海問題である（詳しくは第25章を参照）。現時点でネウムにボスニアの貿易港は存在しないものの、クロアチアに取り囲まれて公海へのアクセスを阻害されかねないボスニアにとって特別な意味を持つ。クロアチア紛争とボスニア紛争でダメージを受けた両国を結ぶ鉄道路線は現在すべて列車の運行を取り止めており、その再始動が課題となっているが、その沿線にある係争地の存在が障害となっている面もある。

なお、このほかのバルカン諸国では、コソヴォおよびトルコとの関係が注目される。ボスニアはコソヴォが２００８年に行ったセルビアからの一方的な独立宣言を、セルビア人の強い反対もあって、いまだに承認していない。数多くの歴史的経験・記憶を共有する両国だが、貿易はもとより人々の往来さえ不自由な状態が続いている。また、トルコはかつてエルドアン首相がボスニアを「オスマン帝国の遺産」とみなす発言を行ってセルビア人の反発を買ったが、主にボシュニャクに支持され、この地域への経済的・文化的影響力を拡大しつつある。

（石田信一）

33

ＥＵ統合の道

★ボスニアとＥＵとの関わり★

ボスニア・ヘルツェゴヴィナは１９９０年代の紛争の影響から、コソヴォと並んでヨーロッパ統合過程への参入が最も遅れた国の一つとなっている。何よりも、ボスニアはデイトン和平合意に基づいて国際社会の監督下に置かれ、日本などの復興支援国と国際機関で構成される和平履行評議会の下にある上級代表事務所（ＯＨＲ）が実権を握っており、なお自立しているとは言い難い面がある。それでも、ボスニアは２００３年にＥＵの潜在的加盟候補国として位置付けられ、その後も正式加盟に向けた努力を続けてきた。ボスニアは２００５年にＥＵ加盟の前段階とされる安定化・連合協定を結ぶための交渉を開始したが、国内改革の遅れなどから実際に協定が発効したのは２０１５年のことであった。これを受けて、ボスニア政府が改革アジェンダを、続いてボスニア大統領評議会がＥＵ加盟のための国内調整メカニズムの実施や改革アジェンダに基づく改革の実施などを盛り込んだマスタープランを採択し、２０１６年２月にＥＵ加盟申請にまで漕ぎ着けたのである。ＥＵ総務理事会がボスニアのＥＵ加盟プロセスの進展について合意し、欧州委員会に対してＥＵ加盟候補国としての条件を満たすか否かの審査に入ることを要請したのは同年9月のことであった。

２０１６年12月に欧州委員会からボスニア閣僚評議会にＥＵ加盟に関わる質問状が手渡されたが、半年程度という当初の見込みとは異なり、ボスニア側が欧州委員会に回答を提出したのは２０１８年2月末のことであった。しかも、同年6月には欧州委員会から追加の質問状が届けられており、欧州委員会から２０２５年のＥＵ加盟の可能性を示唆されているセルビアやモンテネグロとは大きな隔たりが生じている。欧州委員会による国別進捗報告書でも、選挙法改正問題に加え、欧州人権裁判所による判決の履行および司法改革の遅延、腐敗の蔓延やジャーナリストに対する政治圧力等の指摘があり、その展望は必ずしも明るいわけではない。ボスニア憲法によって大統領評議会選挙などの立候補の条件が民族的な制約を受けていることに関して、欧州人権裁判所が欧州人権規約違反であると認めた２００９年のセイディチ・フィンチ判決、２０１４年のゾルニッチ判決、２０１６年のピラヴ判決やシュラク判決などを履行するための憲法修正の目処は立っておらず、大きな課題として残されている。

ボスニアとＥＵ（１９９２年まではＥＣ）の関係はボスニア紛争とともに緊密化したとも言える。ＥＣはユーゴスラヴィア紛争が勃発すると和平会議を組織して国際連合などとともに仲裁にあたり、その代表であるキャリントン、クティリエロ、オーウェンらが和平案を相次いで提示したが、いずれも紛争当事者すべてに受け入れられるものとはならず、結果的に失敗に終わった。それでもＥＵは和平に向けた仲裁の努力を続け、最終的に和平合意を成立させたアメリカ主導によるデイトンでの交渉でもスウェーデン前首相でＥＵの旧ユーゴスラヴィア特使となったビルトが共同議長をつとめ、１９９

インツコ・ボスニア上級代表（かつてはEU特別代表も兼務）［出所：Foreign and Commonwealth Office］

5年12月に初代ボスニア上級代表に就任している。現在まで上級代表はすべてＥＵ加盟国の出身であり、２００２年から２０１１年まではＥＵ特別代表さえ兼務していた。現在のインツコ上級代表はオーストリアのスロヴェニア系マイノリティ出身であり、２００９年に7代目の上級代表となってから在任期間の最長記録を更新中である。

なお、デイトン和平合意に基づき、現在でも欧州連合部隊（ＥＵＦＯＲ）アルテアがボスニアで平和維持活動にあたっている。２００４年にＮＡＴＯ中心の平和安定化部隊（ＳＦＯＲ）を引き継いだ際には約７０００名で構成されていたが、２０１２年に約６００名にまで縮小され、現在に至っている。ＥＵＦＯＲにはＥＵ加盟国13か国を含む18か国が参加しており、ボスニア軍の能力開発や訓練、余剰弾薬削減プロジェクトなどを実施している。これとは別に、国際連合ボスニア・ヘルツェゴヴィナ・ミッション（ＵＮＭＩＢＨ）による文民警察活動を引き継ぐものとして、２００３年から２０１２年まで欧州連合警察ミッション（ＥＵＰＭ）がボスニアに派遣され、現地警察の監視や能力開発といった活動に加えて組織犯罪の撲滅などにも対応していた。

さらに、ボスニアが経済的にＥＵ諸国と強い結びつきを持っていることは言うまでもない。ボスニアのＥＵ諸国との貿易額は輸出入ともに60％から70％を占め、とくにドイツとイタリアが上位にある。ボスニアは他の西バルカン諸国に遅れて２０１７年にＥＵと運輸共同体条約を結んだが、これによっ

EUFOR アルテアのエンブレム

て高速道路Ｖｃ回廊の建設やブルチュコ河川港整備に関連するインフラ事業計画へのＥＵからの資金供与を見込んでいる。また、ボスニアはＥＵの加盟前支援措置（ＩＰＡ）を活用するとともに、ＥＵが進めるクロアチア、セルビア、モンテネグロなど近隣諸国との、あるいはＥＵのマクロ地域戦略と結びついたドナウ地域、アドリア・イオニア地域といった枠組みでの越境地域間協力にも積極的に参加している。なお、ボスニア国民がＥＵ諸国にビザ（査証）なし渡航が可能となったのは２０１０年だが、それ以前からの長期的な出稼ぎ労働者やボスニア紛争による難民も含めて１００万人以上のボスニア出身者がＥＵ諸国で暮らしているとされる。２０１５年の滞在国別統計では、そのうち40万人がクロアチア、20万人がドイツ、16万人がオーストリア、11万人がスロヴェニア在住で、二重国籍保持者も少なくない。

２０１５年の欧州難民・移民危機に直面した近隣のＥＵ加盟国であるハンガリーやクロアチアが国境管理を厳格化した影響もあって、２０１８年にはＥＵ諸国を目指す中東などからの難民・移民がボスニアに大挙して押し寄せ、住民の間で抗議運動が起こるなど大きな社会問題となった。ＥＵは彼らの収容施設の新設等に向けた人道支援を行ったものの、ボスニア側で十分な対応をとることができず、かえって混乱を生じさせた部分もある。これに限らず、ボスニアにとって、その最優先課題とされているＥＵ加盟には、なお乗り越えなければならない大きな壁があるように見える。

（石田信一）

34

戦争犯罪人を裁く

――★旧ユーゴスラヴィア国際刑事裁判所（ICTY）とボスニア★――

罪を犯した個人の処罰は、犯罪の種類にかかわらず、本来は国内刑事裁判所の役割である。これに対し、集団殺害（ジェノサイド）、人道に対する罪、戦争犯罪など国際法上の犯罪を行った個人に対し、国際社会が、国際刑事裁判所を通じ、直接、国際法上の刑事責任を追及する行為は、冷戦後の国際社会を象徴する出来事である。90年代以降今日まで多くの国際、半国際（混合）刑事裁判機関が設立されてきたが、この動きの起点となったのが旧ユーゴスラヴィア国際刑事裁判所（The International Criminal Tribunal for the Former Yugoslavia：ＩＣＴＹ）である。

ＩＣＴＹは１９９３年５月25日、国連安全保障理事会が、旧ユーゴスラヴィア領域内で発生した事象を、国連憲章第７章の「平和に対する脅威、平和の破壊及び侵略行為」を構成すると決定し、７章のもとに行動し設立した組織である。安保理決議８２７と付属する裁判所規程が設立根拠であり、５年後多国間条約である「国際刑事裁判所に関するローマ規程」（１９９８年７月採択）により誕生した、常設の国際刑事裁判所（ＩＣＣ）とは性質を大きく異にする時限付き（アドホック）の国連機関である。

書籍のタイトル

◆本書を何でお知りになりましたか？

□新聞・雑誌の広告…掲載紙誌名［　　　　　　　　］
□書評・紹介記事……掲載紙誌名［　　　　　　　　］
□店頭で　□知人のすすめ　□弊社からの案内　□弊社ホームページ
□ネット書店［　　　　　　］　□その他［　　　　　　］

◆本書についてのご意見・ご感想

■定　　価　□安い（満足）　□ほどほど　□高い（不満）
■カバーデザイン　□良い　□ふつう　□悪い・ふさわしくない
■内　　容　□良い　□ふつう　□期待はずれ
■その他お気づきの点、ご質問、ご感想など、ご自由にお書き下さい。

◆本書をお買い上げの書店

［　　　　市・区・町・村　　　　書店　　　　店］

◆今後どのような書籍をお望みですか？

今関心をお持ちのテーマ・人・ジャンル、また翻訳希望の本など、何でもお書き下さい。

◆ご購読紙　(1)朝日　(2)読売　(3)毎日　(4)日経　(5)その他［　　　　新聞］

◆定期ご購読の雑誌［　　　　　　　　］

ご協力ありがとうございました。

ご意見などを弊社ホームページなどでご紹介させていただくことがあります。　□諾　□否

◆ご 注 文 書◆　このハガキで弊社刊行物をご注文いただけます。

□ご指定の書店でお受取り……下欄に書店名と所在地域、わかれば電話番号をご記入下さい。
□代金引換郵便にてお受取り…送料+手数料として500円かかります(表記ご住所宛のみ)。

書名	冊
書名	冊

ご指定の書店・支店名	書店の所在地域 都・道　府・県　市・区　町・村
	書店の電話番号　（　　　）

郵便はがき

料金受取人払郵便

神田局
承認

7846

差出有効期間
2024年6月
30日まで

切手を貼らずに
お出し下さい。

101-8796

5 3 7

【受 取 人】

東京都千代田区外神田6-9-5

株式会社 明石書店 読者通信係 行

お買い上げ、ありがとうございました。
今後の出版物の参考といたしたく、ご記入、ご投函いただければ幸いに存じます。

ふりがな お 名 前	年齢	性別

ご 住 所 〒 -

TEL ( ) FAX ( )

メールアドレス	ご職業（または学校名）

＊図書目録のご希望 □ある □ない	＊ジャンル別などのご案内（不定期）のご希望 □ある：ジャンル（ ） □ない

ICTY 全景（2017年）

組織は第一審と上訴審からなる裁判部、検察局、双方に役務を提供する書記局から構成され、最大時で80か国に及ぶ1000人強の職員を抱えていた。その正式名称「1991年以後旧ユーゴスラヴィアの領域内で行われた国際人道法の重大な違反について責任を負う者の訴追のための国際裁判所」が示すとおり、91年以降の旧ユーゴ全域を対象とし、（イ）1949年のジュネーヴ諸条約に対する重大な違反行為、（ロ）戦争の法規又は慣例に対する違反、（ハ）集団殺害（ジェノサイド）、（ニ）人道に対する罪を対象犯罪とした。国内裁判所と管轄権が競合した場合は、ICTYが優越し、刑罰は拘禁刑、拘禁期間の決定は旧ユーゴの裁判所の一般慣行に依拠した。最高刑は終身刑で死刑はない。刑罰の執行は、有罪判決を受けた者の受け入れを安保理に表明した国連加盟国の中からICTYが指定した。

ICTYの最大の特徴は、第二次世界大戦後初の国際刑事裁判所であることに加え、本来、独立性や公平性が重視される司法機関が、国連安保理という政治的な機関によって設立され、その補助機関に位置付けられる点にある。

2017年12月の閉廷まで設立以来24年の間に、クロアチア、ボスニア、コソヴォ、マケドニアで発生した事件を対象に、161人を起訴し、89人に有罪判決を言い渡した。残り72人の内訳は無罪18人、起訴取り下げ20人、死亡17人（ICTY移送前10人、移送後7人）、国内裁判所への委託13人、ICTY

表　ICTYで有罪となった89人およびMICTへ移管の4人の犯行地および民族別内訳

民族 / 犯罪実行地	セルビア人	クロアチア人	ボシュニャク	モンテネグロ人	アルバニア人	マケドニア人	合　計
ボスニア（BiH）	51	19	5				75
クロアチア（CRO）	3			2			5
BiH および CRO	3						3
コソヴォ	6				2		8
マケドニア						1	1
BiH、CRO およびヴォイヴォディナ	1						1
合　計	64	19	5	2	2	1	93

出所：ICTY 資料をもとに筆者が集計して作成（2018年9月30日現在）

の後継機関「旧ユーゴスラヴィア及びルワンダ国際刑事裁判所の残余メカニズム：ＭＩＣＴ」（２０１０年12月22日の安保理決議１９６６にて設立）への移管が４人である（上訴審：カラジッチ、ムラディチ、再審：シマトビッチおよびスタニシッチ。このうち、カラジッチに対しては、２０１９年３月、終身刑が確定した）。国内裁判所への委託は、当初の想定を大きく超え、予算、規模ともに大きな機関になったＩＣＴＹの活動を収束に向かわせる必要から、また、ＩＣＴＹでは裁ききれない主に下級の戦争犯罪人を地元、国内の裁判所で裁いていくために進められたプロセスで、委託された13人中10人がボスニア戦争犯罪裁判部に付託され、既に10人全員に７年から34年の有罪判決が下されている。

旧ユーゴ全域を対象とするＩＣＴＹは、もとよりボスニアのためだけに作られた組織ではない。とはいえ、ボスニアを舞台に起訴された事件が圧倒的多数を占める（全起訴者の75％）。有罪となった89人およびＭＩＣＴ移管の４人の計93人を犯罪地および民族別にみると、上の表のとおりである。

セルビア人を加害者とする犯罪や暴力が圧倒的多数を占め

たことが事実であるとしても、三つ巴の民族紛争の中で起訴状が提出された被告、そして有罪が確定した受刑者の圧倒的多数をセルビア人が占めることについて、その比率が実際の犯罪の多寡以上に、セルビア人に偏りすぎである、著しくバランスを欠く、という指摘もある。

この点については、そもそもＩＣＴＹは主としてセルビア人を加害者とする犯罪を裁くために設立された組織なのだという説明も可能である。破綻国家が出現し、し烈な民族紛争に彩られたポスト冷戦時代の国連は、冷戦中とは異なり、中立性よりも、特定の立場をとることをいとわず、国際社会共通の価値観の守護者・擁護者役を期待され、あるいは担うことを自らに課したともいえる。第13章で紹介したバショウニ報告は、３民族ともに犯罪行為を行ったが、「民族浄化」という政策に基づいてこれらを実行したのは、セルビア人のみであり、クロアチア人も同様の行為を犯したものの、政府の政策の一部ではなく、ボシュニャク（ボスニア・ムスリム）軍も類似の行為を行ったが「民族浄化作戦」には従事しておらず、政策の一環として行われたものでもなかったとした（131、147、148段落）。こうした認識を基調に安保理によって作られた裁判機関であれば、セルビア人が加害者となる犯罪中心の処罰は当然の帰結であったともいえる。

ＩＣＴＹが遺した成果は何か。過去50年に及ぶ「不処罰の文化」に終止符を打ち、一部であれ、犠牲者に正義をもたらした。政治的指導者の責任を追及し、犠牲者に証言の機会を与えた。犯罪の責任を民族集団ではなく、個人に帰すことで、平和構築や和解に寄与し、審理を通じ明らかにした事実が歴史的な記録の形成に資したとされる。国際刑事法、国際人道法といった国際法分野の発展に多大な貢献をし、後に続く一連の国際的あるいはハイブリッド（混合）な法廷設立の端緒となった。

身元確認を待つ犠牲者の遺骨

他方で、平和研究の始祖ヨハン・ガルトゥングの言葉を借りるなら、裁判あるいは判決というものは、武器を使わずに勝敗を決める、言葉による争いの一形態である。一方にとっての「戦犯」は他方にとって、迫害を受ける同胞のために戦った「英雄」である。当然のことながら、セルビア人、そして、次いで被告の多いクロアチア人のＩＣＴＹに対する不信はそれぞれの立場で根深く、閉廷直前、ＩＣＴＹ最後の上訴審判決では被告の一人が法廷内で抗議の服毒自殺を図るという劇的な幕切れとなった。他方で、圧倒的な被害者であるボシュニャク側の被害者遺族の多くからも「ある程度の正義はなされたが、十分ではない」という不満の声も聞かれる。

正義か平和か、という二者択一は単純化しすぎる図式であるが、紛争の終結はともかく、戦後の地域の安定や和解の促進という目的にＩＣＴＹが遺した足跡は、独立性と公平性という点からは今後の研究の対象となろう。ＩＣＴＹの任務は２０１７年末に終了したが、ボスニア・ヘルツェゴヴィナ検察局の戦争犯罪特別部は２０１６年６月までに６０６人を戦争犯罪および重大な国際人道法違反により起訴、戦争犯罪裁判部においてＩＣＴＹが対象としなかった犯罪者の審理が続いている。

（長　有紀枝）

コラム7

スレブレニツァ今昔

長 有紀枝

　土地に記憶というものがあるとするなら、スレブレニツァはどのような記憶とともに生きる町だろう。

　ボスニア東部、セルビアとの国境を形成するドリナ川流域の山間に位置するスレブレニツァは、自治体（opština）と中心部にある町双方の地名である。ボスニア紛争時、セルビア人支配地区に囲まれたボシュニャクの飛び地で、国連の安全地帯に指定されていた。紛争前は両民族が共存し、人口構成の変遷は次頁の表のとおりである。

　スレブレニツァといえば1995年夏に起きた虐殺、あるいはジェノサイドを思いおこす方が多いだろう。しかし、実際の虐殺はスレブレニツァの街中で発生したわけではない。7月11日、「スルプスカ（セルビア人）共和国軍」によ

ポトチャリ記念墓地の墓標

表　スレブレニツァの人口変動

	自治体人口	町人口	ボシュニャク	セルビア人	クロアチア人	その他
2013年	13,409	2,241	7,248 (54.1%)	6,028 (44.9%)	16 (0.12%)	117 (0.87%)
1991年	36,666	5,746	27,572 (75.2%)	8,315 (22.7%)	38 (0.1%)	741 (20.2%)
1931年	35,210	—	17,332 (49.2%)	17,766 (50.5%)	103 (0.29%)	

出所：統計資料より筆者作成

る攻撃でスレブレニツァが陥落すると、女性や子供、老人は、町の北にある元バッテリー工場の、国連防護軍（UNPROFOR）のオランダ大隊本部へ、そして兵役年齢の男性と一部の家族約1万5000人は、50キロ離れたボスニア政府軍支配地トゥズラを目指し、徒歩で敵地の縦走を試みた。闇にまぎれ、地雷が埋められた山地を縦列で。先頭はボスニア軍の精鋭部隊と町の有力者たち。最後尾の一般住民の出発まで12時間を要したという。

　このうち約半数が約5日かけてトゥズラまで逃げ延び、残りの人々が命を落とした。セルビア軍の追撃や地雷で、一部は飲まず食わずの逃避行の中で錯乱状態に陥って、そして多数が捕虜として捕えられた後、処刑という残虐な形で。

　スレブレニツァを「お化けの町」と呼ぶ人もいる。ポトチャリのオランダ大隊本部の敷地跡に造られた記念墓地にはおよそ7000体の遺骨が眠る。遺骨といっても、全身が揃った遺体は少ない。隠蔽のために重機で掘り返され、50か所を超える二次埋設地に埋め直された遺体の多くがばらばらの状態で発見された。身元の確認にはDNA鑑定が用いられている。ばらばらの遺骨がどこまで揃ったらポトチャリに埋葬するのか、その残酷な判断は遺族に委ねられている。

コラム7

スレブレニツァ今昔

セルビア・クロアチア語で「銀」を意味する「スレブロ（srebro）」を語源とするスレブレニツァ。古来豊富な銀の採掘量を誇り、重要な交易都市だったスレブレニツァの銀はラグーザ国からの商人に買われたという。スレブレニツァという土地が記憶するのは、交易で栄えたこの時代の活気だろうか。あるいはボスニア紛争中、近隣から2万人を超える避難民が逃げ込んで、すし詰め状態の町の記憶か、そこにとどろいた砲弾の音か。

はたまた7月11日、陥落した町で雄叫びをあげたセルビア人部隊の歓喜の声か。

彼らとて続く10日間に、自分たちが、ボスニア戦争全体を通じても類をみない虐殺に手を染めていくことになるとは思いもよらなかったのではないか。

スレブレニツァで医師をつとめる私の友人。紛争中、難民として両親と兄とドイツで暮らした。しかし彼らを逃すために、父より3歳若い叔父が、祖父母や家を守るために残ったという。「自分は独り身で身軽だから」と愛車と、なけなしの外貨を兄一家に託して。友人一家もドイツに難民として落ち着くまでの2年間、語りつくせない放浪と苦難の日々があった。しかし彼らは生き残り、帰還した。

スレブレニツァ生まれの叔父は当時35歳。サラエヴォに恋人がいたという。7月11日、友人と一緒に森に逃げる姿が目撃されている。彼の遺体はオラホヴァツの集団墓地（二次埋設地）で発見された。脱出の混乱の中、彼には故郷の町を振り返る余裕があっただろうか。彼が最後に目にしたスレブレニツァは、どんな景色をしていただろう。

35

環境問題

★サラエヴォのスモッグ★

「環境問題」を扱う本章ではあるが、ボスニア・ヘルツェゴヴィナを訪れる多くの人が遭遇する可能性がある公害、首都サラエヴォの冬のスモッグに絞って述べることにしたい。

サラエヴォの冬にしばしば発生する霧は以前から有名であった。2013年12月、筆者はサラエヴォに滞在する機会があったが、夜の旧市街に出てみると、視界が利くのは眼前の数メートルだけで、高名なレストラン「イナット・クーチャ」からミリャツカ川を隔てて50メートル先のサラエヴォ市庁舎が全く見えないほどの濃霧だった。

山に囲まれた盆地のサラエヴォでは、冬季に気圧が安定した状態か、または高気圧が接近している場合、夜間に地表が冷えて放射冷却が起こり、高地が暖かく低地が寒い状態、すなわち逆転層が生成する。明け方に山岳側の冷気が下降し霧が発生すると、標高の高い山岳側が晴れて気温が高い一方、旧市街バシェチャルシヤ地区など市中心部では霧が抜けず、日中も日が当たらないまま低温が続く。強い風が吹き始めるまで、これが何日も続くことがしばしば起こる。

この濃霧が空気中に放出された大気汚染物質を含んでスモッ

グ化する。このところ大気汚染が首都の市民やメディアの話題にのぼることが毎冬の恒例になってしまっている。筆者が滞在した先述の2013年12月には、モニタリング対象物質のうち二酸化硫黄（SO_2）、窒素酸化物（NO_x）、一酸化炭素（CO）、粒子状物質（PM10）の4種について最大許容基準を4～10回超えたことが記録されている。

1995年の和平直後から交通渋滞は常態化しているが、「最近の大気汚染は自動車が増加したからだ」という声が市井の人々の間ではしばしば聞かれる。スモッグ対策として2016年12月にサラエヴォ県当局は「奇数・偶数システム」を短期間実施した。これはナンバーの下一桁が奇数か偶数かによって自家用車が運転できる曜日を制限するもの（公用車、医療・消防などの業務用車両は対象外）で、社会主義ユーゴスラヴィア時代の80年代に原油危機により深刻なガソリン不足が起こった際に実施された。今回はガソリンは普通に入手できる状況であるにもかかわらず、排気ガス減少のために取られた苦肉の策であった。

しかし、環境地理学の専門家、サラエヴォ大学数理学部ムリズ・スパヒッチ元教授は、「冬の風が弱く逆転層の起こりやすい時期は、自動車の排気ガスなどが主な原因となる光化学スモッグ（ロサンゼルス型の『白いスモッグ』）よりも、石炭（褐炭）の燃焼による、いわゆるロンドン型の『黒いスモッグ』が大気汚染を深刻なものにしている。排気ガス規制は効果がないわけではないが、真の原因は、紛争後に多くの一般家庭で、暖房用エネルギー源として公共の天然ガスに代わり褐炭、薪など汚染源となりやすい固形燃料が使われるようになっていることだ」と述べる。

冬季五輪の開催地にもなったサラエヴォの冬は長く、また少なくとも東京近辺に住む人々にとってはかなり厳しい。1月の平均気温は氷点下1・2度、一日の平均気温が氷点下の日が年間90日前後、霧は12月で平均8・6日である。暖房が必要な期間は年によっては11月から3月にわたることもある。「私が学生だった60〜70年代のサラエヴォの空気はもっと汚かった。しばしば石炭の燃焼による匂いや煤煙が感じられたし、唾が黒くなっていたことも覚えている。こうしたユーゴスラヴィア時代の大気汚染の惨状と、それを乗り越えるための国際的努力があったことは、今は多くの人から忘れられてしまっている」とスパヒッチ氏は指摘する。

実際、第二次大戦後の急速な工業化が進められた60〜70年代のサラエヴォは「バルカン半島のロンドン」「ヨーロッパで最も汚れた町」と言われていた。公害対策と環境保護意識の世界的な高まりの中でユーゴ国内でも対策が真剣に検討された。1973年には工場の排煙規制が開始されているが、家庭用エネルギー源の天然ガスへの転換も目標とされた。サラエヴォ市は15年計画を策定、国際復興開発銀行などが8300万米ドルの融資を決定し、ボスニア主要都市の天然ガス導入のための国際プロジェクトが1976年に開始された。上下水道、ごみ処理システム整備なども対象とし、実際には融資額の5倍に当たる4・3億ドルが投入されており、当時のユーゴにとっても巨額の投資であった。1977年から1983年までに、セルビアのバタイニツァからボスニア東端のズヴォルニクを経由し現ボスニア国内に至るガスパイプラインが建設されるとともに、サラエヴォ市内で配ガス管200キロメートル分の工事が進められた。ユーゴ・ディナールの切り下げなど財政面での困難が生じたため、予定工事を完全には実現できず、「基本的機能が十分に生かせる状態の達成」をもって1983年末に打ち切りとなった。が、このプロジェクトによりサラエヴォでは天然ガスが一般的な家庭用暖房源となり、工場に対する規制の一定の効果も相俟って、後の時代の大気汚染は著しく低減した。褐炭、薪は燃焼の際に大気汚染物質を多く発生させ、熱効率が悪いが廉価である。一方、天然ガスは公害源にはなりにくいが単価が高い。サラエヴォの暖房ガス化を定着させるために、国（ユーゴ）は公共暖房料金の高騰を補助金によって抑制せざるを得なかった。

現在、一般家庭のガス利用が減少している背景についてスパヒッチ氏は、「和平後も包括的な都市計画が策定できない状態が続いた中、不法建築も含め、社会主義時代の公営団地とは異なり公共ガスを暖房源としない一戸建て住宅が増加した。また全体の生活水準は低下したが、ガス推進補助金を出すべき県の財政状態は脆弱だ。ガスが使える住宅でも相対的に高価なガスを避け、安価な褐炭、薪に乗り換える住民が多くなってしまったのだ」と述べる。

同氏によれば、スモッグの解決策は「暖房の代替策としてサラエヴォから40キロ離れたカカニ火力発電所の余熱を利用した暖水送水網を建設するか、補助金体制の強化によってガス利用率を増加させるか」しかない。

２０１７年末にサラエヴォ県は50万ボスニア・マルク（約３４００万円）の補助金の拠出を決定し、ガス化再推進に着手したばかりだ。経済の苦境が続くボスニアとサラエヴォ県が、スモッグ問題を解決できるのかどうかが試されている。国家の経済力、これと表裏一体の関係である市民の生活水準の裏付けがなければ政策レベルでの公害・環境対策が難しい一例であると言えよう。

（大塚真彦）

ボスニア・ヘルツェゴヴィナとの橋渡し役30年

コラム8

西浜滋彦

私は紛争中の1995年7月以来、ボスニア・ヘルツェゴヴィナの中央政府機関に属している。1989年8月、ユーゴスラヴィアをひとりで旅していた私は、サラエヴォに住む学生と親しくなった。これがすべての始まりだ。彼の名はドラガン・ペヤコビッチ。自宅に招待され、多様な文化に寛容で共存しているサラエヴォの雰囲気と人々の柔軟な考え方に驚いた。すっかり魅了され、卒業間際の1991年12月まで合計3回、サラエヴォを訪ねた。

私は民放の報道記者になったが、紛争とドラガンの家族の行方が気がかりで会社を辞め、フリー記者の立場でサラエヴォ入りした。戦時下の1995年に2回、合計4か月余り包囲されたサラエヴォで市民同様の暮らしを送る。

ドラガンの家族は生きていた。市街地そのものが戦闘の最前線だった。配給は毎日ひとりあたり拳の大きさぐらいの硬いパン程度だ。肉はおろか卵でさえ1年以上口にしていなかった。水と電気はめったに来ない。家具や本を燃やして暖をとった。私も一緒に水汲みに出かけた。狙撃兵から見えないように建物の壁づたいに歩き、見通しの良い場所は走る。40メートルほど先に砲弾が落ちたことがある。ギッという空を切る音にしゃがみこんだ瞬間、ダーンという轟

ドラガン（左）と家族の方々。右端が筆者（1995年2月）

コラム8

ボスニア・ヘルツェゴヴィナとの橋渡し役30年

音が体当たりしてきた。土煙が立ち、爆風が襟首をなでた。火薬のにおいが立ちこめる。「砲弾の音が聴こえているうちは、生きているってことだよ」とドラガンは言った。私は指先の震えが止まらない。

私など一記者にすぎないのに、紛争前のサラエヴォを知る人が帰ってきたと歓迎された。そのせいか包囲下で外部との唯一の通路だったトンネルの通行を許された。自国民でさえ特別な任務がなければ通行できなかった最重要施設だ。利用した日本人は私だけだろう。

国営放送から東京支局長を打診されたのは1995年7月。紛争前から当地を知り、日本でも報道の職に就いていたからと理由が示された。3民族を対等に扱うという条件で引き受け、サラエヴォで辞令書と記者証を受け取った。

日本はボスニア・ヘルツェゴヴィナを国家承認しておらず、外交関係が樹立されていない時分だ。まず日本国外務省に説明に出かけた。政治的な動きをする意図も能力もないことを丁寧に話した。国営放送の出先といっても放送機材は全くない。かかわる者は私だけ。ワンルームのアパートが自宅兼支局で無給である。奇特な若者だと外務省はあきれていたことだろう。

私がすぐにできたことはささやかである。サラエヴォでは「こんな状態なのに何年もそのまま。世界は私たちのことなどどうでもよいのではないか」と何度も言われた。世界は皆さんを忘れているわけではないと、東京発の短いニュースを送ることから始めた。ヤドランカさんのコンサートを訪ねたことや彼女を支えてきた日本の芸術団体などについてラジオ用の原稿を送った。日本からの電話は不通で、アメリカの電話回線を経由する方法を取った。サラエヴォはファクス用紙が不足しており、送稿を遠慮するほどだった。年内に和平合意が実現、日本の報道機関の求めに応じて、紛争下の市民生活などについて自らの体験をまじえて語る機会もあった。

国営放送は1996年にNHKの教育番組国際コンクール「日本賞」に出展、ユニセフ賞を受賞した。紛争下の子供たちの姿を描いたドキュメンタリー作品とはいえ、初めて日本に発信する機会となり感無量だった。同年に国交を樹立していたが、東京に大使館は開設されておらず、僭越ながら私が授賞式に出席し、いただいた楯などを手持ちでサラエヴォに届けた。

1998年の長野五輪の準備では電話回線の不調からボスニア・ヘルツェゴヴィナの参加手続きが滞っていた。長野五輪組織委員会から依頼を受け、必要書類を背負いサラエヴォに入り、目の前で記入してもらって持ち帰った。私は選手団の一員として五輪に参加。開会式では日本が貴重な機会を与えて下さった。ちょうど新国旗のデザインが議論されており、決定されたばかりの新国旗を開会式で披露できるようにと、日本の外交官がサラエヴォから長野まで運んでくれたのである。旗を複製する時間の余裕もなく、入場行進ではサラエヴォからはるばる運ばれた旗をそのまま使った。日本の外務省が尽力したこの粋なはからいはもっと広く知られていい。

長野五輪開催中に長野市立三本柳小学校で歓迎されるボスニア・ヘルツェゴヴィナ選手団

長野五輪に伴う学校単位の文化交流、一校一国運動ではボスニア・ヘルツェゴヴィナの相手校となった長野市立三本柳小学校は、五輪後も紛争や地雷について学び続けた。廃品回収で資金を集めて、サラエヴォのナフィヤ・サライリッチ小学校から児童2名と校長先生を長野に招待、さらに地雷で脚を失った児童に義足を援助した。私も児童を前に話をしたり、手紙や絵、映像をサラエヴォに届ける役割を何度も担った。
2004年には三本柳小学校の児童3名と先生方がサラエヴォを訪問、私は案内役を務めた。日本国大使館を表敬訪問した際に大使から感想を問われた児童のひとりが、「戦争が終わったからといってすぐに平和になるわけではないんだなとわかりました」と答えたのが忘れられない。最近では大学生になった三本柳小学校の卒業生がボスニア・ヘルツェゴヴィナを訪ねる手助けをした。20年以上も交流が続く貴重な例である。

日本は早々に留学生を受け入れて下さった。留学生の暮らしが落ち着くまで身近な相談に応じるのも私の役割だった。初期の留学生は今では現地の銀行の頭取になった人や、中央政府で財務副大臣を務めた人など活躍している。

1998年12月に東京に初代大使が着任してからは、私はあくまで裏方である。大使館と協調しながらも独自に動いて成果を出すようにと、2002年7月、外国投資促進庁の駐日代表に任じられた。日本側の協力もいただき、団体旅行客の増加とワインの対日輸出が実現したことが主な成果だ。日本の製造業が生産拠点を持つようになり、ありがたく感じている。

旅行ガイドブック『地球の歩き方』の中欧編にボスニア・ヘルツェゴヴィナが加えられる際には、編集部にお願いして執筆を担当させていただいた。写真を撮ろうと廃墟にでも入れば命にかかわることも起きる時期だった。旅を勧める本にくれぐれも無理はしないで下さいと書くのは妙な気持ちだったが、危険な点を詳細に記し、トラブルをできるだけ回避する方法も紹介した。紛争下の名著『サラエボ旅行案内』にはとうてい及ばないが、読み物として現地を想像してもらえるような書き方を心がけた。狙撃兵が潜んでいたスナイパー通りなどの名称は現地同様に忠実に紹介した。治安はすっかり安定した今だが、もしサラエヴォを訪れたら、通りからそっとビルを見上げてほしい。

大使館には大使と参事官の二人しか外交官がいない。大臣が来日するとなれば、訪問先との公式な連絡窓口は大使館だが、地位に応じた席順のような日本的なこまかな部分の調整は私に役割が回ってくる。時間通りに引率したり、東京観光の案内役も務める。大使館に不手際があれば代わりに謝るのも私だ。

ボスニア・ヘルツェゴヴィナへは毎年1か月ほど滞在し、各地を訪れる。私はずっと現場の実務者である。顔を合わせて時間をかけて話す大切さは、当地では今も変わらない。各民族には確かに考え方の差があり、国全体の未来に対して当事者意識が薄いほどだ。民族共存より民族並立の状態が進んでいることを肌身で感じることも多い。だが、観光誘致や貿易の話ではどの民族も前向きになれる。

戦時中、新聞はどんどんページが減りながらも、地下の核シェルターで発行を続けた。ろうそくの明かりで上演した芝居や展覧会もある。生き延びるだけでも精一杯の状況なのに文化活動を続けたのは、紛争前の生活をできるだけ保つことで精神の安定を図ろうとしたのだ。絶望したら最期だった。生き延びた者は、ここで何が起きたかを忘れず、この地を再建しよう、戦時下の人々の思いである。日本人ではあるが、共に過ごした私も同感だ。紛争前の寛容な社会を少しでも知るだけに、なおさらそう思う。

私が当地とかかわる縁となったドラガンは、和平合意後、移民のプログラムに応募し、妻方の家族とアメリカに渡った。鞄ひとつから身を興し、家まで建てた。だが、２００３年、34歳の若さで病気のため亡くなった。出会ってからもうすぐ30年。ドラガンならどう言うかな、と考えながらボスニア・ヘルツェゴヴィナの一員として橋渡し役を続けている。

V

社会・生活

36

宗教の概要

★「ボスニア的なるもの」は存在するか★

ボスニア・ヘルツェゴヴィナは、しばしば「文明・文化の十字路」と形容される。「十字路」というと行き交う人や車がすれ違うイメージだろうか。問われるのは、果たしてボスニアを行き交った人々が独自の「ボスニア的なるもの」を作り上げたか否かである。是とする人々は、この「ボスニア的なるもの」がたびたび繰り返されてきた戦禍の中で消えることなく受け継がれてきたと考える。これを否定する人々は、三つの宗教は歴史を通じて、平行線のごとく交わることなく発展してきたのであり、「ボスニア的なるもの」などは存在しないという。

現在のボスニアには、イスラム、正教キリスト教、カトリック・キリスト教などの宗教（厳密にいえば宗教・宗派だが、煩雑なので以下単に「宗教」とする）の信徒が暮らしている。ボシュニャクはほぼムスリムで、セルビア人はほぼセルビア正教徒で、クロアチア人はほぼカトリックである（次頁の表）。三つの宗教の信徒に加えて、現在ではごくわずかになってしまったが、ユダヤ教徒、プロテスタントのキリスト教徒なども存在している。ここで私たちは、なぜ多くの宗教が共存することになったのか。ここで私たちは、「ボスニア的なるもの」があったのかどうかという問

表　民族帰属と宗教

民族帰属

ボシュニャク	セルビア人	クロアチア人	その他
1,769,592（50.1 %）	1,086,733（30.8 %）	544,780（15.4 %）	130,054（3.7 %）

宗教

ムスリム	セルビア正教徒	カトリック	その他
1,790,454（50.7 %）	1,085,760（30.7%）	536,333（15.2%）	118,612（3.4%）

（合計3,531,159人）

出所：http://www.statistika.ba/

いを念頭に置きながら、少し歴史を振り返って考えてみよう。

東西キリスト教会による競合の結果、11世紀から12世紀頃にかけて、クロアチアの教会はカトリックに、セルビアの教会は東方正教会に帰属することが決定的となった。この頃、ボスニアの中央部と北部はカトリックの、南のフム（現在のヘルツェゴヴィナ）は東方正教会（セルビア正教会）の影響下に入った。13世紀になるとボスニアのバン（領主）たちはカトリックの司教を追放して、独自の教会組織、すなわちボスニア教会を設立した。13世紀初め頃にはボスニアに進出していたフランチェスコ修道会は、1342年に司教代理座を設けて活動を広げたが、ボスニア教会の聖職者はフランチェスコ会の修道士と共存し15世紀まで存続した。ボスニアの王はカトリックであったが、ボスニア教会にも正教会にも活動の自由を認めていた。このようにして、中世ボスニアには、フランチェスコ会のカトリックと正教会とボスニア教会が共存することになった。強調されるべきは、いずれの宗派も組織が脆弱で、教会も聖職者の数も少なかったため、大多数の民衆にとって教会は縁遠い存在であったということだ。

15世紀にオスマン帝国がボスニアの征服地を広げるようになると、ボスニア住民のイスラムへの改宗が徐々にすすんだ。改宗は強制によるものではなかった。いずれの宗派も教会組織が脆弱であったため、正統教義に基づいた強い信仰心を持たなかった人々が、自然にイスラムを受容したと考えられている。また、イスラムに改宗した人々の中には、ボスニア教会の信者だけではなく、カトリックも正教徒もいた。ボスニア教会はオスマン帝国進出後まもなく消滅し、ボスニアにはフランチェスコ会のカトリック、セルビア正教徒、ムスリムが共存するようになる。セルビア正教徒は、オスマン帝国の正教徒ミッレトに属し納税義務を果たす代わりに宗教的自治を認められていた。また、フランチェスコ会はスルタンの命によって、領内での自由な活動を保証されていた。17世紀頃までは三つの宗教の間で改宗は珍しいことではなかった。人々はキリスト教からイスラムへ、正教からカトリックへ、カトリックから正教へ改宗した。その結果、オスマン帝国時代を通じて、宗教が村の集落単位で入り混じる複雑な人口構造ができた。

オスマン帝国による支配が終わると、ボスニアはカトリックのオーストリア・ハンガリー帝国に支配されるようになる。続いて、オーストリア・ハンガリー帝国支配以後のボスニアの三つの宗教共同体の状況をみてみよう。

オーストリア・ハンガリー帝国は1881年、サラエヴォにローマによって任命される大司教座を置いた。これにより、中世以来ボスニアのカトリック信仰を守ってきたフランチェスコ会修道士の教区に、ローマの任命するサラエヴォ大司教座の監督下の聖職者が入ることになった。よって今日、フランチェスコ会の二つの管区と、サラエヴォの大司教座と三つの司教区は、互いに重なり合う管轄区の中で教区を分け合っている。

1909年、ハプスブルク当局はムスリムの宗教的自治を認め、政府が任命しイスタンブルのカリフが認可するウラマー長職が創設された。1924年にトルコ共和国でカリフ制が廃止されると、(たびたび政治的圧力があったが)ボスニアのムスリム自身によって任命されたウラマー長は、名実ともにボスニアのイスラム共同体の宗教指導者となった。これ以後イスラム共同体は、ウラマー長を頂点にカトリックの位階制さながらの、自前の宗教組織を築き上げていくことになる。

セルビア正教徒にとって重要な出来事は、1918年にセルビア人・クロアチア人・スロヴェニア人王国が成立したことで、王国内の全ての主教区が統一されたことである。王国内の21の主教区のうち、ボスニアには、ダブロボスナ(サラエヴォ)、バニャ・ルカ、ザフム・ヘルツェゴヴィナ、ズヴォルニク・トゥズラの四つの主教区が設けられ、サラエヴォに大主教座が置かれた。今日のボスニアの正教会は、これらにさらに二つの主教区を加え、ペーチ総主教座の下に置かれている。

さて、ここで強調しておきたいのは、ボスニアにこれほど長きにわたって三つの(ユダヤ教も含めれば四つ)宗教が共存しながら、20世紀初めに至るまで宗教対立や宗教的迫害の類はほとんど起きなかったということだ。これは、宗教の異なる人々が、日常的な交流・協同を通じて緊密な相互依存関係を築いてきたことの証左である。その背景には、ボスニアならではの宗教的寛容さがあった。

他の南スラヴ地域同様、ボスニアの民衆の習俗にはキリスト教受容以前の名残がみられる。人々が病気治癒や懺悔のために、泉や岩場などの聖地や聖人ゆかりの地を訪れる習慣があった頃、正教徒もカトリックもムスリムも宗教にかかわらず、ご利益があればどの宗教の聖地でも好んで訪れた。このような聖地のひとつにヤイツェ近郊のポドミラチュイェがある。先の紛争が起こるまで、聖ヨハネの日(6月24日)のポドミラチュイェの洗礼者ヨハネ教会は、宗教を問わず病気治癒と心の癒しを求めて訪れる数万人の巡礼者であふれかえったといわれる。

かつて各宗教の祝祭には、友人、「ご近所（コムシルク）」、職場の同僚同士互いの家を行き来していたという。人々にとって教会・モスクで行われる儀礼の後の「お祝い（デルネク）」には宗教の違いは関係がなかった。あるいは、教会・モスクを新築・改修する際にも、人々は宗教を超えて協力した。宗教施設が完成すると、皆で落慶式に集った。このような共存関係は特定の地域に限られない。いやなかったというべきだろうか。民族の分断が進む今日のボスニアではほとんど聞かれなくなってしまった。

デイトン体制のボスニアは、政教分離に基づく世俗主義を掲げているものの、構成三民族は、それぞれの宗教共同体との結びつきを強めている。宗教行事は各民族の民族的行事として大々的に行われている。前述のポドミラチュイエはクロアチア人の、アイヴァトヴィツァ（ブゴイノ近郊のアイヴァズ長老伝説の町）はボシュニャクの民族的行事の場となった。セルビア人は、スルプスカ（セルビア人）共和国の各都市のスラヴァを盛大に祝うようになった。さてこのような状況で、「ボスニア的なるもの」は生きながらえているだろうか。2018年9月に訪れた、ボスニア東部スレブレニツァのボシュニャク系の村と中部ウソラのクロアチア系の村で、私は人々から全く同じ言葉を聞いた。「ひとつの神様の下では私たちは何民族でもない、みんな一緒さ」。


（長島大輔）

コラム9

唐澤晃一

ボゴミルをめぐって

ボゴミル、すなわちボスニア教会は、ボスニア・ヘルツェゴヴィナの宗教や文化を特徴づけるものの一つである。それはキリスト教の、ローマ・カトリックの分派とみなすのが妥当である。中世のボスニアでは、ローマ・カトリック、正教、そしてボスニア教会という三つの宗派がおおまかに住み分けながら暮らしていた。信者は、ローマ・カトリックがボスニア中部に、正教が南部のフム地方に、そしてボスニア教会が東部から中部にかけて分布していた。

ボスニア教会は、宇宙を善悪の二元主義でとらえる「異端」、すなわち「ボゴミル派」と位置づけられることがある。しかし、そうした説には異論もでている。たとえば森安達也は、ボスニアの異端はボゴミル派ではなく、同じ二元論でもダルマツィアから入った「異端のパタレン派」のものと考えた。他方、ファインは「国際的なカトリシズムから抜け出て、カトリックの修道院組織から離れて発展した組織」と定義している。ただし、ボスニア教会はローマ・カトリック教会と同じく、全能の神、三位一体、教会、十字架、聖人信仰、教会美術、そして少なくとも旧約聖書の一部は受け入れている。

ではこの教会には、信者はどのくらいいたのだろうか。正確な統計がないので、数は不明だが、大規模な組織であったことはたしかである。たとえば、ボスニア王国の末期に国王のトマシュは、2000人余りのボスニア教会の信者をローマ・カトリックに改宗させている。つづくオスマン帝国の支配期にも、さらに多くの信者がイスラム教に改宗した。彼らはオスマン帝国時代に、兵士や行政官として勤務することによって、よい生活と地位をえることができたので、改宗したのである。このため彼らはオスマン当局にたいする武力放棄という手段はとらなかった。じっさい、人々がイスラム教に抵抗した形跡はみられない。彼らは、諦観しながら、オスマン帝国という、あらたな秩序に身をゆだねたのである。

じっさい中世後期のボスニアの支配階級は、宗派のちがいにはあまりこだわらなかったようである。たとえば、北西部に領邦をもつフルヴォイェ・ヴクチッチはボスニア教会の信者で

ラディムリャ（ヘルツェゴヴィナ）におけるボゴミルの墓石群に彫り込まれた軍団長の浮き彫り［出所：Šefik Bešlagić, *Stećci i njihova umjetnost,* Sarajevo 1971, 115.］

あった。だが「異端」を信奉したまま世を去ることを望まなかったために、晩年にはローマ・カトリックに改宗した。他の大貴族も、宗教的な帰属にはそれほどこだわらなかったようである。たとえば大貴族のコサチャ家もこの教会の信者であるが、ローマ・カトリックの聖職者も使節として外国へ派遣している。また同家は、スペインのアラゴン王に、ローマ・カトリックの信仰を強化するため、修道士をボスニアに派遣するよう要請している。だが同家は、一方ではボスニア王の領地で弾圧されたボスニア教会の信者を保護しているのである。そして、いくつかの例外はあるものの、基本的には、国王や大貴族は、住民の生活や習慣をそのままにしておき、強制改宗をおこなうことはなかった。

このように、ボスニアで諸宗派が競合しなが

ら「共生」を保った原因として考えられるのは、この地がキリスト教諸宗派の「境界」にあたっていたことである。つまり、どの宗派も組織的な教化活動をおこないえなかったので、多数派となりにくかったのである。また、地理的な要因もあるだろう。ボスニアは国土の大部分を高い山地で覆われている。これでは文化や生活習慣は山地ごとに分断されざるをえない。地域間のコミュニケーションは盛んにおこなわれたが、自分の宗派を、他の地域の住民に押しつけることは容易ではなかったと思われる。

37

修道生活

★修道組織の過去と現在★

ボスニア・ヘルツェゴヴィナにおける修道生活は、時代の変化の波に揉まれながらも、今日まで受け継がれてきた。修道士、スーフィーの中には、修道院やテッケでの修道労務のみならず、哲学、思想、文学、美術などの分野で活躍した者も多い。カーディリー教団のシェイフ（スーフィーの中でも指導的立場に立つ人物）で作家、詩人のフェイズラフ・ハジバイリッチ（1913〜90）、フランチェスコ会修道士で作家、社会活動家のイヴァン・フラニョ・ユキッチ（1818〜57）、フレスコ画家のゲオルギイェ・ミトロファノヴィチ（1550〜1630）などが特に有名である。残念ながら筆者には、ボスニアの修道士たちが築き上げてきた豊かな精神世界を叙述する能力がないので、ここでは制度としての修道制の過去と現在を読者に紹介することにしたい。ボスニアの信徒人口の大多数を占める正教キリスト教、カトリック・キリスト教、イスラムの、修道会とタリーカ（スーフィーの教団）についてみてみよう。

フランチェスコ会の第一会では、ボスニア管区で17、ヘルツェゴヴィナ管区で5の修道院が活動している。第二会では、ボスニア管区に8、ヘルツェゴヴィナ管区に10の修道院がある。

フランチェスコ会以外にも、1890年にサラエヴォで創設された「幼きイエスの奉仕者修道女会」がサラエヴォ管区に6の修道院を、「サンヴァンサン・ドゥ・ポール愛徳修道女会」(1633年にパリで創始)が11の修道院を運営している。以上の2の第一会と4の第二会がボスニアに管区をもつ修道会である。これ以外に、国外の管区からボスニアに修道士、修道女を送り込んで活動する修道会が17ある。フランチェスコ修道会は、修道院の数において突出しているが、そのもう一つの特徴は、修道院に併設される教育機関(大学、博物館、文書館、学生寮)、救貧院、病院、介護施設などを数多く運営していることだ。

次に、セルビア正教の修道院は、カトリックとは異なり修道会の区別がない。主教区ごとにみれば、ダブロボスナ主教区に8、ザフム・ヘルツェゴヴィナ主教区に8、バニャ・ルカ主教区に6、ビハチ・ペトロヴァツ主教区に6、ズヴォルニク・トゥズラ主教区に20、合計48の修道院がある。これらのうち、女子修道院としてはタヴナ修道院(ズヴォルニク・トゥズラ主教区)、ヴァルディシュテ修道院(ダブロボスナ主教区)などが知られている。セルビア正教会の主な修道院も、写字室、イコン制作・修復のための工房、図書室、訪問者のための宿泊棟、食堂などを併設している。修道会は「精神と肉体の結合と調和」を重視し、信仰に関わる労務に勤しむ傍ら、訪れる信者を積極的に受け入れている。

イスラムの場合12のタリーカが公認されているが、そのうち実際にボスニアで活動しているのは、ナクシュバンディー(テッケの数は47)、カーディリー(同5)、リファーイー(同3)、シャージリー(同1)に限られる。ただし、公認タリーカ組織の監督外で活動しているタリーカもあるとみられ、正確なテッケの数は分かっていない。ボスニアのテッケといえば、ヘルツェゴヴィナのブラガイのテッケが有名だが、今日では特別な行事以外にスーフィーの修行は行われていないようだ。現在ボスニアで最も活発に活動しているのは、中部ボスニア、キセリャク郊外のナクシュバンディー教団のテッケ、メスディヤだろう。ここでは数人のスーフィーが共同生活を送る傍ら、週に2回訪問者も交えて礼拝とズィクル（神の名を繰り返し唱えることによる修行）が行われている。メスディヤ・テッケも、診療所や療養施設を併設している。

ここで簡単に、修道院の歴史を振り返ってみよう。

フランチェスコ会の修道院は、15世紀にはすでに40を数えていたが、15世紀から16世紀にかけてのオスマン帝国のボスニア征服の過程でその多くが破壊された。それでも、オスマン帝国支配下の17世紀にはクレシェヴォ、フォイニツァ、クラリェヴァ・スティエスカなど合計10の修道院が存続していた。これらの3修道院を除く7修道院は、第二次ウィーン戦争の混乱の中で破壊されたり閉鎖されたりしたが、19世紀以降徐々に復興され、1878年の時点では前述の3修道院にリヴノ（ゴリツァ）、シロキ・ブリイェグ、リュブシュキ（フマツ）などを加えて合計12の修道院が活動していた。オーストリア・ハンガリー帝国時代以降、さらに10の修道院を新設しつつ、いくつかの教育機関、救貧院などを創設して現在に至っている。

正教会の修道院の活動は、ドリナ川の上流域とヘルツェゴヴィナの一部を除けば、オスマン帝国のボスニア進出が本格化した15世紀以降に広まったと考えられる。つまり、オスマン帝国の進出に伴って移動した正教徒住民が、東ヘルツェゴヴィナ、東部ボスニア（ドリナ川の左岸地域）、中部ボスニア、ポサヴィナ、北西部ボスニアへと、徐々に修道院の数を増やしていった。オスマン帝国時代に建設された修道院のうち主なものでは、トゥヴルドシュ、ドブルン、タヴナ、ルマニ、ゴミオニツァ、モシュタニツァ、ジトミスリッチ、パプラチャなどが挙げられる。19世紀と20世紀の戦乱の中で紆余曲折はあったものの、これらの修道院の多くが今日でも存続している。

ボスニアにおけるタリーカの活動の黎明は、オスマン帝国がボスニアに進出した15世紀に遡る。この頃スーフィーは積極的に征服地に入りボスニア各地にテッケを築いた。前述のブラガイのテッケも15～16世紀頃に創設されたと考えられている。オスマン帝国期のタリーカでは、18世紀頃まではハルヴェティー（ハルワティー）教団、メヴレヴィー教団が大きな影響力を持っていたが、徐々に衰えてカーディリー教団、ナクシュバンディー教団がこれらにとって代わるようになった。ボスニアにおけるイスラムの拡大と発展に果たしたスーフィーの影響力については諸説があるが、スーフィーがイスラム以前の民衆の信仰を柔軟に取り入れることで、イスラムを民衆にとって身近なものにしたということは間違い

トレビニェ近郊のトゥヴルドシュ修道院［提供：タティヤナ・ブライチ］

なさそうだ。ただ、スーフィズムは20世紀の世俗化の過程で急速に衰退している。１９５２年のテッケの閉鎖とタリーカ活動の禁止措置はその決定打となった。しかし、１９７７年に公認タリーカ組織（タリーカ・センター）が作られ、テッケにおけるタリーカの活動が再び認められると、徐々にではあるが活動を広げている。

ボスニアはかなり世俗化が進んだ社会だが、民衆の間で修道士やシェイフに対する尊敬の念はまだ消えていない。ただかつてのように聖地やパワースポットに癒しを求めて、あるいは聖者の超自然的能力を期待して、宗教の違いを超えて多くの人々が集うような現象は、現在ではほとんど見られなくなった。その背景には、各宗教組織が他者に負けまいと互いを強く意識しながら、宗教的祝祭、儀礼などをできる限り盛大に行おうとして、三者の違いがますます際立っている状況がある。今や修道士やシェイフも、それぞれの宗教の内で、自由市場の中で競い合う企業さながら、世俗化された社会の中の限られた「顧客」を巡って競い合っているようにさえ思える。内なる自己と向き合い神を想起するという修道精神はいずれの宗教にも共通しているはずだが、修道士やシェイフたちが社会的影響力の拡大を目指して信徒社会と関わろうとすればするほど、俗がましく見えてしまうのも致し方ないというべきか。

（長島大輔）

コラム10

メジュゴーリェの「奇蹟」

長島大輔

　1981年6月24日夏の訪れを告げる聖ヨハネの日、ヘルツェゴヴィナの寒村メジュゴーリェの小高い丘で、二人の少女が光り輝く女性に出会う。その、幼子を抱いた女性は、二人に手招きしたが、二人は怖くなって丘を降りた。次の日、二人が他の4人の友達をつれて丘に登ると再び同じ女性が彼らの前に現れる。この時、子供たちはその女性が聖母マリアであることに気づく。さらに次の日には、聖母マリアは子供たちに「平和のお告げ」を伝え、その後現在まで「顕現」が続いている。というのがメジュゴーリェの「奇蹟」である。「奇蹟」の噂は瞬く間に広まり、最初は村人が、やがて周辺地域の人々が、そして数年後には国内外から年間100万人をこえる巡礼者が訪れるようになった。こうしてメジュゴーリェは、ルルドやファティマに並び称される、ヨーロッパの一大巡礼地となった。巡礼は1990年代の紛争で一旦は下火になるものの、紛争後に再開され現在でも多くの信者を引きつけている。

　その真偽はさておき、メジュゴーリェの「奇蹟」には考慮すべき時代背景がある。

　旧ユーゴスラヴィアのカトリック教会は、1975年から1984年にかけて「クロアチア人のキリスト教受容から1300年」を記念する信仰復興運動を主導していた。この「大ノヴェナ（9年間の祈り）」と名付けられた運動は、紛れもなく1972年に連邦当局の介入でとん挫した「クロアチアの春」のリプライズであった。その担い手となった教会の高位聖職者や神学者たちは、カトリック信仰とクロアチア国家・民族との結びつきを強調し、なかでも聖母マリア信仰を大衆動員の原動力として積極的に利用した。聖母マリアは「クロアチアの女王」

メジュゴーリェの丘に建つマリア像
［提供：Tourism Association of B&H］

として表象され、ユーゴ各地の聖母マリア教会は多くの信者を集めるようになる。なかでもザグレブから北東に30キロメートルほど離れた所にあるマリヤ・ビストリツァの聖母マリア教会の「黒い聖母子像」はもっとも重要なマリア像とされ、当地は毎年数十万人の巡礼者が目指す聖地となった。

もう一つは歴史的背景である。第二次世界大戦中、ボスニア・ヘルツェゴヴィナは「独立国家クロアチア」の支配下に置かれた。メジュゴーリェのある西ヘルツェゴヴィナの一部のフランチェスコ会修道士はウスタシャ政権を積極的に支え、ウスタシャが主導するセルビア人のカトリックへの改宗運動の先頭に立っていた。第二次大戦末期になると、攻勢に出るパルチザンとの戦闘で多くの修道士が殺され、生き残った者は戦後まもなく投獄された。加えて、戦後、メジュゴーリェを含むモスタル司教区では、在俗聖職者とフランチェスコ会の修道士との100年来の教区争いが再燃していた。1970年代、モスタル司教が修道士に対して、教区を在俗聖職者に引き渡して修道院に移るように要求すると、両者の対立はさらに深刻化した。

これらの時代背景を勘案してやや推測すると、

コラム10
メジュゴーリェの「奇蹟」

次のようになろう。メジュゴーリェのフランチェスコ会修道士には、在俗聖職者に対抗するために信者の信頼を得る必要があったが、聖母マリア信仰はその拠り所となる可能性を持っていた。そして、不信仰者（共産主義者）とライバルの正教徒に対して優位に立つ機会を探っていた。したがって、メジュゴーリェの「奇蹟」を起こす動機があったし、あるいは少女たちの「証言」を利用する動機があった。

当時のモスタル司教ジャニチも黙っていなかった。ジャニチはすぐさま、「奇蹟」は現地のフランチェスコ会修道士たちにそそのかされた子供たちの狂言と非難した。また、15名の神学者や心理学者などからなる調査団を派遣し、3年にわたって「顕現」の正統性を調査させた。結果は、「顕現」を真正と認めたのは2名のみで、11名は認めなかった（2名は態度保留）。その後、ユーゴスラヴィア司教協議会、さらに教皇庁が同様の調査を行い、いずれの調査でも「霊的な顕現およびお告げの類は確認できなかった」と結論づけられたが、巡礼については「信徒たちが篤い信仰心から聖母マリアに祈ることを妨げられない」などと歯切れの悪い評価が下されて今に至っている。

あるジャーナリストによれば、メジュゴーリェの「奇蹟」の真相はこうだ。二人の少女が丘の上で隠れてタバコを吸っていた。それを目撃した村人から娘の非行を聞き知った一人の少女の父親が、娘が帰宅するなり「マリア様に会わせてやるぞ！（許しを請え、という意味）」と怒鳴って杖を振り上げた。怯えた少女は「今丘の上でマリア様に会ったところよ！」ととっさに嘘をついた。

さて真偽はともかく、メジュゴーリェで平和を告げたマリア様は1990年代のボスニア紛争をどう見ただろうか。

38

饒舌な食文化

★ボスニア鍋を囲んで★

小さな国であればあるほど、それぞれの地域において固有な生活文化が大切にされる。差異こそがアイデンティティのよりどころだからだ。そのもっとも卑近な例が、食文化だろう。地勢や気候によって、また宗教ごとに食材が微妙に異なるのは当然だ。伝統的な行事を守りつつ、外からの影響も受けて、調理方法が決まり、食卓を囲んで人々が語り合う景色も少しずつ変わっていくだろう。ましてやボスニアをめぐる政治的・経済的状況は、近・現代のどの時期をみても、めまぐるしく変化してきた。そしてどの時点においても、たとえ同じ通りに住む親戚同士であっても、各台所は独自の掟を持っているから面白い。食をめぐる文化は、興亡を繰り返す国家のように、日々そこに集う人によってルールが定まり、何かが受け継がれ、また淘汰されていく。

私は、1970年代後半から80年代にかけて、サラエヴォで留学生活を送った。チトー大統領の最晩年に、どこで誰と何を食べ、何を飲んでいたか。そこからお話ししたい。

ボスニアで最初に口にしたのは、ベオグラードから何時間もかけてたどり着いたサラエヴォの鉄道駅で求めたブレックだった。挽肉・玉ねぎなどの詰めものを薄いパイ生地で細長く巻き、オーブンか炭火で焼いたものである。これは、中身を季節の野菜やチーズ、そして甘い果物に変えていくつもの種類があり、街角のブレック専門店では、いつも安くできたてが食べられる。いわゆる便利なファストフードだ。

ブレックと並んで、学生が手軽に楽しんだのは、チェヴァプチチ（もしくはチェヴァピ）で、香辛料をきかせた挽肉のソーセージをレピニャという平たいパンに挟んで、生タマネギを添えて食べる。飲みものはたいていヨーグルトやケフィルなどの乳酸飲料が定番である。これも街角にあるチェヴァプチチ専門店でいつでも簡単に食べられる。店ごとにある秘伝のスパイスと焼き具合がセールスポイントだ。肉屋さんにも生のチェヴァプチチが売られているので、家庭や戸外でのバーベキュー用に重宝されている。

他のバルカン諸国同様、主食はパンであるが、その種類と呼び名は地方によっていろいろだ。前述のレピニャおよびソムン、ポガチャなどもそれぞれ豊富なバリエーションがある。今回、これらの特徴と作り方について、ボスニアに住む友人たちに訊ねてみた。全員確信を持った口ぶりで、それぞれ違うことを答えてきた。

学生時代、多民族が共存していたサラエヴォで、金曜日はムスリムの家に、日曜日はキリスト教徒の家に呼ばれ、おいしい手料理をちゃっかりごちそうになることが多かった。それ以外の平日は、おいしいパンをかじりながらワインを飲んだ。

今でこそ、クロアチアをはじめとして、バルカン諸地域のワインは世界中に紹介されているが、実はボスニアにも古くから酒づくりの伝統がある。緑の多い内陸部では、様々な果実からつくるラキヤ

ヘルツェゴヴィナの南西部チトルクにあるアンドリヤ・ワイナリーのワイン。白は「ほほえみ」のジラフカ、赤は「情熱」のブラティナという地ブドウからつくられる

（蒸留酒）が、地中海性気候でカルスト地形の南西部では、地ブドウを使って元気なワインがつくられる。旧ユーゴ時代には、どこの店にも民営化された会社がつくる大味なお酒が安く売られていた。しかし、何より忘れ難いのは、街から少し離れた所で、自分たちのためにつくっていた自家製のお酒である。作り手の人柄と大地の味がして、家族や友人と囲むテーブルを、しっかりと支える大切な役割を果たしていた。

もてなしの食卓で、自慢のお酒を勧めながら、自家製パン、ハム、サラミ、乳製品をつまみに話が盛り上がる。そして最後に登場するのは、各家庭の味、ボスニア鍋だった。野菜を肉と煮込んだだけの実にシンプルな料理である。こちらも今回複数の人に改めてつくり方を訊ねると、皆それぞれ独自のレシピを披露してくれた。面白いのは、彼らは調理手順を説明しながら、自らの懐かしい思い出をいっしょに語ってくれたことである。私が若かったころ、あちこちで出会い、身も心も満たされたこの料理は、まさにボスニアに住んだことのある人々のソウルフードといえよう。

というわけで、パンもお酒もボスニア鍋も、材料と味は語る人によって千差万別だが、それを承知で、ボスニア生まれのセルビア人作家、モモ・カポル（1937～2010）の描写するボスニア鍋を紹介しよう。

旧ユーゴ時代のこと、モモはニューヨークに住む親戚を訪ね、そこでお客さんたちを呼んで料理をつくることになった。ボスニア鍋がいいだろうと決まったが、彼らにとっておなじみの、この献立の調理法がわからない。そこで、遠い故郷に電話をして材料とつくり方を確認した。

用意するもの：
羊肉、豚肉、牛テール、各250グラム
ジャガイモ、ニンジン、キャベツ、タマネギ、ニンニク、水煮したトマト、唐辛子、粒胡椒、パプリカパウダー、イタリアンパセリ、白ワイン、塩

これらを買いに行く前に、まず一杯ラキヤを飲んでいくこと。肉は3種類、牛テールを入れるのが望ましい。大きな鍋、できれば土鍋があれば最高だ。材料を適当に切ってならべてワインを注ぎ、ぴっちりふたをする。ふたがなければベラム皮で覆うこと。塩と胡椒、そして愛情以外、余計な調味料は入れないように。とろ火にかけて4時間、絶対にふたを開けてはならない。お鍋に入れたワインの残りは、料理ができあがるのを待つ間、あせらずゆっくりと飲むこと。

お客さんが到着してからも、不安になって電話を繰り返したが、その結果、料理は後々まで語り草になるほどの大成功だったそうだ。鍋は、そのまま食卓に運ばれて、みんなの前でふたを開ける。部

ボスニア鍋［撮影：加藤望］

屋中にボスニアの香りが溢れる瞬間が素晴らしい。途中で一度も混ぜないので、野菜も肉も並べたとおりの場所にある。ただ、深いスープ皿に取り分けたら、もうフォークもナイフもいらない。柔らかく混然一体すべての旨味が溶け合った喜びを、誰もが黙って匙で口に運ぶのだ。

このときの幸福な体験を、後年モモは何度も繰り返し語っている。ニューヨークで牛テールを探すのは本当に大変だった。ずいぶん遠くまで（ラキヤを飲みながら）買いに行ったんだよ。それなのに、材料費よりも国際電話のほうが高くついたんだ。

20世紀前半のいくつもの戦争と1990年代の内戦とが、たくさんのボスニア人を海外に移住させた。21世紀の経済状況もまた、人材の流出を阻むことができない。今日も世界のどこかで、多民族共存の象徴のような3種類の肉を求め、ほろ酔い気分でボスニア鍋を準備する人々がいるのかもしれない。

（清水美穂）

39

メディア

★公共「政府広報」対「中立」民間放送★

民族主義の嵐が吹き荒れた90年代、旧ユーゴスラヴィア全土に共通して紛争のたきつけ役を果たしたのは、テレビをはじめとするメディアだったと言われる。

「自民族の自由が阻害されている」「第二次世界大戦時に隣の民族から受けた仕打ちを忘れるな」「敵民族によって自民族の多数が不当な暴力を受けたり殺されたりした」。政治家の口にのぼる、このような言説がメディアによって反復増強され、他民族に対する憎悪が果てしなく自己増殖を続けていった時代は、確かに過去のものになりつつある。

２００1年、ボスニア・ヘルツェゴヴィナのテレビ、ラジオ放送を一元的に管理する通信管理局（ＲＡＫ）が設立され、２００3年に施行された通信法を枠組みとして放送倫理基準を定めた。２００9年には差別禁止法が制定され、いわゆるヘイトスピーチ、すなわち民族出自や宗教、性別や性的志向に基づく差別的発言、暴力や騒乱を煽動する言論が放送分野以外でも法的に禁止されている。

テレビに関しては、和平後国際社会のてこ入れによって運営され、中立を重視する立場の公共ラジオ・テレビ・サービス

（ＰＢＳ）が２００４年に公共放送ボスニア・ラジオ・テレビ（ＢＨＲＴ）に改組された。また同時に両政体（エンティティ）の公共放送、ボスニア連邦テレビ（ＦＴＶ）とスルプスカ共和国テレビ（ＲＴＲＳ）が整備された。国民の公共放送受信料は50％がＢＨＲＴに、25％ずつが政体公共放送に分配されるシステムとなっている。国家を代表するテレビ局として欧州放送連合に加盟したＢＨＲＴは、国際的なスポーツ・芸能イベント等の中継放映権獲得に利があり、スポーツ番組が特に人気である。

ニュース番組として視聴率が高い両政体公共放送のニュース番組は、やはり時の政権の広報としての性格が強くなる。ＦＴＶはボスニア連邦、ＲＴＲＳはスルプスカ（セルビア人）共和国で、政権を担当する与党が御用放送として利用している印象をしばしば受ける。メディア自らが自国、自地域の政権を批判しないことには議論の余地はあろうが、公共放送のあり方としてはある程度やむを得ないところがあろう。ただ、本稿執筆現在、各地で政権の座にあるのは民族主義色の強い政党である。各与党の政治家は、先述の法的基準や放送倫理基準を意識して言葉を選びながらも、記者会見や地域訪問などの場を利用して自らの正当性を論じ、野党の政敵や別政体の政権を批判する。民族と政体の壁を越える善隣関係、健全な市民社会の醸成に貢献するような論説はなかなか聞こえてこない。またドキュメンタリー番組などでも、例えば本稿執筆中にはＦＴＶでは１９９２年のセルビア人勢力によるサラエヴォ攻撃を振り返る番組が、ＲＴＲＳでは第二次世界大戦中のクロアチア親ナチス・ドイツ勢力によるセルビア人の大量殺害をテーマにしたものが放送されていた。この種の番組では自民族の被害が強調され、別の民族に対して批判が向けられるのは過去の事実である以上致し方ないが、ここから未来の平和発展への積極的、建設的ビジョンを育むのは難しい。

世界的に紙媒体の後退がトレンドとなり、ボスニアでも新聞各紙は苦戦しているが、その中でボスニア連邦では『ドゥネヴニ・アヴァズ』紙、スルプスカ共和国では『ネザヴィスネ・ノヴィネ』紙が一定の発行部数を確保している。ともにデイトン和平直後の創刊で、『ドゥネヴニ・アヴァズ』は社主ファフルディン・ラドンチッチの実業家としての成功とともに成長。サラエヴォの新しいランドマークであるバルカン最高層のビル、アヴァズ・ツイストタワーに本社を置く。概ね親イスラム穏健保守だが、ラドンチッチの個人新聞の色が強く、自身が創設した政党「よりよき未来のための連合」が政権を担当するか否かによって今後とも論調が揺れるのではないかと思われる。創刊当初はセルビア人側の反民族主義の旗手として期待された『ネザヴィスネ・ノヴィネ』は、ドディク大統領と彼の率いる政党、独立社民連盟の長期政権化に伴いドディク色を強めている。

しかし、こうした民族主義政党系メディアとは別に、商業ベースでの新興テレビ局が新風を巻き起こしている。カタール系資本でサラエヴォに本拠を置くTVアルジャジーラ・バルカンズは2011年秋から放送を開始した。母体がカタールであるだけに、ややイスラム圏関連情報の偏重を感じないではないが、内政ニュースに関しては不偏不党に近く、また各民族の和解を目指す活動を積極的に取り上げるなど、良質な番組作りへの努力が目立つ。アメリカ資本が母体となって旧ユーゴ全体をカバーするケーブルTV「N1」は2014年から放送を開始しているが、このボスニア版情報番組も不偏不党が原則で、民族とは無関係に「批判すべきものは批判する」方針を貫こうとしているようだ。

右記両テレビに共通するのは商業的民間放送であること、また旧ユーゴ圏広域の情報が多いことで、N1の場合は毎日のメインニュースがクロアチア、ボスニア、セルビアそれぞれ別の局で制作放送されながら「中立色」も保たれている。

アルジャジーラ・バルカンズの元ニュース主幹で、現在も評論家として発言を続けるゴラン・ミリッチは、筆者に対し「今や政治の時代が終わりつつあり、商業ベースで各メディアの生き残りの戦いの時代が始まっている」と述べている。これを断言するには時期尚早の感もある。が、現在は人気の強い政体公共放送のニュースという衣をまとった民族主義政府広報に対抗して、より中立の立場に近い民放の情報番組が視聴率を獲得していけば、政治によって作られている国内の民族、政体の壁が早晩乗り越えられる可能性がある、という興味深い示唆ではある。

2014年にボスニア連邦で盛り上がりを見せた抗議運動（「ボスニアの春」、第44章参照）に前後して、インターネット上では比較的新しいニュースポータル「ジュルナル」（サラエヴォ）、「ブーカ」（バニャ・ルカ）、「タチュノ・ネット」（モスタル）が存在感を強めている。この3ポータルは三主要民族の中心的都市から発信している。多少の温度差はあるものの、ともに政体、民族、宗教を超える市民人権社会を希求する方向を掲げており、今後の相互協働、市民運動との連携などが注目される。

もしメディアがユーゴスラヴィアを解体するのに大きく寄与するだけの力があったと言えるのなら、現在も民族主義色によって事実上二ないし三分割されているボスニアを「縫い合わせる」力も持っているのではないか。


（大塚真彦）

40

教育

★民族による分断を超えられるか★

ボスニア内戦が終結してから四半世紀近く経つが、ボスニア・ヘルツェゴヴィナはいまだに民族の分断が続き、二つの政体（ボスニア・ヘルツェゴヴィナ連邦とスルプスカ〔セルビア人〕共和国）に分かれている。一つの国家としてEUに加盟することを最大の政治課題としているものの、統一の動きは遅々として進んでいない。そのために教育の果たす役割が大きいことは共通認識となっており、さまざまな教育改革が行われている。しかし、大きな権限をもつ教育の決定機関が各地域に分散されていて、統一的な決定ができない状態にある。国全体の教育を取り扱う政府機関はボスニア・ヘルツェゴヴィナ民政省であるが、ボスニア・ヘルツェゴヴィナ連邦の10カントン（県）にはそれぞれ教育・科学省が、スルプスカ共和国には教育・文化省が、ブルチュコ特別区（コラム5参照）にも教育担当部署が置かれている。教育制度は共通だが、12の当該機関が独自の教育政策を実施しているといえる。

共通の教育制度として挙げられるのは、①6歳就学で15歳卒業の9年間の初等教育義務、②地域の環境にしたがって、ボスニア語、セルビア語、クロアチア語のいずれかの言語による教育、③9月初旬始業、6月終業の学事暦（高等教育機関の終業は7月）である。

初等教育の就学年限は、旧ユーゴスラヴィア時代を経て、1990年代の内戦を経たあとも7歳就学で8年間だったが、ヨーロッパの教育基準に合わせる必要性に応じて、2003／2004年度から9年間に変更された。1～6年生まではクラス担任が全教科を教えるが、7～9年生は教科ごとに専門の教員が担当する。中等学校（ギムナジウム、職業専門学校、宗教学校）の就学年限は4年であり、どのタイプの中等学校でも数学、言語（ボスニア語かセルビア語かクロアチア語）、1～2の外国語が必修科目とされる。

ボスニア・ヘルツェゴヴィナの高等教育（大学と高等専門学校）機関は2015年時点で、国立大学が8校、高等専門学校が2校、私立の高等教育機関が38校設置されている。ボスニア・ヘルツェゴヴィナ連邦には6大学あり、1946年に設立されたサラエヴォ大学は学生数3万人でボスニア・ヘルツェゴヴィナ最大の学生数を誇っている。このほかボスニア地方には、トゥズラ大学、内戦後に設置されたゼニツァ大学、ビハチ大学があり、ヘルツェゴヴィナ地方のモスタルには、モスタル大学と内戦期につくられたジェマル・ビイェディチ（社会主義ユーゴスラヴィア時代のモスタル出身の政治家）大学がある。スルプスカ共和国には、1975年に創設されたバニャ・ルカ大学と内戦期に開校された東サラエヴォ大学がある。学部の卒業年限は教育学、経営学、社会科学の学部などは3年、その他の学部は4年となっていて、卒業論文は必修とされていない。修士課程の年限は学部と連動して2年か1年である。単位数や評価基準に関して、EU加盟諸国の教育基準であるボローニャ・プロセスに合わせる教育改革の努力がなされている。

ボスニア・ヘルツェゴヴィナにとって、教育面の最大の問題は前述したように国レベルで共通の政策がとれないことである。内戦後、国際社会の暫定統治下に置かれていたボスニア・ヘルツェゴヴィナでは、民族間の融和がさまざまな面から試みられた。教育面では、二つの政体だけでなく、県ごとに異なっていたカリキュラムや教科書を共通のものとすることが課題であった。2000年頃から、多くの国際機関がボスニア・ヘルツェゴヴィナに入り、この課題に取り組んだ。そのなかでも重要な役割を果たしたのは、ヨーロッパの47か国からなる欧州評議会、ユネスコ、欧州安全保障協力機構（OSCE）であり、これらの機関の要請を受けてドイツのゲオルク・エッカート国際教科書研究所や欧州歴史教員協会（ユーロクリオ）が協力した。

まず、民族融和にとってきわめて重要と思われる歴史教育や歴史教科書の共通化の試みを取り上げてみる。OSCEの要請で20世紀の歴史を扱う初等学校8年生と9年生の歴史教科書の内容を分析した国際教科書研究所の報告書によると、2006年にボスニア・ヘルツェゴヴィナの12の教育関連機関の合意のもとで、「ボスニア・ヘルツェゴヴィナの初等学校・中等学校の歴史教科書の執筆と評価のガイドライン」が制定された。このガイドラインは共通のコア・カリキュラム作成のため2003年に制定された「初等・中等教育枠組み法」に基づいており、2007／2008年度からガイドラインに沿った新たな歴史教科書が使用された。ガイドラインが求めているのは、ヨーロッパ諸国の歴史教科書作成の経験や傾向を把握し、具体的には、バランスのとれた教科書の本文とそれを補う図版、写真、地図などの配置、批判的な思考を鍛える多様な授業方式の導入、歴史事象の発表と討論に際して多角的で比較の視点から歴史を見る方法を学ばせることなどである。

トラヴニクのギムナジウム「同じ屋根の下の二つの学校」（右がクロアチア人の学校、左がボシュニャクの学校）
［出所：www.sarajevotimes.com］

この報告書は、新たに出版された歴史教科書7冊を分析したうえで、ガイドラインに沿った内容になっているのは2冊だけであり、1冊は比較や多角的な視点に欠けており、その他はガイドラインに沿っているとは言いがたいと結論づけた。とくに、ユーゴスラヴィアの解体とボスニア内戦に関する叙述は微妙で議論の分かれる点である。欧州評議会は2000年に、ボスニア内外の歴史家がボスニア内戦（1992～95年）を教える共通のアプローチ方法を見いだすまで、ボスニア・ヘルツェゴヴィナの教育現場でこの事象を扱うことは避けた方がよいと提言していた。そのため、ボスニア内戦を扱う新教科書の当該の章での叙述については、事前に多くの提案がなされていたが、それらが新教科書に反映されることはなかった。これらの新教科書が出版されてからすでに10年以上が経過したが、ボスニア・ヘルツェゴヴィナの教育事情は現在も改善されているとは言えない。国際的な関心が急速に薄れるなかで、教育環境はむしろ民族色を強めている。

ボスニア・ヘルツェゴヴィナの教育は基本的に3民族ごとに行われる。多数民族が存在しない混住地域では、「同じ屋根の下の二つの学校」と表現されるように、異なる民族が同じ学校に通いながら、異なるカリキュラムと教科書で学ぶ方式をとるか、民族ごとに別々の学校をつくるかのどちらかである。2017年6月、ボスニア・ヘルツェゴヴィナ連邦の中部に位置しスルプスカ共和国と境界を接しているヤイツェ（コラム4参照）のギムナジウムで民族ごとの教育に反対する生徒と教員の集会が開かれた。このギムナジウムは3民族が学んでおり、最大民族のクロアチア人のカリキュラムで教育が行われていた。この集会は、ボシュニャクのギムナジウムが新たに開校されたことに反対する動きであった。興味深いのはボシュニャクの生徒が、新たなギムナジウムの開校は民族の分断を上塗りするだけだと主張してこれに反対したことである。

「同じ屋根の下の二つの学校」方式は、2004年にボスニア連邦のヘルツェゴヴィナの中心都市モスタルのギムナジウムで始められた。この学校では、ボシュニャクとクロアチア人の生徒がIT教育とフランス語の授業を一緒に受け、生徒会活動をともに行っているが、大部分の授業はそれぞれのカリキュラムに沿って別々に行われているのが現状である。国際協力機構（JICA）は2006年からモスタルのギムナジウムで、民族を意識せずに進められるIT教育を通じて民族融和を進めるプロジェクトを支援した。この試みはボスニア・ヘルツェゴヴィナ全土のギムナジウムにも拡大し、一定の成果をあげたと言える。民族の分断を嫌う若い世代が育っていることは確かだが、民族融和は政治状況と密接に絡んでおり、「同じ屋根の下の一つの学校」の実現にはまだ時間がかかりそうである。

（柴 宜弘）

41

命がけで笑い、笑いがたましいを救う

★ボスニアの人々とユーモア★

『サラエボ旅行案内　史上初の戦場都市ガイド』（1994年）という本がきっかけで、テレビ番組のクルーとサラエヴォに行くことになった。それまで、私はボスニア・ヘルツェゴヴィナについてもボスニア内戦についても何も知らなかった。『戦場都市ガイド』はものすごく変なガイドブックで、路上に倒れた人、火に包まれたビル、焼け焦げた車の残骸など、まさに戦時下といった悲惨な写真がいくつも掲載されているのに、写真の隣の文章はあっけらかんとしている。たのしんでいるようですらある。たとえば「ピクニック」という項目。「いまサラエヴォ市民がピクニックに行く先はビストリクやピオニルスカ・ドリナ、あるいはラジオ・テレビジョン・ビル近くの配水管である。いずれも目的は水を得るため」、とこんな具合。材料のないなかでの、「戦争料理」のレシピまでついている。自虐の笑いでも捨て鉢のユーモアでもない、もっと何か、理性すら感じられる深遠なおかしみが、このガイドブックにはある。なんだろう、この変さは？　それを知るためにサラエヴォに行こう、というテレビ局の誘いにのることにした。

サラエヴォ行きが決まって、ようやく1992年から199

5年まで続いたボスニア・ヘルツェゴヴィナ紛争とサラエヴォ包囲について予習をした。そしてガイドブックを見たときの「変」という感想がますます大きくなった。町が包囲されてごくふつうの住人が銃撃や砲撃のターゲットになる、ということがよくわからなかったし、そんななかで、サッカーの試合やクラシックコンサート、演劇の公演がふつうに行われ、住人たちが砲撃を避けながらそれらを見に、聴きに、たのしみに行く、ということが、頭ではなんとか理解して「すごい人たちだ」と思うけれど、心ではやっぱりよくわからなかった。

私がサラエヴォを訪れたのは２０１２年である。驚いたのは、約20年前に終結した紛争の傷跡が、町の至るところに残っていることだ。高層マンションに砲弾跡があり、図書館は焼けて封鎖されたままで、至るところに死者の名を刻んだ碑がある。それらと、真新しいショッピングセンターや近代的な高層ビルが同居している。まさに、人々の暮らしが営まれているこの場が、戦場だったのだということがいやというほど理解できる。

砲弾跡が残る高層マンション（2012年）

夜になると、山々の斜面に明かりが灯る。民家の明かりである。町を見下ろすような無数の明かりを見て、サラエヴォの中心街がすり鉢状の底にあたることがわかる。ちいさな光が空に向けて続くような夜景は非常にうつくしいのだが、その家々の明かりが、かつては大砲であり銃であり迫撃砲であり戦車であったと考えると、逃げ場のない恐怖がせり上がってくる。

その当時に行われていた演劇やコンサート、スポーツの告知ポスターやフライヤーは、ボスニア・ヘルツェゴヴィナ歴史博物館で見ることができる。戦時などとはけっして思えないような、ごくふつうのポスターやフライヤーである。

この博物館には、当時の住まいを再現したコーナーもある。家にあるもので自己流に作ったストーブの数々が展示されていたり、砲撃を避けるため窓際から離れて暮らす、その改造住宅も展示されている。町を包囲されて暮らすことの意味が、体感的にわかる。とにかく町を出ていくことができない。食料も水も、電気も水道も、止まってしまう。飛行場から掘られた秘密のトンネルから物資は運ばれてくる。ある現実味を持って想像できるその暮らしと、おなじ博物館内に貼ってある多々のエンターテイメントの案内は、しかしやっぱり変に思える。

この取材の旅で、何人かの人に会って戦時中の話を聞いた。正直にいうと私はとても気が重かった。つらい思いをした人たちに、つらい思い出を訊くのがためらわれた。ジャーナリストなら訊けるだろうことでも、私は訊くことができない。どうしてもおずおずとした質問になり、ずばずばと突っ込んで訊くことができない。けれど私が会った人たちは驚くほど饒舌だった。そして、こちらが訊きたくて訊けずにいるだろうことを、どんどん率先して、ときに笑いも交えながら話してくれる人ばかりだった。爆発跡が赤いペンキで塗られた「サラエヴォの薔薇」の爆撃で亡くなった女の子の母親や、男の子二人のきょうだいを失い、自身も傷を負い今なお足を引きずって歩く母親。当時子どもだった20代の男女。ヨーロッパに招致され、演奏しに出かけては、必ず戦時下のサラエヴォに帰ってきていたフルート奏者。

彼らの話を聞いてだんだんに理解できたのは、「たのしむ」こと、それ自体が、子どもから老人にいたるすべての人にとって、文字通り命がけの抵抗だったということだ。理不尽な戦争によって暮らしが奪われ、自由が奪われ、命すら奪われていくなかで、ぜったいに奪われないものを彼らは見いだして、守った。生きることをたのしみで彩ることによって。それがすなわちコンサートやスポーツの試合や演劇だった。子どもたちは銃弾集めや手榴弾を数える遊びを作り出した。

サラエヴォ農業食物大学教授のミレンコ・ブレシッチさんの家を訪ねたとき、私はサラエヴォの人たちの国民性というのか、たましいのありようがわかった気がした。ミレンコさんと奥さん、ちょうど紛争がはじまった年に生まれた娘さんと、2歳年下の息子さんが迎えてくれた。異民族の暮らす町や国にあって、「隣人の持つ未知の文化、生活習慣を理解するのは人としてしてもたいせつなこと」と力説し、異民族・異宗教の人々の融合を愛するミレンコさんは、そうしたまじめな話ののちに、かならず何か

街なかでチェスを楽しむサラエヴォの人々（2012年）

ジョークを言い、家族たちを笑わせる。その和やかなムードに背を押されるようにして、「またサラエヴォが戦争に巻きこまれるようなことはあると思うか」と、私にとっては訊きづらいことを思い切って訊いた。ところが彼らは、質問を躊躇することが恥ずかしくなるくらいあっけらかんと、家族間で話しはじめた。「そりゃあるでしょ、この先ずっと平和ってことはないよ」と息子。「なぜそう思うの？」と訊くと、「この国の歴史は戦争の繰り返しだもん」と答える。「戦争が好きな民族なのよ」と娘。「この町の人の喫煙率、すごいだろ？ みんな死にたいんじゃないかと思うよ。死にたい人たちなんだ」一同笑い。「今度戦争になったらおれは逃げる」と父。「ぼくはいやだ、逃げない」「じゃどうするの、闘うの」「うーんどうかな」一同笑い。

何も知らなければ、のんきな家族だな、で終わると思う。でもそうではないと、短い滞在で私はすでに知っていた。こうして話すこと、話して笑うこと、話すことで理解してもらうこと、話すことで理解してもらえると信じること――それがサラエヴォで暮らす人の文化であり、その文化こそ、彼らが戦争の繰り返しのなか命がけで守り、また、どんな国も民族も攻撃も、奪えなかったものなのだ。

サラエヴォの町には「イカール缶詰」の像がある。イカール缶詰というのは、戦時中に配給された缶詰で、ものすごくまずいものらしい。そのまずさを忘れないように、と市民が缶詰の像を建てた。これぞまさに、サラエヴォ。像の前に立って、私はつい笑ってしまった。

（角田光代）

42

移民・難民とディアスポラ

★世界に広がるボスニア社会★

類い稀な点取り屋として、かつてヨーロッパ主要リーグで活躍し、代表での最多得点記録をもつサッカー男子元スウェーデン代表ズラタン・イブラヒモヴィチ。名前の音感が示すように、そのルーツはボスニア・ヘルツェゴヴィナや旧ユーゴスラヴィア地域にある。父はボスニアの北東端、ビイェリナ出身のムスリム人、母はクロアチアのクロアチア人（イブラヒモヴィチは父方の姓）。1981年、両親が移り住んでいたスウェーデン第三の都市マルメに生まれ、そこで育ち、サッカーを始めた。

サッカーに関係する人物をもう一人。元ユーゴスラヴィア代表のフォワードで、選手としても監督としてもフランス一部リーグで実績を残し、2015年から2018年のW杯直前まで男子日本代表監督を務めたヴァヒド・ハリルホジッチ。1952年にボスニアのヤブラニツァに生まれ、現地ではモスタルのクラブ「ヴェレジュ・モスタル」の選手・監督としてキャリアを築いた。一方で、1990年代初頭に祖国を離れ、それから現在まで、フランス国内に住みながら、監督業を続けている。

イブラヒモヴィチとハリルホジッチ――ボスニアの系譜をもつ、国際的に名を馳せた二人のキャリアには、それぞれの強烈な個性のみならず、ボスニア社会と移民や難民、そしてディアスポラ（離散民）との関係が見え隠れする。

ボスニアが位置する旧ユーゴスラヴィア地域、またより広くヨーロッパ東部やバルカンの地域は、近代以降、その相対的な経済的後進性から、ヨーロッパや世界経済における出稼ぎ労働者や移民の送り出し地域として知られる。19世紀後半から20世紀初頭にかけて、ヨーロッパから大量の移民がアメリカ大陸に渡ったが、そのなかにはもちろん、他のユーゴスラヴィア地域の出身者と並び、ボスニア出身者も含まれていた。合衆国のシカゴには、１９００年代、ボスニアのムスリムによる最も古い移民組織がつくられた。そして現在までの間に、ボスニアから実に多くの人々が移民や難民として故郷を離れており、欧米先進諸国を中心に、世界各地にディアスポラが広がり、その共同体が形づくられている。ボスニア政府保安省の報告書（*Bosnia and Herzegovina Migration Profile for the Year 2017, 2018*）によれば、その総数は少なくともおよそ２００万と言われており、ボスニアの全人口（約３５３万人）の56・6％に相当する。

単純計算で人口の半数以上に匹敵する人々が海外に居住する国において、移民・難民およびディアスポラに関する話題は、とても身近な事柄である。家族、親類、友人・知人などに、様々な事情で国外に住む人がいることは全く珍しくなく、むしろ、国を離れた知り合いがいないことの方が珍しいかもしれない。政府のなかには人権難民省が設置され、保安省の一部とともに、移民・難民の支援、情報提供、国内外の諸機関との連携といった関連業務が行われている（保安省では、近年増大する中東・アジア地域からのボスニアへの難民・移民の問題が中心的に扱われる）。経済的な観点においても、そうした「同胞」の存在は重要である。２０１６年の世界銀行の統計によると、海外からの送金は、ボスニアの国内総生産（GDP）の12・5%を占めており、国内経済にとっても国民の生活にとっても貴重な収入源となっている。

こうした移民・難民の送り出し「大国」となった背景には、20世紀後半の二つの経験が深く関連する。一つは、社会主義時代の経済移民の増大である。ユーゴスラヴィア連邦の一部を構成したボスニア・ヘルツェゴヴィナは、連邦のなかで相対的に経済的後進地域をなし、戦後の工業化や都市化に際して、連邦内の先進地域へ労働者を送り出す側になった。もちろんこの時代、ボスニアでも重点的に工業化が進められていったが、短期・長期の出稼ぎ、雇用あっせん、農村部の人口超過などを背景に、ボスニア外に移住して働く人々が増えた。なかでも「北」の最先進地域スロヴェニアには、ボスニアをはじめとする「南」の貧しい地域から多数の国内移民が到来した。

こうした移民の動きは、1960年代頃から海外にも広がるようになる。政府の積極的な容認や西欧諸国との協定締結のなか、西ドイツ、オーストリア、スイスといった西欧各国ではユーゴスラヴィア出身の出稼ぎ労働者が増大した。海外移民は、ドイツ語の「ガストアルバイター（外国人労働者の意）」の言葉とともに、働く選択肢として定着し、社会主義時代を象徴する現象の一つとなった。そうした海外労働者に占めるボスニア出身者の割合は人口比に比べて高く、ある統計によれば、1971年において、ボスニアの全労働力の9・2%が外国で雇用されていたという。イブラヒモヴィチの両親がスウェーデンに渡ったのもちょうどこの頃である。二人は1977年に移住先のマルメで知り合い、その数年後にズラタンが生まれた。

もう一つの経験は、1990年代初頭の戦争である。本書の他の章でも触れられるように、ユーゴスラヴィアの解体とボスニアの独立をめぐって生じた戦禍のなかで、甚大な数の人々が故郷からの退去を強いられ、難民・移民となった。戦火からの直接的な退避から安全や安定のための間接的な移住まで、当時の人口の約半数に相当する220万人以上が祖国を離れたとも言われる。国連難民高等弁務官事務所（UNHCR）の調査では、戦争終結翌年の1996年において、ボスニアからの69万人が他のヨーロッパ諸国で、64万人が旧ユーゴスラヴィアの他の国々で難民となっていたという。そうした人々のなかには、ハリルホジッチとその家族も含まれる。戦争当時住んでいたモスタルは激戦地の一つ。1993年5月、ハリルホジッチは自宅や財産を残してフランスに旅立ち、そこで指導者として再出発した。

戦後、難民の帰還が取り組まれ、100万人以上の帰還が進んではいるが、戦争による社会の変化、戦後の政治・経済状況などから、その多くは帰らぬままである。2013年の戦後初の国勢調査では、総人口の約85万の減少が明らかになった。また戦後の好転しない国内状況のなかで、欧米各国への経済移民は途絶えていない。そうした、社会主義期から90年代の戦争を経て、今日までにボスニアが

表　51の主な受入国におけるボスニア・ヘルツェゴヴィナ生まれの移民数

	国名	人数
1	クロアチア	39万4146人
2	セルビア	33万3687人
3	ドイツ	20万0510人
4	オーストリア	17万0864人
5	アメリカ合衆国	12万5442人
6	スロヴェニア	10万3663人
7	スイス	5万9685人
8	スウェーデン	5万8372人
9	オーストラリア	4万3456人
10	カナダ	4万1722人
11	モンテネグロ	2万9462人
12	アルバニア	2万9077人
13	デンマーク	2万1492人
14	ノルウェー	1万4370人
15	フランス	1万4150人
16	イタリア	1万2025人
17	マケドニア	8729人
18	イギリス	6943人
19	ポーランド	3642人
20	トルコ	2807人
21	チェコ	2798人
22	ルクセンブルク	2569人
23	スペイン	2139人
24	ベルギー	1929人
25	アイルランド	1652人
26	オランダ	905人
27	フィンランド	850人
28	ニュージーランド	626人
29	ロシア連邦	515人
30	ギリシア	432人
※31位以下は略		
51か国総計		**169万1350人**

出　所：*Bosnia and Herzegovina Migration Profile for the Year 2017*, Sarajevo, 2018, p. 70. 数値は基本的に国連経済社会局・人口部の統計に基づくが、一部Eurostatなどの値も併用される。

辿った道のりの上に、冒頭に述べた200万もの人々の移住生活がある。

先述の保安省の報告書が示すように（表参照）、ボスニア生まれの移民は文字通り世界各地に散らばっており、とくに欧米ではボスニア移民がいない国はないと言っても過言でない（クロアチアとセルビアが上位2か国であるのは、90年代の戦争当時、ボスニアの3民族のなかでクロアチア人とセルビア人は、民族的な保護を求め、隣接するそれぞれの「本国」へ難民として退避することが多かったため）。移住先での身分や生活は、個人や家族、社会階層によって様々であるが、ドイツやオーストリアのように以前の国籍の放棄が要請される場合でなければ、多くがボスニア国籍を維持したまま移住地の国籍を取得するようである。移民の第二世代以降に関して言えば、一般的な移民子孫の傾向と同様、出生国が母国となる場合がほとんどであり、同化傾向も高い。

一方、ボスニアにおける民族や地域の多様性は、ディアスポラの社会にも影響する。ムスリム、セルビア、クロアチアの民族ごとに人的関係が構築され、また分断される傾向は、とくに戦争以降強まった。移住先での民族間の紐帯が、祖国の状況をなぞるように戦争を境に衰退したという話もしばしば聞かれる。一方で、かつてイブラヒモヴィチの両親がマルメで知り合ったように、民族に関係なく、出身地域であれ、ボスニアであれ、旧ユーゴスラヴィアであれ、同郷意識が移住先での意気投合や交友関係を生むことは今でもあるだろう。いずれにしても、そこには、故郷ボスニアの社会が現実に内包する様々な関係が、まるで縮図のように営まれているはずである。それは既にボスニア社会を形づくる不可欠な一部となっており、ディアスポラの社会を抜きにボスニアを語ることはできないとさえ言えるかもしれない。

（鈴木健太）

43

『サラエボの花』たち

――★ボスニア・ヘルツェゴヴィナの心理社会的支援について★――

『サラエボの花』、これは映画の題名である。この美しさを連想させるタイトルを持つ映画は、ボスニア紛争で起きた所謂集団レイプの被害者のボスニア人女性がたどる、葛藤と苦渋にみちたその後の人生を描いている。

1990年代に発生し、それまでの同胞が敵味方に分かれて戦ったユーゴ紛争は、避難民の大量発生、強制収容所、拷問、大量虐殺、集団レイプ、焼き討ち事件等、苛酷な体験をその地で生きる人々に強いるものであった。それらの凄惨な体験はトラウマとして人の心に刻まれる場合が多々あり、ユーゴ紛争は支援の現場で「トラウマ問題」への対処の必要性が重要な案件として浮上する契機となったとされている。WHOが最大推定値380万人の旧ユーゴスラヴィア全域における避難民の20％が、重篤な心理的ストレスに曝されており、専門的支援を必要としているとの警告を発する等、この問題は国際社会の関心を集めた。その関心の大きな動因となったのが、主にボスニア・ヘルツェゴヴィナの難民・国内避難民における性暴力、集団レイプの被害であった。折しも、国連人権会議が1993年6月に開催され、フェミニズムを掲げる欧米の人権団体と旧ユーゴスラヴィア内の女性たちの活動が呼応して、会議では戦時の性暴力の問題が提起された。こうした動きが会議以前に顕現化すると、国連諸機関、ＥＵによる被害調査が実施され、その調査に随行したメディアからの情報発信もあり、レイプ問題は政治家やドナーも含めて、国際社会の関心を大きく集めることになったのである。

トゥズラ市の町外れ［撮影：Marc Schneider］

1万人、あるいは10万人ともいわれるレイプ被害者であるが、被害者数は概算でさえ明らかになることはないと思われる。それは事柄の性質上、被害者であることを明らかにすることに心理的バリアが生じるからである。先述のような事態に対しては、多くの国際ＮＧＯや国際諸機関が、援助活動の分野としては心理社会的支援とよばれる心理的サポートを実施した。そのような支援活動の助成機関の一つであるノルウェー外務省の報告書によれば、ノルウェーの民間団体がボスニアのゼニツァ市で実施した本来は性暴力の被害者を対象としたプロジェクトの調査では、性暴力の被害を言明する受益者数はゼロという回答となり、実施団体を困惑させる結果となった。それは、被害者が存在していないということではなく、それほどに自らが明らかにすることに苦痛を伴う体験であったのだろう。特に「レイプ」という言葉が持つ直接的響きに対する拒絶感が大きいと推察されて、後に同団体がトゥズラ市で同様の調査を行った際には「性的虐待」と表現を置き換えたところ、回答者の６％が体験ありと答えている。トラウマ体験はどのようなものであっても、非常に重い心理的影響を残すが、レイプ被害者の場合、恥辱感が心を開くための大きな足枷になってしまう。

ボスニアで実施された心理社会的支援は、もちろんレイプ被害者だけを対象とするものではない。戦時のトラウマ体験は多様であり、それ故にその影響もまた多岐にわたる。PTSD（心的外傷後ストレス障害）だけではなく、うつ症状、身体の不調、社会活動の低下、自責感等々はもとより、特に若年層の体験者には人格の変容にも発展する例がみられる。レイプ被害の場合は、その後の人生でパートナーとの関係に影響が及ぶところにその特徴があるとされている。ユーゴ紛争の支援の現場では、このような状況にある人々に提供する心理社会的支援として、個人カウンセリングおよび心理療法、グループセラピー、被害者が互いに助け合うためのピア・グループの形成、ワークショップ等が代表的な方法論として採り入れられた。ピア・グループ形成活動では、旧ユーゴスラヴィアに伝わる刺繍や編み物等の手仕事を共にする取り組みが各所でみられ、一定の効果をあげている。支援の最終目標は、受益者が「被害者」という受け身の立ち位置から脱して自立へと踏み出すところにあることから、収入を得るための裁縫や美容等の技術を獲得するための訓練も心理社会的支援の項目に含まれる場合があった。

しかし、トラウマの記憶は、その体験があまりに苦痛であるために意識の外に追いやられ、自己のコントロールが及ばない状態で存在し続ける。したがって、トラウマへの心理的サポートのゴールは、その体験が自分の人生の物語の一部として統合されることとされる。その具体的な表れの一つが、体験を語れるようになることである。語ることができないところに特性があるというトラウマを語れる

第43章
『サラエボの花』たち

ようになる、そこに至る道筋は長く、険しい。冒頭に述べた『サラエボの花』は、強制収容所でレイプ被害を受け続けた主人公が、その結果として妊娠し、出産した娘が12歳になっている段階で、初めてピア・グループの集まりで自分の体験を語る。12年の歳月を必要としたことになる。確かにこれは映画の話である。だが、現実を知る多くの臨床家は、この12年という年月でさえも短いとするだろう。心の扉はこじ開けられない、こじ開けてはならない。心理社会的支援に関わる立場としては、どれだけ、そしてどのように寄り添い続けることができるのか、その覚悟も問われているのだと私は思う。

ところで、『サラエボの花』の原題は『グルバヴィツァ（*Grbavica*）』である。グルバヴィツァはサラエヴォの一角にある地名であり、物語の舞台であるが、そのままでは日本人には馴染みにくいとして邦題を変えたのであろう。おそらくは、映画の中でレイプ被害者の一人が唄う歌の歌詞から導き出された邦題なのだろうと思う。人間の生命を、人生を、天国と対比すれば砂漠のようなこの世で、「今も死に絶えそうな心の中に咲く」目にしみるほどに赤い薔薇の花、血と涙がにじむ赤い花と唄う。

紛争から長い時を経た今日、サラエヴォやモスタルを訪れるツアーの広告を目にすることも稀ではなくなった。バルカンの香りが濃く漂うサラエヴォは、趣のある魅力的な町である。しかし、今もなお、幾輪もの『サラエボの花』たちが、拭いきれない記憶と苦悩の中で、懸命に生命の花を咲かそうと、ボスニアのそこかしこで生きていることを心にとめていたいと思う。そしてまた、『サラエボの花』になぞらえれば、「ザグレブの花」たち、「ベオグラードの花」たちが、たとえ言及されることが少なくとも、確かに存在し、沈黙の中で重い歩みを進めていることにも思いをはせ、忘れずにいたいと思うのだ。

（松永知恵子）

44

2014年「ボスニアの春」

★格差社会への不満、民族主義への異議★

2014年2月3日、ボスニア北東部の工業都市トゥズラで、家庭用洗剤メーカー「ディタ」など国営系4企業の破綻が発表されたことを契機に、最大54か月分にのぼる未払い給与の支払いを求める数千の従業員がトゥズラ県（カントン）政府前に集結した。県首相が話し合いを拒否したことから翌4日にデモ隊が過激化。県庁舎に突入、破壊行為が始まり、同調する市民らも加わって投石、火炎瓶などで機動隊と衝突した。同市中心部はこの日、逮捕24人、負傷22人を出す戒厳状態に陥った。

同様のデモが同月6日以降サラエヴォ、ゼニツァ、モスタル、ビハチなどボスニア連邦の主要都市に拡大。サラエヴォではサラエヴォ県庁舎、ボスニア・ヘルツェゴヴィナ大統領評議会庁舎が破壊、放火されるなど、1週間ほど連邦全土で高い緊張が続いた。

このデモに参加したのは、退役軍人、年金生活者、若年層を含む失業者ら低所得層、労働組合に同調し民族主義に反対する左派勢力などであった。彼らは各地当局が「民族の利益」を主張するのみで経済改革を進めようとしていないとし、経済状態のみならず、現政治体制に対しても強い不満を表明した。暴力的な様相は2月9日までに鎮静化し、改革を求める知識人も加わった各地代表者団が、政治的に中立な経済専門家による技術的政権の成立を要求して各県当局と話し合いを続ける動きに変わった。ゼニツァ・ドボイ県では指導層が総退陣、サラエヴォ、トゥズラ両県首相も辞任を余儀なくされた。

潜在的な緊張は同年春以降も散発的なデモとなって続いた。筆者が現地に滞在していた5月4日にはサラエヴォで市庁舎の再開式典が行われたが、ミリャツカ川の対岸には数万のデモ隊が集結し、式典に招かれる政府要人などに激しいブーイングを浴びせていた。

スルプスカ（セルビア人）共和国では騒乱の発生直後、バニャ・ルカでも同調の動きが見られた。が、ドディク共和国大統領は「連邦からの危険な煽動を警戒せよ」という趣旨の発言を繰り返し、共和国内の都市への飛び火を回避した。またクロアチアの主要メディアも同様にボスニア国内クロアチア人政治家の発言を繰り返し引用し、「ボスニア人社会内部だけの騒乱であり、クロアチア人には無関係である」とした。しかし前述5月4日のデモ隊参加者に話を聞いた筆者は、モスタル、トゥズラ出身者をはじめ、多くの若いクロアチア人がボスニア人とともに参加しているのを実際に確認している。

２０１４年5月の洪水、長期化による世論の関心低下などを経て、同年10月に行われた総選挙は既存各政党の政権継続を追認する結果となって事態は終息した。

以上が「ボスニアの春」と呼ばれることにもなった２０１４年の社会騒擾の概要である。デモ隊は、一義的には貧困と社会的不平等の解決を求めたのであるが、それは同時に、民族主義色の強い各地政権党への抗議の声でもあった。

デイトン和平後のボスニアには、第二次大戦後マーシャルプランによりドイツに流入した額よりも大きな援助マネーが流入したと言われている。しかし、それから20年を経てもボスニア経済は効率的、自律的に回転していると言うにはほど遠い。平均給与は月440ユーロ、失業率は漸減傾向にあるものの依然20％強（いずれも2017年統計）である。国連開発計画は6世帯に1世帯は貧困層、また全体の50％が貧困に陥る危険があるとしており、紛争後のボスニア経済は依然として低迷したままである。

一方、政治家と、これに近い関係と見られる政商、マフィアなどわずか85人が延べ90億米ドルの資産を握っているという報告もある。一般市民の多くが自国に対して「不透明な民営化を経て国有財産を少数富裕層が搾取し、格差は広がる一方。党や親族のコネクションがない限り就職も難しく、賄賂が常態化した腐敗社会」というイメージを多かれ少なかれ持っている。

サラエヴォ大学の教員としてデモや代表者団に参加した一人、アシム・ムイキッチ哲学部教授は、「確かにデモ発生時は経済的要因による貧困層の騒擾であったが、戦う相手が民族政党政権である以上、事態の進展とともにそれは民族主義を打破し、真の市民社会を目指す要求に質を変えていった」と分析する。

「放火や投石など、デモ隊が暴徒であるというイメージが強く喧伝されたこともあり、中産階級の参加が弱かったことが特徴であり敗因でもあった。しかしボスニア連邦内部だけの事象ではあったものの、権力の座に居座り続ける政治家たちに庶民が異議を唱えた市民運動として評価すべきだ。

前年の2013年、国民マイナンバーに民族出自を示す数字を入れるか否かで新マイナンバー法の議会審議が麻痺する混乱が続いたが、この時にはサラエヴォで行われた市民の抗議行動にスルプスカ共和国からの参加者も多くあった。また『ボスニアの春』直後の洪水時の救助活動でも両政体（エンティティ）を超える連帯が見られた。今後のボスニアの社会運動は、各民族の境界を超えた動きになることは不可避であろう」。

戦争は過去のものとなり、現在のボスニアでは本格的な民族紛争再発の危険は現実的ではなくなっている。が、和平により事実上是認された民族境界が今も「見えない壁」となる中、国家全体での本格的な経済底上げは困難である状態が続く。富裕層と貧困層の格差を根源とする社会不安は依然として潜在する。既存の政権が、民族間の境界を超えた経済発展による貧困の解消と市民社会の醸成を阻害し、一般市民の閉塞感を助長しているという構図を「ボスニアの春」の参加者たちは鮮明化したのであった。

民族主義に対抗する勢力としては、2012年以降ラグムジヤ党首が外相を務めるなど、連邦側の社会民主党に対する一定の期待もあった。だが2014年春当時の同党には改革の旗手としての新鮮なイメージは既になく、さらにデモ発生直後に「デモ隊不支持」を明言してしまう失策を犯した。秋の総選挙では、低調な投票率の中で民族主義各政党がむしろ追認されたのに対し、社会民主党は大きく退潮した。現在も両政体には、反民族主義を掲げる有力政党が出現するに至っていない。しかし、戦争を直接記憶していない若い世代からは、民族の論理に拘泥しないインターネットポータル（第39章参照）などが「ボスニアの春」に前後して支持を集めるようになっており、健全な市民社会建設と経済発展の要請が今後のボスニアの基本論調となっていくのかどうかが注目される。

（大塚真彦）

45

ナショナリズムに抗する人々

★ボスニアの市民運動の成果と課題★

ユーゴスラヴィア紛争が勃発して以降、この地域には積年にわたる民族間の憎悪が内在されているといった説明がしばしば見受けられた。しかし実際は、1980年代以降にユーゴスラヴィア全体で右傾化が強まり、他者を排除する雰囲気が高まっていく中でも、市民団体のイニシアティヴにより排外主義に反対する運動が各地で見られた。ボスニア・ヘルツェゴヴィナの人々も、民族的アイデンティティを超えて、排外的なナショナリズムに抗する運動をいくつも展開してきた。とくに、1990年代に入り、民族的利害を煽る政治勢力が政権を担い、社会生活のさまざまな場面で民族的帰属による線引きが実践されるようになると、政治から一定の距離を置いた市民の運動こそが、分断を乗り越える契機となった。

最初期におけるその顕著な例として、1991年7月28日、サラエヴォのゼトラ・オリンピック・ホールで開催された反戦ロックコンサートがある。この時期、スロヴェニアでは戦争が終わり、クロアチアにも戦火が拡大していた。ユーゴスラヴィア全域に放送網を持つテレビ局ユーテルが企画、運営、放送したことから、「ユーテル・ザ・ミール（平和のためのユーテル）」

と呼ばれたこのコンサートには、ユーゴスラヴィア全域から8万人を超える人々が集まり、「友愛と統一」を訴え、戦争と分裂が避けられることを祈った。

しかし、暴力はクロアチアを席巻し、ボスニアにも届く。ボスニアでは1992年2月29日から3月1日にかけて独立の可否をめぐり住民投票が実施され、独立を支持するムスリムならびにクロアチア人と、独立に反対するセルビア人との間で政治的緊張が高まりつつあった。セルビア人の多くが住民投票をボイコットしたものの、投票結果は独立賛成が圧倒的多数を占め、ボスニアは独立を強行した。住民投票の2日目には、サラエヴォでセルビア人住民がムスリム住民に殺害される事件が発生するなど、事態は緊迫していった。住民投票以前からボスニア内部にセルビア人自治政体を形成しつつあったセルビア人政治勢力は、以降この動きを加速させる。ボスニアの住民はボスニアを分割するような民族主義政党の活動に反対していたが、3月にはセルビア人勢力がサラエヴォ市内の居住域にバリケードを作り始め、4月に入るとセルビア人準軍事組織がボスニア各地で軍事行動を展開し、市民の被害も大きくなっていった。武力衝突がエスカレートする中でも、ボスニア各地で市民たちは反戦デモを組織した。

そのようなデモの中でも、EUがボスニア独立を承認した翌日にあたる4月5日に組織されたデモは、事態の転換点となった。この日、サラエヴォでは民族的アイデンティティを問わず4万人近くの人々が繰り出し、サラエヴォのボスニア議会前で反戦デモを展開した。しかし、このデモ隊に対して、サラエヴォ中央のホテル・ホリデー・インからセルビア人狙撃兵が銃弾を浴びせ、ムスリムの医大生スアダ・ディルベロヴィチら5人が死亡、30人が負傷した。以後、戦争はボスニア全域に拡大していく。

市民による平和的反戦デモが暴力で弾圧され、それがボスニア紛争の端緒となったことも示唆的であるが、話はここに留まらない。スアダ・ディルベロヴィチはのちに、ボスニア紛争の第一の被害者に位置づけられ、彼女が狙撃された橋は、もう一人の犠牲者の名前とともに「スアダとオルガの橋」と命名された。ここから、紛争関与勢力の間で、誰が紛争の初めの犠牲者なのか、ひいては紛争は誰が始め、その犠牲者は誰なのかという「主導権争い」が始まり、これは現在も続いている。

サラエヴォでは包囲下においてもさまざまな方法で反民族主義・反戦市民運動が続けられ、紛争後の平和構築プロセスにおいても同様である。たとえば、コミュニティ・ガーデン・プロジェクトは、園芸という具体的な活動を通じて、民族共同体を超えたつながりを生もうとする試みである。2000年にサラエヴォで最初のガーデンが設立されると、そこに参加した人々は農作業に従事し、作物を育てるとともに農業に関する知識を得る。さらにワークセラピーを経験する中で、ガーデンには民族共同体を超えた人々の交流が少しずつ現れるようになった。ガーデンは15か所に増加し、民族主義によって破壊された共同体の再生に寄与している。また、第55章で詳述しているマリ・モストなど、サッカーを通じた和解の試みも、同様の成果を生んでいる。このように、成功例として語られる市民運動の多くは、園芸やスポーツといった具体的で身近な活動に従事する場を提供し、その活動を通じて人々がネットワークを再生することに寄与している点に特徴がある。

このような運動の多くは旧ユーゴスラヴィア諸国外部に拠点を置く団体によって運営されていることが多く、国際社会もこのような「民族色」の薄い団体に支援を与える傾向が強い。先述のコミュニティ・ガーデンもマリ・モストもこの例に漏れない。一方で、ボスニア国内に拠点を置く市民運動団体も当然存在しており、その役割は紛争後初期に求められたような人道的な支援から、行政の監視や汚職撲滅といった、より公的かつ政治的な活動へと移りつつある。スアダ・ディルベロヴィチの例が示すように、市民運動もまた民族的分断にさらされ、民族政治に利用されるケースも指摘されるが、主要三民族による権力の分有が日常的に常態化するボスニアにおいては、民族共同体を基盤に置いた市民運動が、多様な行政上の問題を解決するうえで非常に有用であることも見逃してはならないだろう。

ある研究者によれば、ボスニアの民族同士が憎しみあっているという物語は、既得権益の保持を図る体制寄りメディアが作り上げた、デイトン合意後のボスニアにおける神話のひとつであるという。市民運動そのものは、民族的な基盤を持とうと、多民族的な理想を掲げようと、人々の生活の場に寄り添うという点では大きな違いはないのかもしれない。であるならば、問題は常に政治の側にある。1990年には、ボスニア中部のトゥズラで、セリム・ベシュラギッチ市長の下、民族主義政党を排除した政治勢力が形成されており、これはナショナリズムに抵抗する市民運動が政治の分野でも成功を収めたことを物語っている。トゥズラの事例が示すような政治変革の実現に寄与していくことも、これからの市民運動のミッションとなっていくだろう。

（百瀬亮司）

VI

文　化

46

言語

★三つの言語？ 一つの言語？★

近年、世界中で喫煙の害が強調されるようになり、欧州各国ではタバコには大きな警告文が表示されているのが常である。喫煙大国ボスニア・ヘルツェゴヴィナ（世界保健機関の統計によれば、男性喫煙率は約50％、女性喫煙率は約30％）で発売されるタバコにもこの警告文が導入されているが、実際に目にするといくぶん奇妙なことに気づかされる。警告文は、いくつかのものがランダムに用いられるようだが、もっとも直接的な「喫煙は死をもたらす」（直訳すれば「喫煙は殺す」）という警告文を見てみよう。三つの文章が並んでいるのだが、そのうち二つは全く同じ文章である。これは、大事なことなので2回書いたからというのではない。紛争後のボスニアは、制度上、ボシュニャクの母語としてのボスニア語、セルビア人の母語としてのセルビア語、クロアチア人の母語としてのクロアチア語の三つの公用語を持つ国家であり、この警告文もこれら三つの公用語で記されているということなのである。このうち一つだけ異なるのは、キリル文字で書かれたもので、これがキリル文字を公用すると定めるセルビア語ということになる。残り二つがラテン文字を用いるボスニア語とクロアチア語ということになるが、全く同一である以上、どちらがどちらなのかは判然としない。実は、キリル文字のセルビア語も、文字の違いはあるが表現自体は全く同一である。そして、同一の警告文が示唆するように、ボシュニャク、セルビア人、クロアチア人は、お互いに、母語で完全にコミュニケーションを取ることが可能であるし、いずれの民族によって書かれたものでも、文字の相違があっても、誰もがほぼ問題なく読むことができる。われわれの一般的な感覚からすれば、それぞれ相互理解可能な言語であれば、それは「同じ言語」ということになるだろう。こうした、「実態としての同一言語」と「制度や建前としての三つの言語」の乖離が、ボスニアにおける、言語をめぐるさまざまな問題の根底にあるものである。

今度は別のタバコを見てみよう。こちらにも先ほどとは異なる警告文が記されている。「喫煙は依存性を生み出す」を意味する文章が、やはり三つ並んでいる。最上段はキリル文字なのでセルビア語だが、よく目を凝らしてみると、今度はラテン文字の二つに少し違いがあるのがわかる。実は、「依

「喫煙は死をもたらす」

「喫煙は依存性を生み出す」

存性」にあたる言葉が、中段の文章では「ovisnost」となっており、これはクロアチア語、下段の文章では「zavisnost」で、これがボスニア語なのである。このように、文章語としてのボスニア語、セルビア語、クロアチア語には、用いる文字の違いだけでなく、一部表現の相違も存在している。ただ、こうした表現の相違は全体から見ればごく少なく、相互理解を妨げるものでもない。問題は、相違点の過度の強調やそれによりそれぞれの民族言語をより異なったものとして位置付けようとする試みが、1990年代以降に繰り返されてきた点にある。これは、ボスニアと実質的に同一言語圏をなす、クロアチアやセルビアにおける言語政策のあり方とも関連したものであった。

ボスニアに暮らす三民族の言語は、口語のレベルで見れば、民族間の違いはほぼ見られない。確かにボスニアの各地域で口語には少しずつ違いがあったが、それは基本的に地域的な方言差であり、民族的なものではなかった。そもそも、ボスニアを含む旧ユーゴスラヴィアの中心領域（現在のボスニア、クロアチア、セルビア、モンテネグロの領域）では、概ね相互理解可能な言語が用いられていた。そして19世紀の国民形成過程の中、セルビア人とクロアチア人の主要な民族啓蒙家たちは、両民族の言語が同一であり、共通の方言的基礎（ヘルツェゴヴィナ東部の方言）のもとに標準語を形成すべきことを約した。このウィーン文語協定（1850年）が最大の契機となり、セルビア人とクロアチア人、そして20世紀に入って公式に民族性を承認されたモンテネグロ人とボスニア・ムスリムは同一の標準語を共有するに至った。ただし、歴史的な発展過程を反映して、セルビアで用いられる標準語とクロアチアで用いられる標準語には、用いる文字や一部の発音、語彙などに一定の相違も存在し続け、この言語は多極言語として発展した。中でも原スラヴ語のѣに由来する音の発音の相違から、セルビアの言語（エ方

第46章
言　語

言）とクロアチア、ボスニア、モンテネグロの言語（イェ方言）には相違が存在した。社会主義体制下においても、多極的な単一言語としての位置付けは維持された。名称に関しては、国際的には「セルビア・クロアチア語」、「クロアチア・セルビア語」が一般的に用いられていたが、国内では、共和国によって「セルビア・クロアチア語」、「クロアチア語ないしセルビア語」などの名称が用いられた。ボスニアでは、１９６３年の共和国憲法では「セルビア・クロアチア語」、１９７４年の共和国憲法では「イェ方言の、セルビア・クロアチア語すなわちクロアチア・セルビア語」と規定されていた。単一言語としての建前はユーゴスラヴィア解体まで維持されたが、分権化の進んだ１９７０年代以降、実質的にはこの言語の規範化は各共和国に任され、それぞれの文章語の相違もそのまま許容された。ボスニアでは、「ボスニア・ヘルツェゴヴィナ標準言語表現」が、共和国における統一的な文章語のあり方として提示されるようになったが、これは、セルビアとクロアチアの文章語の乖離傾向を、ボスニアにおける言語使用の分断につなげないための知恵でもあっただろう。また、社会主義期のボスニアでは文字使用の平等がきわめて重視されていた。ラテン文字とキリル文字は平等であり、共和国の主要紙『オスロボジェーニェ』は、日替わりで一面に使用される文字が交代し、また両文字がページごとに交代で用いられていた。学校教科書なども、一冊の中で両文字が章ごとに交代で用いられるか、学年ごとに両文字が交代で用いられていた。

ユーゴスラヴィアの解体とボスニア紛争は、ボスニアにおける言語の位置付けにも大きな影響を与えた。ボスニアのセルビア人、クロアチア人は自らの言語をセルビア語、クロアチア語と呼ぶようになり、それを可能な限りセルビアやクロアチアのものに近づけようとした。１９９６年には、スルプスカ（セルビア人）共和国で、公用語のエ方言化が議論された。クロアチアでは1990年代に多くの新語が作られたが、ボスニアのクロアチア人の文章語もそれを受け入れた。ボシュニャクも自らの民族言語を追求したが、それには、「ボシュニャク語」ではなく、「ボスニア語（bosanski）」というハプスブルク期にも一時期用いられた名称が採用された。それに伴い、ボスニア語の正書法、文法書、辞書といったツールも整備され始め、またh音やトルコ語・アラビア語・ペルシア語由来単語（トゥルツィズミ）の多用など、ボスニア語を独自化しようとの試みも見られた。ボスニア語は、実際にはボシュニャクの民族言語であるが、その名称がボスニア全体の言語であると暗示することもあり、セルビア人とクロアチア人の民族主義政治家らは「ボスニア語」という名称の使用に反発している。

実態としては単一であり、かつては制度的にも単一であった言語の民族ごとの分断は、民族ごとの教育の分断にもつながるものとなった。一方で2017年には、ボスニアを含む各国の知識人により「共通言語に関する宣言」が発表され、セルビア人、クロアチア人、ボシュニャク、モンテネグロ人は、それぞれ名称は異なっても、多極的な共通の言語を持つことが呼びかけられた。この宣言の現実の言語政策への影響はほとんどないが、この地に暮らす人々の理性を示すものではあるだろう。

（山崎信一）

47

ボスニア・ヘルツェゴヴィナと文学①

★中世文学から近代文学★

「ボスニア・ヘルツェゴヴィナ文学」について語ることは難しい。一つの国家、一つの民族、一つの言語といった枠組みに収まらないばかりか、一つの文字ですらないからだ。

ボスニア文学史の一つの流れは、13世紀末からボスニアで活動を始めたフランチェスコ会によって作られた。なかでも、ボスニア文学の祖と言われるのが、マティヤ・ディヴコヴィチ（1563〜1631）である。ボスニア生まれの修道士は、民衆に直接働きかけるため、地元語（シュト方言）を重視した活動を行い、聖職者向けの『スラヴ民族のためのキリスト教教理』（1611）をボスニア・キリル文字で刊行した。これはボスニアで最初の印刷書であり、ヴェネツィアで印刷された。5年後に出版した民衆向けの教理集はボスニア・ヘルツェゴヴィナからダルマツィアまで広く読まれた。18世紀の修道士フィリプ・ラストリッチ（1700〜1783）は、最初のボスニア歴史書『ボスニア地方の古代の概説』（1765）を執筆したことで知られる。19世紀、イヴァン・フラニョ・ユキッチ（1818〜1857）はザグレブでリュデヴィト・ガイと親交を持ち、ガイの援助によってボスニアで最初の文芸誌『ボスニアの友』（1

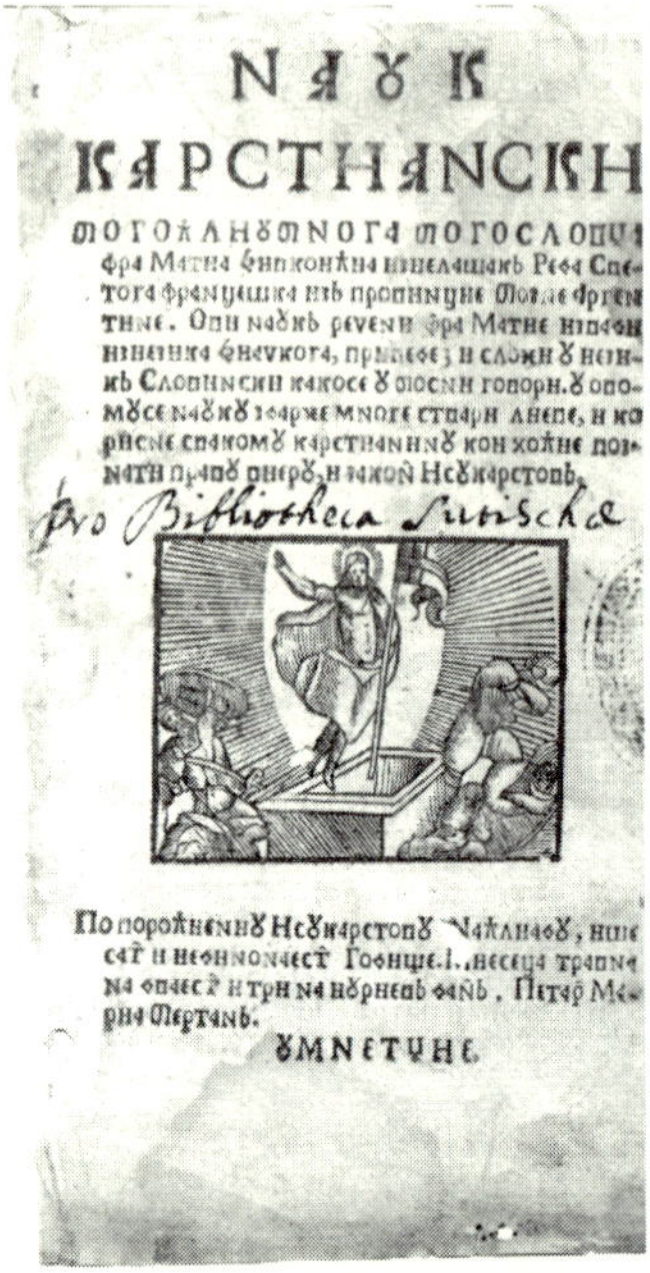
『スラヴ民族のためのキリスト教教理』

850、出版地はザグレブ）を刊行している。最終的に四巻本となった雑誌は、ボスニアの百科事典としての役割も果たすものだった。これらのユキッチの仕事はのちにイヴォ・アンドリッチに大きな影響を与えることになる。

もう一つの流れはムスリムによる文学である。オスマン帝国の支配下に入ると、ボスニアではイスラム化が進み、ムスリムの子弟がイスタンブルで学ぶことも少なくなかった。こうして、トルコ語、ペルシア語、アラビア語による著作が生まれるようになる。たとえば、メフメト三世に仕えたデルヴィシュ・パシャ・バイエジダギッチ（16世紀半ば～1603）はトルコ語とペルシア語で詩作を行い、サラエヴォで生まれた詩人ハサン・カイミヤ（17世紀初頭～1680頃）はボスニア語とトルコ語で創作した。17世紀末にはボスニア語をアラビア文字で表記する文化も生まれている。ペルシア語の散文詩『サヨナキドリの庭』は、フェヴズィヤ・モスタラツ（17世紀末～1745頃）によるもので、ペルシア文学の伝統を踏まえて書かれている。散文の分野においては、ムラ・ムスタファ・バシェスキヤ（1731～1809）がトルコ語による『サラエヴォ年代記』を出版した。この書籍にはサラエヴォで起きた出来事、日々の暮らしなどが記されており、当時の都市生活を知るうえで貴重な資料となっている。

正教徒による貢献も忘れてはならない。ニチフォル・ドゥチッチ（１８３２～１９００）はボスニア南東部に生まれ、セルビアとフランスで教育を受けた。修道院についての書物を著すとともに、モンテネグロの主教ニェゴシュの作品の重要性を見出したことで知られる。

オスマン帝国による長い支配のあと、オーストリア・ハンガリー帝国の支配下に置かれたボスニアでは、独立への希求、アイデンティティの構築が重要な課題として立ち上がり、別個に形成されてきた文化的伝統が合流しはじめる。そのとき、中心となったのは、文化サークルであり、雑誌であった。４人の若い教師によって創設された文芸誌『ボスニアの妖精』（１８８５～１９１４）は、セルビア、クロアチア、ムスリムといった個別の民族主義を否定し、南スラヴの文化的統一を説くものだった。この雑誌はイヴォ・アンドリッチが最初の文学作品を寄稿したことで知られているが、ほかにも南スラヴの近代文学を代表する作家たちが参加している。

雑誌『ボスニアの妖精』第１号

こうした活動はサラエヴォのみで行われていたわけではない。モスタルでは文芸誌『あけぼの』（１８９６～１９０１）が刊行され、ボスニアの近代文学の中心となった。創始者の一人アレクサ・シャンティチ（１８６８～１９２４）はモスタルでセルビア系の中流家庭に生まれ、トリエステとリュブリャナで商業を学んだのちに故郷に戻った。愛、愛国心、社会などをテーマにした詩作で知られる。初期にはセルビアの詩人イリッチ、ズマイらの影響を強く受けた創作を行っていたが、より具体的で簡潔な作風へと変化していった。隣に住むムスリムの少女をうたった「エミナ」はセヴダリンカとなって、大変な人気を博した。

ゆうべ、ハマームで温まって帰るときに、
イマームのおじいさんの庭のそばを通った。
そのとき、庭の、ジャスミンの影に、
水差しをもったエミナが立っていた。

（…）

シャンティチ、スヴェトザル・チョロヴィチとともに『あけぼの』の創刊にたずさわったのが、ヨヴァン・ドゥチッチ（1871～1943）である。トレビニェに生まれ、モスタルで中等教育を受ける。教育学を学び、教師としてモスタルに戻り、創作活動を行った。愛国主義ゆえに当局に反目し、モスタルを離れて、ジュネーヴとパリで数年を過ごす。その間に、フランスの象徴主義を知り、強い影響を受けた。1907年にセルビアの外交官となり、以後、外交官として活躍する。1941年にナチスがユーゴスラヴィアを侵略するとアメリカに亡命し、セルビア人ディアスポラ団体を組織した。2年後に同地で客死している。ドゥチッチの詩作はヨーロッパでも知られており、すでに1915年にはロンドンの雑誌『ニュー・エイジ』に「ポプラの木々」の英語訳が掲載された。

アレクサ・シャンティチ

なぜ今夜ポプラはそんなにざわめくのか？
そんなにひどく、あやしげに。なぜそんなにざわめくのか？
黄色い月がゆっくりと沈む
予感のように、はるかな暗い丘に。そして夢。
（…）

モスタルではムスリム系の詩人ムサ・チャズィム・チャティチ（1878～1915）が編集人を務める雑誌『真珠』も刊行された。

シャンティチ、ドゥチッチ、後述するセリモヴィチ、ディズダル、アンドリッチといった作家たちはボスニア・ヘルツェゴヴィナの珠玉として、現在、紙幣に肖像が用いられている（ボスニア発行とスルプスカ共和国発行ではデザインが違うものの、すべて文学者である）。それは、ボスニアのアイデンティティが、政治によってではなく、文学によって形成されてきたことを語っている。

（奥　彩子）

ヨヴァン・ドゥチッチ

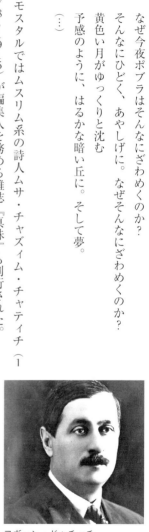

48

ボスニア・ヘルツェゴヴィナと文学②

★20世紀以降の文学★

第一次世界大戦の結果、ボスニア・ヘルツェゴヴィナは新生国家「セルビア人・クロアチア人・スロヴェニア人王国」の一部となった。戦間期の文学は、ザグレブで刊行された雑誌『南方文芸』に代表されるように、南スラヴの文化的統一を目指す運動が盛んだった。その一人であるイヴォ・アンドリッチが発表した初期作品のうち、『アリヤ・ジェルゼレズの旅』（1920）は、ムスリム叙事詩の英雄をモティーフとしつつ、好色な酔いどれ男という「文学的人物」に展開させて高い評価を受けたが、のちにムスリムからの強い反撥を受ける結果となった。

第二次世界大戦が終わると、パルチザンを主題とする文学が多く生まれた。ブランコ・チョピッチ（1915〜1984）は、自らと同じくパルチザンに身を投じた地方出身者をいくども主題に取り上げており、ユーモアあふれる作風で人々を魅了した。児童文学も多く、ユーゴスラヴィアでもっとも愛される作家の一人として知られた。メシャ・セリモヴィチ（1910〜1982）も戦時中にパルチザン闘争に参加した経験を持っている。『修道師と死』（1966）はオスマン帝国時代のボスニアを舞台に、スーフィーの修道僧《ダーウィシュ》を主人公にしている。物語の終盤で

『修道師と死』（三谷惠子訳、松籟社、2013年）

主人公が山中をさまよい、ステチャク（中世の墓碑）に語りかける場面があるが、これはボスニア文学に特有のモティーフである。たとえば、ステチャクを主題の中心に据えた詩人として、ムスリムの家庭に生まれたマック・ディズダル（1917〜1971）が挙げられる。ボスニアの中世への強い関心から生まれた詩集『石の眠り人』（1968）は「ボスニア精神」が集成された作品として、ボスニア・ムスリムから大いに称賛されている。作品は、詩人、墓碑の下で眠る中世のキリスト教の異端派、異端狩りの対話から構成される。

身体に縛られ、皮膚に閉じ込められ
天国が戻り、複層をなすのをお前は夢見る
脳に閉じ込められ、心に囚われ
あの暗い洞窟で永遠にお前は太陽を夢見る
肉に囚われ、骨にばらされ天国までの空間をいかにして越えられよう？（「人間についての言葉一」）

ユーゴスラヴィア解体に際して、ボスニアでは、生きている作家もそうでない作家も、深い傷を負った。たとえば、アンドリッチの短篇「1920年の手紙」（1946）は登場人物マックスがボスニアを憎悪の地と語り、スペイン内戦に身を投じていく。この作品は、セルビア民族主義者によって、ボスニアでの戦争の正当化のために用いられることになった。サラエヴォ生まれの作家ジェヴァド・カラハサン（1953〜）は、マックスの孫を登場人物とする短篇『1993年の手紙』（2003）を書いた。カラハサンの主人公は、ボスニアの人々が愛と憎しみを表裏一体のものとしていることを語り、矛盾に満ちた現実を生きるために、戦時下のボスニアへと帰っていく。とはいえ、戦争は多くの作家に故国離脱を強いた。カラハサンはオーストラリアに移住し、ミリェンコ・イェルゴヴィチ（1966〜）はザグレブに居を移した。イェルゴヴィチの短篇集『サラエヴォのマルボロ』（1994）は、平易な日常の言葉のなかに、現実の裂け目を描き出す。とくに最終章の「図書館」ではサラエヴォの図書館の火災が、怒りとともに述べられている。このとき焼失したのは書籍ではなく人間性であった。図書館だった建物は現在では再建され、観光客にも公開されている。しかし、150万冊あった蔵書が戻ることはない。

移住先の言語で執筆する作家も少なくない。アレクサンダル・ヘモン（1964〜）はシカゴに短期滞在しているときに戦争が勃発し、サラエヴォに帰ることができなくなった。不法就労をしたり、雑誌購読のセールスをしながら生計を立て、英語で小説を書きはじめる。二作目の『ノーホエア・マ

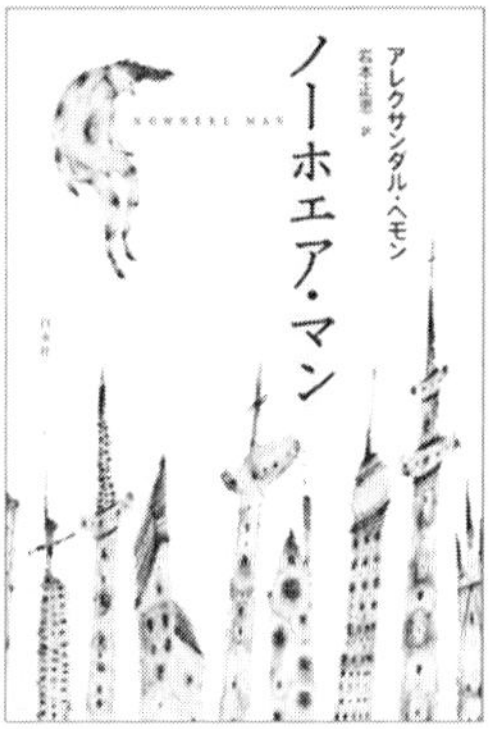

『ノーホエア・マン』（岩本正恵訳、白水社、2004年）

ン』（２００２）はサラエヴォ出身でアメリカに生きる移民を主人公に、移民に対する無理解、母語ではない言葉を用いる困難、分裂した母語（セルビア・クロアチア語から各国語）をめぐる緊張を描いている。この作品は全米批評家協会賞の最終候補に選ばれ、職業作家となる道をヘモンに開いた。14歳でドイツに移住したサーシャ・スタニシッチ（１９７８〜）は自伝的作品『兵士はどうやってグラモフォンを修理するか』（２００６）でドイツ文学賞の最終候補となった。主人公はヴィシェグラードに生まれ、共産主義を愛する祖父と心をともにする少年。ドイツに移住をして作家になるが、ボスニアを再訪すると、そこには記憶を粉々にする現実が待っている。

　このように、旧ユーゴスラヴィア圏の文学のなかでも、とくにボスニアの現代文学には戦争の傷跡が強く刻み込まれている。そればかりではなく、ボスニア文学史の再構築はいまだに難しい局面にある。高校教科書ではボスニア文学とは「ボスニア語で読めるすべての文学作品」と定義され、ボスニアとは特段のかかわりがないユーゴスラヴィアの作家もボスニア文学史に含められている。このような事態は、他のユーゴスラヴィア諸国では見られない。ボスニアの文学が、さまざまな民族、言語、宗

『兵士はどうやってグラモフォンを修理するか』（浅井晶子訳、白水社、2011年）

buybook と M.Chat

教が複雑に絡み合うなかで生み出されてきたことの証であろう。

ボスニア出身者が世界中に散らばっていくなか、国内と国外の文学を結びつけるのは、出版社である。経済危機によって出版業界も厳しい状況に置かれてはいるが、サラエヴォ市内にはボスニアの現代文学を扱う出版社の店舗がいくつかあるのでぜひ訪れてほしい。なかでもお薦めなのはbuybook。現代文学を英訳本でも積極的に出版している。書店の外ではグラフィティアートで有名なM.Chat（ムッシュー・シャ）が待っているので、挨拶を忘れないようにしよう。古書がほしければ、スケンデリヤの地下ショッピングモールに古本屋Mabelaがある。店主によれば、カラハサンはよく訪れるという。不思議の国のようなショッピングモールからたくさんの書物を持って地上に出ると、サラエヴォの街はまた異なる姿となって、あなたの前に立ち現れるかもしれない。

（奥 彩子）

49

ボスニア映画

★サラエヴォの銃弾からボスニア紛争まで★

ボスニアの映画といえば、1990年代のボスニア紛争、あるいは、オーストリア・ハンガリー帝国皇太子暗殺で第一次世界大戦勃発を引き起こした「サラエヴォ事件」、そしてボスニアが戦場となった第二次世界大戦のパルチザン戦を描いた作品が思い浮かぶであろう（パルチザン戦の映画についてはコラム11を参照）。以下、ボスニア出身の映画監督を紹介したい。

アカデミー賞外国映画部門受賞作の『ノー・マンズ・ランド』（2001）は、戦争の不毛さや不条理を訴えるヒューマニズムが多くの観客の心を打った。敵同士の二人の兵士が、双方の前線の間の無人地帯にある塹壕で地雷の上に横たわる兵士を協力して助けようとする。国連軍の地雷の専門家やマスコミ取材班が来ては去って行く。現代の戦争の様々な側面を見せながら、苦い結末がリアルで衝撃的であった。

本作はボスニア、スロヴェニア、イタリア、フランス、イギリス、ベルギーの共同製作で、俳優も各国から参加している。ボスニア紛争後製作された劇映画は、だいたいこのように西欧諸国との合作が多い。前線でドキュメンタリーを製作していたダニス・タノヴィチ監督（1969〜）の初の劇映画で、オリジナル脚本はカンヌ国際映画祭で脚本賞を受賞、その後も次々と作品を発表している。『サーカス・コロンビア』（2010）は、セルビアの代表的俳優のミキ・マノイロヴィチ（1950〜）演ずる男が戦乱を避けて西欧で財をなし、若い愛人を伴い故郷に戻って起こす騒動を描く。『鉄くず拾いの物語』（2013）は、ロマの女性が健康保険証がないため手術を受けられなかった実話を基に、ロマの人々が自分たちを演じて国際的に話題になった。『汚れたミルク／あるセールスマンの告発』（2014）は、パキスタンを舞台に、多国籍企業の非人間的な商業主義を告発したセールスマンの孤高な戦いについての実話の劇化である。『サラエヴォの銃声』（2016）はフランスの哲学者、ヴェルナール＝アンリ・レヴィの原案で、サラエヴォ事件百周年の記念行事の準備をするホテルの人々を描く。

ビデオや短編の製作に携わっていたヤスミラ・ジュバニッチ（1974〜）の初の劇映画『サラエボの花』（2006）は、ベルリン国際映画祭の最高賞を獲得し、彼女は一躍国際的に注目される。戦争の傷跡が人々の心に残り続ける悲劇がしみじみと訴えられる本作の原題『グルバヴィツァ』はサラエヴォの一地区の名前で、ボスニア紛争中にセルビア人勢力によってボシュニャク女性に対する集団レイプが行われた収容所があった。レイプの犠牲者として身ごもって産んだ娘に真相を話せず悩むヒロインを演じたのはセルビアの女優のミリャナ・カラノヴィチ（1957〜）で、彼女はエミール・クストリツァ監督（1954〜）の作品をはじめ数々の映画で活躍している。ジュバニッチ監督の二作目『サラエボ、希望の街角』（2010）は、戦争の後遺症に悩む男女のカップルを描く。アルコール依存症になりイスラム原理主義に取り込まれた恋人との関係に悩むヒロインは、自分の生き方についての決断に迫られる。

ジュバニッチと同じく女性ならではの繊細なヒロインの心の動きを描く『雪』（2008）のアイダ・ベギッチ監督（1976〜）は、戦乱で女だけになった村の女性たちが世代や因習を超えて戦後の生活を再建する逞しさをマジック・リアリズム的手法を交えながら表現する。続く『サラエヴォの子供たち』（2012）では戦争孤児の戦後の生活、『一人にしないで』（2017）ではトルコに逃れて来たシリア難民の子供たちを描く。

『雪』の一場面［©mamafilm 2008］

『雪』で物静かながら強靭な精神を見せるヒロインを演じたザーナ・マリャノヴィチ（1983〜）は、ハリウッド女優アンジェリーナ・ジョリー（1975〜）の初監督作品『最愛の大地』（2011）でも主役を務め、国際女優の仲間入りをした。しかしボシュニャクの女性が征服者で昔馴染みのセルビア兵と恋に陥るというジョリーの映画の設定は、ボシュニャクの女性たちの反発を引き起こし社会問題となった。

アデミル・ケノヴィチ監督（1950〜）の『パーフェクトサークル』（1997）は、ボスニア紛争中に自宅に舞い込んで来た孤児たちと生活をする作家を描くが、本作をケノヴィチ、ピエル・ジャリツァ（1964〜）と共同脚本を書いたアブドゥラフ・シドラン（1944〜）は詩人、作家でクストリツァ監督の初期2本の映画の脚本で有名である。

プラハの映画学校で学んだクストリッツァの初の劇映画『ドリー・ベルを憶えてる?』(1981)は西欧の音楽や映画に憧れる60年代の若者のほろ苦い青春を描き、新しい才能の到来と当時のユーゴの映画界は沸いた。劇映画第二作『パパは出張中』(1985)はスターリン時代の政治の犠牲者となって服役する父を出張中と子供に説明した家族をめぐる悲喜劇で、カンヌ国際映画祭の最高賞を受賞し彼の国際的名声を固めた。

その後『ジプシーのとき』(1988)でロマのコミュニティを独特のマジック・リアリズムで描く。その作風は第二次世界大戦からユーゴ紛争までを大河の濁流のような壮大な映像に仕上げ、二度目のカンヌ国際映画祭最高賞を得た『アンダーグラウンド』(1995)を経て、戦乱に翻弄される村人としての主演も務める最新作『オン・ザ・ミルキー・ロード』(2016)まで続く。

ここで、ユーゴ時代のボスニア映画の歴史に簡単にふれたい。第二次世界大戦後、各共和国に撮影所が設立され、ボスニアではサラエヴォに1947年ボスナ・フィルムが誕生、最初の映画はセルビア人監督ニコラ・ポポヴィチ(1907~67)が撮ったボスニア南東部のパルチザンの戦いについての『バウク少佐』(1951)で、その後1990年までに41の劇映画と約250のドキュメンタリーが製作された。パルチザン映画の他に海外で紹介された劇映画には、アニメ製作出身のバト(バフルディン)・チェンギッチ監督(1933~2007)が戦争孤児の残酷な世界を描く『兵士と遊ぶ』(1968)や、セルビアの人気俳優ミレナ・ドラヴィチ(1940~)とドラガン・ニコリッチ(1943~2016)共演で撮った無目的な若者についてのボロ・ドラシュコヴィチ監督(1935~)の『ホロスコープ』（1969）等がある。

サラエヴォ事件については、ユーゴ時代に二作製作された。『サラエヴォの暗殺』（1968）は、第二次世界大戦の対独パルチザンとサラエヴォ事件に関わる青年ボスニアの若者たちの祖国への思いを重ねた構成となっている。ベオグラード、ザグレブ、サラエヴォに支部があったユーゴ労働者同盟の製作で、監督はボスニア出身で主にクロアチアで活躍したファディル・ホジッチ（1922〜2011）、俳優はソフィア妃を演ずるポーランドの著名な女優ルチナ・ウィニツカ（1928〜2013）以外はオーストリア人やドイツ人の役も含めてユーゴの各共和国から参加し、サラエヴォで撮影されている。

『サラエヴォでの暗殺・世界を揺るがした日』（1975）は、チェコ、ドイツ、ユーゴ共作。モンテネグロ出身、ローマで映画製作を学び、クロアチアでキャリアをはじめパルチザン映画で有名なヴェリコ・ブライッチ（1928〜）が監督。クリストファー・プラマー、フロリンダ・ボルカン、マクシミリアン・シェルなど国際的スターが参加した大作で戦闘場面もあるが、恋愛場面も入れてメロドラマ的色彩も加えられている。

（平野共余子）

コラム11

『ヴァルテルはサラエヴォを守る』
――パルチザン映画とボスニア

山崎信一

社会主義時代のユーゴスラヴィアでは、第二次世界大戦中のパルチザンの英雄的戦闘を描いた映画が多数製作された。これらの映画はパルチザン映画と総称され、一つの映画ジャンルを形成している。これらの映画は、基本的な勧善懲悪の構図（正義のパルチザンと悪のドイツ、イタリア、傀儡勢力）や定型的な表現技法が存在したという点で、アメリカの西部劇とも比較される。パルチザン映画は、いわば「国策映画」として当時の人民軍（連邦軍）の協力を得て製作されることも多かった。戦車や銃などの兵器は実際のものが使われることも多く、また人民軍兵士をエキストラとして動員することもできた。さらに映画製作のノウハウを生かし、外国の戦争映画に撮影の舞台を提供することもしばしばであった。パルチザン映画は、確かにパルチザン戦争の想起とその神話化の一翼を担いはしたが、後期の作品ではプロパガンダ色はさして強くはなく、むしろ人々には娯楽映画として消費されるようになった。ボスニア・ヘルツェゴヴィナはパルチザン戦争の主要な舞台であり、ボスニアを舞台として製作されたパルチザン映画も多かった。

パルチザン映画が多数製作されるようになったのは１９６０年代初頭からで、初期の主要な作品には、１９４２年のコザラの戦いを描いた『コザラ』（１９６２年、ヴェリコ・ブライッチ監督）のほか、『ドゥルヴァル降下』（１９６３年、ファディル・ハジッチ監督）などがある。パルチザン映画には、バタ・ジヴォイノヴィチ、ボリス・ドゥヴォルニク、レリャ・バシッチ、リュビシャ・サマルジッチ、ベキム・フェフミウら、民族を問わず当時の主要な映画俳優が定番とし

コラム11
『ヴァルテルはサラエヴォを守る』

映画『ヴァルテルはサラエヴォを守る』の一場面

て出演していた。1969年には、ユル・ブリンナー、オーソン・ウェルズ、フランコ・ネロら国際的に著名な俳優の出演を得て『ネレトヴァの戦い』（ヴェリコ・ブライッチ監督）が製作され、さらに1973年には『スーチェスカ』（スティペ・デリッチ監督、邦題は『風雪の太陽』）が、チトー役にリチャード・バートンをキャスティングして製作され、パルチザン映画が広く世界に紹介された。

　こうした中、1972年に製作されたパルチザン映画が『ヴァルテルはサラエヴォを守る』（ハイルディン・クルヴァヴァツ監督）である。映画では、謎めいたパルチザン活動家ヴァルテルと、その正体を追うドイツ諜報員の息をもつかせぬ暗闘が描かれる。主人公のモデルは、実在のパルチザン活動家ヴラディミル・ペリッチで、ヴァルテルは彼の活動家名であった。ただし映画自体は史実に基づいているわけではなく、娯楽映画として多分に脚色が加えられている。この映画はカルト的な人気を博し、「ヴァルテル」はサラエヴォのシンボルのひとつとなった。ラストシーンでのサラエヴォの街を見下ろしながらのドイツ軍将校のセリフ「この街が見えますか？ これこそがヴァルテルなのです！」はよく知られている。なお、この映画には当時ティーンエイジャーのエミール・クストリツァも端役で出演している。また、「ファシストに対する共産主義者の戦い」という社会主義世界にとって政治的に正しい構図を持っていたことから、同時代の中国でも広く上映されたという。

1980年代に入ると、社会状況の変化を反映してパルチザン映画の製作もほとんどなされなくなった。しかし現在に至っても、パルチザン映画は、まさしく「ユーゴスラヴィア的なもの」として、社会主義時代にノスタルジーを抱くボスニアの人々の記憶に残り続けている。

50

近代美術

★よそ者との関わり合いから生まれる美術★

チェコ人の芸術家アルフォンス・ミュシャが、オーストリア・ハンガリー政府の依頼で1900年のパリ国際博覧会でボスニア・ヘルツェゴヴィナ館の内装を担当することになり、その仕事が後の《スラヴ叙事詩》の制作に多大なる影響を与えたことはよく知られている。このことは、ボスニア近代美術の初期を象徴する重要な出来事であった。

この頃に芸術家としてボスニアに足を踏み入れた西からの来客はミュシャだけではなく、1878年のオーストリア・ハンガリー二重帝国の占領以降、エキゾチックでオリエンタルなテーマを求める芸術家たちが、異国情緒漂うボスニアへ訪れるようになっていた。世紀末にサラエヴォで発行されていた雑誌『希望』には、帝国内出身でウィーンのアカデミーで学んだドイツ人やスロヴェニア人の画家が描いた挿絵とともに、文明化を推し進める雑誌として、ウィーン分離派などの帝国内の最先端の芸術についての記事が掲載された。

国内向けの雑誌だけでなく、帝国内の「文明人」によって描かれたボスニアの姿は、ブダペスト、ブリュッセル、パリで開催された国際博覧会で展示された。それは、世界中から博覧会

ガブリエル・ユルキッチ《花の高原》1914年
［所蔵：ボスニア・ヘルツェゴヴィナ近代美術館］

を見に来た人々にボスニアのエキゾチックな魅力を見せつけると同時に、その土地がオーストリアの植民地として西欧世界に入ったことも示していた。このように、ボスニアの近代美術はオーストリア文化圏からのオリエンタルな眼差しから始まったのである。

世紀末の国際博覧会では、ボスニア代表として概ねボスニア出身ではない芸術家たちの作品が展示されていたが、『希望』が休刊する1903年頃には、ボスニア出身の画家たちが活躍し始める。ちなみに、20世紀初頭はまだユダヤ系やムスリム系の人々は西洋美術には関心を示しておらず、西洋美術の担い手はクロアチア系とセルビア系の人々であった。

ボスニア近代初期を代表する画家に、クロアチア系のガブリエル・ユルキッチ（1886～1974）がいる。ボスニアのリヴノで生まれ、ザグレブとウィーンのアカデミーで絵画を学んだユルキッチは、外光派的なたっぷりと光を含ませた明るい風景画を得意としており、そのヨーロッパ的感覚な作品は、現在も高い人気を誇っている。ブランコ・ラドゥロヴィチ（1885～1916）、ヨヴァン・ビエリッチ（1886～1964）などのセルビア系の画家は、プラハで教鞭を執っていたクロアチア人画家ヴラホ・ブコヴァツのもとで近代絵画を学び、帰郷した後ボスニアやセルビアを拠点に芸術活動を行った。風景画や肖像画が多いボスニア絵画の中で、ロマン・ペトロヴィチ（1898〜1974）は、早い段階から抽象表現主義的な作品などを制作し、前衛的な表現を見せていた。

ヴォヨ・ディミトリエヴィチ《スペイン 1937》1938年
［所蔵：ボスニア・ヘルツェゴヴィナ近代美術館］

第二次世界大戦中激戦が繰り広げられたボスニアで、国民解放戦争（NOB）に参加し、文化活動を戦後まで守り抜いたヴォヨ・ディミトリエヴィチ（1910〜1980）、イスメット・ムエジノヴィチ（1907〜1984）、ダニエル・オズモ（1912〜1942）の3人の芸術家の存在も重要である。戦前からプロレタリアート版画を制作していたユダヤ系のオズモは、1941年にヤセノヴァツ強制収容所に入れられ、一年後に収容所で殺害される。オズモが描いた収容所内のスケッチが残されており、当時の収容所の様子を伝える貴重な資料となっている。

ディミトリエヴィチはパリ留学時から反ファシズムや階級社会などをテーマとした作品を制作し、左派活動を行っていた。サラエヴォのアトリエにあった彼の戦前の作品はほぼすべてドイツ軍の手で燃やされたが、スペイン人民戦争を描いた作品《スペイン1937》は戦後まで守られた。戦中は版画やスケッチの制作を行いプロパガンダ活動に従事し、戦後初期には社会主義リアリズム風の作品を制作していたが、60年代半ば頃から抽象表現にのめり込んでいく。

ボスニア美術の戦後の動向は、ディミトリエヴィチのような抽象表現主義と幻想絵画の二つの方向に分かれる。イスラム文化を表現する作品も見られ始め、メフメド・ザイモヴィチ（1938〜2011）はアラベスク文様を取り入れた抽象画を制作し、メルサド・ベルベル（1940〜2012）は、《サラエヴォ・クロニクル》（1975〜1979）シリーズなどで、オスマン帝国時代のサラエヴォの文化を表した幻想絵画を制作し、海外で高い評価を得た。

メフメド・ザイモヴィチ《立冬》1968年
［所蔵：ボスニア・ヘルツェゴヴィナ近代美術館］

また、ボスニアの近代建築も戦後に大きく発展する。30年代にル・コルビュジエのアトリエからボスニアへと来たザグレブ生まれの建築家ユーライ・ナイトハルト（1901〜1979）は、ボスニア・ヘルツェゴヴィナ議会の設計やサラエヴォの都市計画を行ったことで知られている。弟子には、ホテルや教会、モスクの設計で知られるズラトコ・ウグリェン（1929〜）や、サラエヴォの象徴であるホテル「ホリデー・イン」とツインタワー（UNISビル）を設計したイヴァン・シュトラウス（1928〜2018）がおり、数々の近代的な建築物を国内に残した。

現代美術の、アカデミズムやキリスト教美術に依拠しない抽象表現や新しいメディアを使用する点は、多民族・多宗教の共存を目指したユーゴスラヴィア時代のボスニアで大事な意味を持っていただろう。バニャ・ルカのスルプスカ共和国現代美術館は、1969年のバニャ・ルカ地震の復興のために国内と西ヨーロッパ諸国などから寄贈された600点以上の作品をコレクションとして始まった。また、サラエヴォ現代美術館ことArs Aeviは、サラエヴォ包囲中の1992年に国外からの作品の寄贈を呼びかけ、世界的に有名な芸術家の作品を集めて開館した。

ボスニアは国際的な芸術交流が盛んな土地であった。しかし、ボスニア内戦の衝撃は、世界の芸術市場にも「ボスニア＝戦争」というイメージを植え付けた。芸術は外国の人々との交流を促す反面、一方的なイメージを量産する力も持っている。国内外の芸術家によってボスニア内戦をテーマとした芸術作品が制作されてきた。

近代のボスニアにおける芸術活動は、常によそ者（外国人）からの刺激を受けてきたが、それは近代以前から絶え間ない人的移動と交流によって独特の文化を形成してきたこの土地の特徴的な文化であると言えるかもしれない。

（山崎佳夏子）

51

建築・土木

★色濃く残るオスマンの痕跡★

ボスニアの町に親しんだ人が、現在のトルコがあるアナトリアの町を歩くとき、それが互いによく似ていることに驚かされるだろう。逆もまた、そうである。伝統的な住宅や商店街の作り、民家の間にうずもれる泉水、緑に囲まれたモスクとその背後の墓地の風情。町の作りが似ているのである。いずれの地域も近世の長きにわたりオスマン帝国の支配下にあり、その下で、社会のイスラム化が進んだ。このため、この類似をオスマンの遺産というのは簡単だが、注意が必要なのは、一方の文化が他方に影響を与えた、というような単純な関係ではない点である。むしろ、オスマン帝国が、バルカンとアナトリアの、気候風土の似た地域を本拠として成立していた事実を示しているにすぎない。気候風土に限定されつつ、各地で新たに進んだイスラム化が、オスマン帝国の各地に類似した都市景観を生み出したのだ。

そして、オスマン帝国の時代が終わり、ボスニアでは150年が過ぎた。オスマン帝国の治下にあったところは、どの地域でも、長い近世の痕跡を残しつつ、近代化の歩みが進められた。そして、近世の痕跡は、オスマン帝国の痕跡と称され、時に否定的に、時に敬意をもって扱われ、否定と尊重が織りなす偶然の産物として、今日に伝わっている。歴史の波に翻弄されたボスニア・ヘルツェゴヴィナの場合は、その傾向が特に強い。内戦終了後の再建過程でイスラム教関連の建造物が特に尊重されると同時に、イスラム教とオスマン帝国が同一視された結果、「オスマン帝国期の景観」を意図的に再現しようという傾向が見てとれる。

そのようなボスニア・ヘルツェゴヴィナにあって、オスマン帝国時代に建設され、今も尊重される歴史的建造物には2種のものがある。一つは、都市の宗教施設・商業施設、もう一つは交通路上の建造物である。

まず都市の宗教施設と商業施設を見てみよう。

オスマン帝国下のボスニアの中心都市サラエヴォを、17世紀の後半に訪れたエヴリヤ・チェレビーというオスマン官人は、この街をオスマン帝国の典型的な街として描写している。サラエヴォは、10のキリスト教徒の街区、二つのユダヤ教徒の街区を含め１０４の街区からなり、77の大モスク、１００の小モスク、たくさんのマドラサ（神学校）、１８０の学校、47の神秘主義教団修道場、七つの給食所、４００以上の給水施設、７００の井戸、１７６の水車、五つのトルコ風呂、三つのキャラバンサライ（隊商宿）、23のハーン（商館）、１０８０軒の店舗、一つのベデスタン（石造りの商業施設）、七つの橋、そして正教とカトリックの教会、シナゴーグがそれぞれ一つあったとする。列挙された施設の数には語呂合わせや誇張があるが、オスマン帝国下の街に「ありそうな」ものがそろっていたことをうかがえる。そして、今なお、サラエヴォの町を歩くとき、そのいくつかを目にすることができる。

ガーズィー・ヒュスレヴ・ベイのモスク

うち、最大の歴史遺産はガーズィー・ヒュスレヴ・ベイ（ボスニアではフスレヴベグと呼ぶ）のモスクである。16世紀前半に、時のスルタン、スレイマン一世の祖父にあたるバヤズィト二世の娘を母にもつヒュスレヴ・ベイが建て、街のオスマン化の象徴ともなった。オスマン帝国初期のモスクに多い、ドーム空間の左右に2室を備えたT字型（タブハネーレリ型）モスクであり、首都イスタンブルから十分な技術をもった建築部隊が派遣され、オスマン帝国を象徴する建造物が作られたことがうかがえる。先のエヴリヤ・チェレビーは、このモスクの清め用の蛇口からは、冬場には温かなお湯が供されていたと記録する。寒さの厳しい土地にあって優れたインフラが整備されていた。

さらに、ヒュスレヴ・ベイによる建築の重要性は、単にモスクだけでなく、それを取り巻く複合施設群（キュッリエ）を建設した点にある。キュッリエは、オスマン治下の主要都市で、その宗教・教育・文化活動の中核となるよう計画され、スルタンや王家の人々、大宰相らが建設の任にあたっていた。サラエヴォの場合は、ヒュスレヴ・ベイにそれが任された。キュッリエは、マドラサ、図書館、学校、給食所、宿泊所などからなる。さらに商業施設として、店舗やハーン、トルコ風呂も計画的に建設された。複合施設群全体の運営には、ボスニア地域の多くの村からの税収があてられた。

ヒュスレヴ・ベイ・モスクほどの規模は他に例がないが、オスマン帝国時代、サラエヴォの発展にともないオスマン官人や地元の名士らにより街には多くのモスクが建設された。そして、今日、サラエヴォの町を歩くとき、盆地の中心から南北に広がる斜面に、オスマン帝国時代に由来をもつ多くのモスクが、今なお健在であったり、復興されて活動していることに驚かされる。19世紀、オーストリア占領期に作られた地図は、今もモスクの分布図として現役である。1990年代の内戦で、大きな被害にあったガーズィー・ヒュスレヴ・ベイのモスクも、現在美しく蘇り、多くの信者と観光客を迎えている。

次にオスマン帝国が残したもう一つの遺産、すなわち交通路の橋を見てみよう。遠征でのロジスティックにたけたオスマン軍は戦争に先立ち建築部隊を送り、道路や橋の整備をさせたといわれる。また、遠隔地交易路の整備も重要であった。東ローマ帝国から継承された優れた土木技術が活用され、今なお現役で使える橋も多い。ヴィシェグラードのドリナ川にかかる橋、そして、内戦で破壊されるまで町のシンボルでもあったモスタルのネレトヴァ川にかかる橋などが、その一例である。

山が多く、谷が深いボスニアの地では、アンドリッチの名作『ドリナの橋』にあるとおり、川や谷を乗り越え、橋により各地が一つに結ばれることの意味は大きかった。あまりの難工事ゆえ、それを成し遂げた人々が記憶される契機もあっただろう。その結果、多くの橋の記憶は、オスマン支配の象徴として今日に受け継がれている。
だからこそ、内戦で破壊されたモスタルの橋の再建には、トルコ政府が多額の資金を提供し、「我らが文化の象徴」として、その再建を祝った。オスマン帝国の遺産は、オスマン帝国のあったすべての土地の人々にとって自らのものであり、決してトルコの遺産ではない。ましてや、現在のトルコ共和国政府がモスタルの橋を自分たちのものと考えるのは、一種の越権である。しかし、そんな声は容易にかき消されるのが、現代の世界である。民族主義的な発想にとらわれず、オスマン帝国の遺産を扱うことは依然むつかしい。

（林 佳世子）

コラム12

「スポメニク」の世界
――巨大なパルチザン記念碑の今

山崎信一

さまざまな歴史的契機に記念碑が建造されることは、洋の東西を問わず共通である。ボスニア・ヘルツェゴヴィナを含むユーゴスラヴィアももちろん例外ではなく、第二次世界大戦後には、大戦中のパルチザンの活躍や犠牲となったパルチザン兵士を記念する記念碑があちこちに建造された。こうした記念碑は、個人を記念するもの（胸像や肖像のレリーフが多い）、集落や自治体の中央広場などに作られた比較的小規模なものも数多いが、とりわけ目を引くのは、巨大なパルチザン記念碑の数々であろう。ユーゴスラヴィア各地の巨大なパルチザン記念碑は、奇抜とも言える抽象的なデザインのものが多く、一見しただけではそれが果たして何を意味するのか理解するのは至難とも言える。巨大記念碑の前では、毎年記念式典が開催され、また学校の遠足の目的地でもあり、普通の人々もしばしば足を延ばし、第二次大戦中のパルチザンの活躍に想いを馳せた。さまざまな記念碑は、社会主義ユーゴスラヴィアの「建国神話」とでも言うべきパルチザンの神話化の一翼を担ったのである。記念碑は人々にパルチザンの記憶を常に想起させ、パルチザン神話を強化する役割を担った。

パルチザン戦争の主要な舞台であったボスニアにも、数多くの巨大なパルチザン記念碑が建造された。パルチザン戦争の主要な舞台は山岳部であり、ゆえに巨大な記念碑の多くは山の中に作られた。映画化もされた「スーチェスカの戦い」の舞台、スーチェスカ川沿い、フォチャ自治体に属する小村ティエンティシュテには、1971年に19メートルの高さと25メートルの幅を持ち、対称をなす二つの部分からなるコンクリート製の巨大な記念碑が完成した。周辺には、記念博物館、ホール、宿泊施設、食堂、駐車場なども設けられ、それら周辺施設とあわせ、「英雄の谷」と名付けられた複合施設をなして

ティエンティシュテのパルチザン記念碑
［出所：*Socijalistička Repubulika Bosna i Hercegovina*, Zagreb, 1983, str.124.］

いた。また、こちらも映画化された「ネレトヴァの戦い」を記念して、1978年にマクリェン山に高さ14メートルの、花のようにも拳のようにも見える記念碑が建造されている。また、ボスニア北西部のコザラ山地には、「革命記念碑」と題された巨大記念碑（高さ33メートル）が1972年に完成している。

社会主義体制の崩壊とそれに引き続いての紛争により、「パルチザン神話」は脱神話化され、ナショナリズムが新たな支配的イデオロギーの地位を得た。これにより、パルチザン記念碑には、「旧体制たる社会主義体制の象徴」という否定的な意味も付されるようになった。大小の多くの記念碑が、戦争中、そして戦後に破壊の憂き目にあった。マクリェン山の巨大記念碑は、紛争終結後の2000年に何者かにより爆破され、今では内部の骨組みを残すのみである。記念碑の多くは、ボスニア政府により文化財に指定されているが、維持予算の不足や人々の関心

の低下により、落書きなども放置され荒れ放題のものも多い。

　現地の人々の関心の低下と反比例して、これらの巨大記念碑は、現在、むしろ旧ユーゴスラヴィアの外の人々の関心をひいている。確かに、こうした巨大で抽象的な記念碑は、西側諸国のみならず他の社会主義国を含めてもあまり例がない。「スポメニク（spomenik）」はセルビア・クロアチア語で一般に「記念碑」を指す普通名詞だが、今や国外では、社会主義ユーゴスラヴィアの巨大記念碑を指す単語として「スポメニク」が使われるようになり、写真集なども出版されている。

52

伝統音楽セヴダリンカ

★古《いにしえ》の都市の音風景★

イスラム文化の名残を留める歌謡ジャンル「セヴダリンカ（sevdalinka）」は、かつてオスマン帝国支配下にあったバルカン半島の南スラヴ諸民族が居住する地域において、イスラム文化の影響を強く受けた都市部で形成され、ムスリムを中心に、キリスト教徒、ユダヤ教徒、ロマなど、様々な集団から成る民衆の間で共有されてきた音楽である。

なかでもムスリムの多いボスニア・ヘルツェゴヴィナの都市部は、セヴダリンカ涵養の中心地であり続けてきた。19世紀中期から後期にかけ、南スラヴ諸民族がオスマン帝国支配を脱して以降、キリスト教の優勢な周辺国では、知識層によってイスラム的な文化が周縁化されたが、宗教構成の異なるボスニアでは、それはむしろ独自の文化として保持されたからである。

セヴダリンカという語は、古代ギリシアの「メランコリー（憂鬱）」という概念に起源をもつトルコ語で、「愛」を意味する「セヴダ（sevda）」が土着化し、音楽に適用されて生じたとされる。つまりセヴダリンカとは「愛の歌」を指す。

ボスニアの民俗音楽研究は19世紀半ばに開始されていたが、この語が初めて登場するのは１８９０年の同国の文芸誌においてである。この頃から20世紀前半にかけてのセヴダリンカは、ボスニアの都市部において、二つの音楽環境で実践される音楽だった。

一つは、古いタイプのセヴダリンカで、歌手自身あるいは伴奏者によって奏される撥弦楽器サズ（saz）の演奏に合わせ、ときに無伴奏で、親族や仲間内で披露された。サズはトルコの楽器として有名だが、ボスニアでは都市部の民俗楽器として定着した。

もう一つの、より現代的な形態のセヴダリンカは、酒場の客に披露される音楽だった。こちらは主にアコーディオンの伴奏で歌われ、またヴァイオリンやクラリネット等から成る西洋式の楽団や、撥弦楽器群タンブーラ（tambura）（オスマン帝国がバルカンにもたらしたとされ、西洋音楽と融合し独自の発展を遂げた民俗楽器）の楽団によって奏された。

サズ（左）はボスニア・セヴダリンカのシンボルとなった（ベフカ＆リューツァのレコード・ジャケット〔1984年〕より）

セヴダリンカの古典とされる作品の多くは、19世紀末から20世紀前半のこの時期に、ドイツ・ロマン主義的傾向をもつ知識人によって創作された。彼らは民衆の間に広まっていた歌謡の詩集を出版し、またそれに着想を得て詩を書き発表した。そして、音楽家が既存の旋律を編曲したり、詩に触発されて新たな旋律を創作したりした。ボスニア出身のアレクサ・シャンティチ（1868〜1924）は、この時代に同国のセヴダリンカを育んだ国民的詩人の一人とされる。

しかしながら、民族国家の創出が目指された当時、民衆文化の価値は、その固有性だけではなく、民族的な普遍性にもあると理解されていた。それゆえ「作者」が強調されることは少なく、流行歌として広まった作品の多くは作者不詳のまま、民衆が古くから歌ってきた民謡と解釈された。

その後ボスニアが一構成国となったユーゴスラヴィアでは、サズの伴奏によるセヴダリンカは主流ではなくなり、ボスニアの限られた音楽家によって担われていった。現在ではエミナ・ゼチャイ（1931〜）がその継承者の一人として知られる。

一方、後者の酒場タイプのセヴダリンカは、ラジオ・テレビ放送で積極的に扱われ、ザイム・イマモヴィチ（1920〜94）やシルヴァナ・アルメヌーリッチ（1939〜76）等の多くのボスニア出身歌手の活躍を通じ、1970年代までユーゴスラヴィア全域で人気の大衆音楽として隆盛を極めた。

現在「懐メロ」として親しまれているセヴダリンカは、酒場を揺籃の地とし、放送メディアの普及と共に発展した酒場タイプの後者であり、その音楽は実に多様である。だが、後者が古いタイプの前者と共通するセヴダリンカ特有の様式・内容を失ったわけではない。

セヴダリンカの歌詞の構造は、ボスニアではオスマン帝国支配期の16世紀には興隆していたとされる叙事詩の音節形式を留めている。また、実在した兄弟の英雄的行為と彼らの死を嘆く母親を描いた『モリッチ兄弟（*Braća Morići*）』等、吟遊詩人や民衆によって詠い継がれてきたいくつかの叙事詩は、セヴダリンカのレパートリーであり続けている。

歌唱の点では、一音節に複数の音を充て、ポルタメントを付けて歌うメリスマが顕著である。つまり、歌い手の技巧・表現能力に従って音声の長短や強弱が変化させられ、緊張感のある抑揚が生み出される。このように特定の拍子を伴わない調子はルバート（rubato）と呼ばれ、繊細な感情表現を可能にしている。

旋律については、ボスニアにおいてイスラム的な文化を付随的とみなすか、それとも本質的とみなすかによって意見が異なる。一方は、西洋音階やその基礎である教会旋法に基づく旋律に、セヴダリンカに特徴的な増二度音程が組み込まれているとする。増二度音程は西洋音楽においてオリエント風・トルコ風の音楽の特徴とされる要素である。だがもう一方は、トルコの音楽などに特有のマカームが西洋化され、セヴダリンカの旋律がもたらされたとする。いずれにせよ、双方共にセヴダリンカの旋律をトルコ的と解釈する点では一致している。

メリスマやトルコ的な旋律はセヴダリンカに顕著ではあるが、町や村の民謡「均一な歌（平坦な歌とも）」（ravna pjesma）でも控えめに用いられてきた。「均一な歌」は、歌詞が異なる一方で類似した旋律構造をもつ民謡群を指し、19世紀末の民衆に広く親しまれていた。これはセヴダリンカの前身となった音楽の一つとされるが、その形態はむしろ、音楽複製メディアが普及していない時代に、セヴダリンカの影響が町や村にも及んでいたことを物語っている。

セヴダリンカが大衆性を獲得した要因は、歌詞の内容にもある。歌詞ではボスニアの都市名、ムリスム固有の名前や称号、トルコ語からの借用語が頻用され、また古い習俗が引用される。これらによってオスマン帝国時代の都市の風景や日常が歌の背景に設定される。

この風景や日常の多くはボスニアの都市では現代まで維持されたが、周辺国では失われてしまった。

代表的歌手ヒムゾ・ポロヴィナのレコード・ジャケット（1972年）にはボスニアの都市モスタル（上）とサラエヴォ（下）の風景が掲載されている

セヴダリンカがボスニア的・イスラム的な音楽文化とみなされながらも、宗教や民族を超えて親しまれてきた理由はそこにある。セヴダリンカは共通の歴史をもつ人々の郷愁を誘うのである。

何よりも人々を惹きつけるのは、そこで主題となる「愛」である。その愛は異性や家族や故郷に向けられるが満たされることはない。そうした感情は、きわめて強い恋慕や思慕を意味するカラセヴダフ（karasevdah）と表現される。このカラセヴダフに、いつの時代も人々は心打たれてきたのである。

筆者のボスニア出身の知人は、セヴダリンカを弾き歌いながら泣くと言う。似た経験は筆者にもある。留学先のセルビアを発つ筆者の送別会で、セルビア人の友人が披露した楽曲に涙が止まらなかった。それはセヴダリンカの名曲《二人の若者が愛し合った（*Voljelo se dvoje mladih*）》だった。

セヴダリンカは懐メロとなったが、近年ダミル・イマモヴィチ（１９７８〜）他のボスニアの若い世代が、商業化する以前のセヴダリンカを取り上げ、伝統再興の担い手として音楽活動を展開している。前衛的とも言える彼らのパフォーマンスを通じ、セヴダリンカの魅力が再認識され、ボスニアと近隣国で新たな聴衆を獲得している。

（上畑　史）

53

ポピュラー音楽

★ユーゴスラヴィア・ロックの中心★

「ボスニアでは歌うな、セルビアでは踊るな（ボスニアの人は歌が上手なので歌うと恥をかく、セルビアの人は踊りが上手なので踊ると恥をかく）」と言われるように、セヴダリンカに代表されるボスニア・ヘルツェゴヴィナの音楽的伝統は、高く評価されてきた。そして20世紀後半には、この音楽的伝統に、ロックやポップスなどのポピュラー音楽も付け加わった。社会主義ユーゴスラヴィアにおいてサラエヴォは、ベオグラードやザグレブといったより大規模な都市に引けを取らない、ポピュラー音楽の中心となったのである。

第二次大戦後、ロックが音楽ジャンルとして成立すると、それは瞬く間に世界中に広がった。社会主義国であったユーゴスラヴィアにも、徐々に自由化の進んだ1960年代以降、その影響が及んだ。ボスニアを代表する映画監督エミール・クストリツァの長編デビュー作『ドリー・ベルを覚えている？』は、この時期の雰囲気をよく伝えている。主人公のディノは、当局公認の娯楽として音楽演奏に取り組む。映画の中で繰り返し流れたのがイタリアの歌手アドリアノ・ツェレンターノの「24千のくちづけ」のカバーであったことが示すように、ポピュ

ビイェロ・ドゥグメ［出所：Petar Janjatović, *Ex YU rock enciklopedija 1960-2006*, Beograd, 2007, str.34］

ラー音楽の流行は、まず欧米から伝わる音楽のカバーから始まった。そして徐々に、ロックが消化・吸収され、オリジナルの曲が作られて流行するようになる。こうした動きは、ユーゴスラヴィアの各地で見られたが、ボスニア、中でもサラエヴォのポピュラー音楽における地位を大きく高めることとなったのは、「インデクシ（学生手帳の意）」というロックバンドの存在だった。１９６２年結成のインデクシは、初期には主としてインストルメンタルのカバー曲を演奏したが、１９６０年代半ばにボーカルのダヴォリン・ポポヴィチとギターのボド・コヴァチェヴィチが加入して後、オリジナル曲に取り組み、「プリマ」に代表される多くの先進的な楽曲を発表した。そしてインデクシは、この後に続く数多くのグループにとっての良き手本となった。この時期に活躍したサラエヴォのグループには「プロ・アルテ」などもあったが、インデクシの影響力は際立っていた。

　そして１９７０年代、ユーゴスラヴィア・ロックを象徴するバンド「ビイェロ・ドゥグメ（白いボタン）」が、ゴラン・ブレゴヴィチをリーダーにサラエヴォで誕生した。１９７０年代半ばから１９８０年代末まで、ビイェロ・ドゥグメは、ユーゴスラヴィアで最も人気を博したロックバンドだった。

ビイェロ・ドゥグメは、初期にはハードロック色が強く、1980年前後にはニュー・ウェーヴに接近するなど、その時々の音楽的流行を巧みに取り入れながら人気を広げていき、1980年代半ば以降は、民族音楽のモチーフを積極的に取り入れるなど、エスニック・ロックともいうべき音楽を持ち味とした。ビイェロ・ドゥグメは、「羊飼いのロック」などと揶揄されることもあったが、この言葉は、都市部にとどまらず農村部にもロックの流行を広げて人気を確立したという側面を示すものでもある。

社会主義期のサラエヴォは、ロックだけではなく、ポップスにおいても存在感を示している。ケマル・モンテノは、イタリア人の父を持つシンガー・ソングライターで、代表曲の「サラエヴォ、わが愛」は、今に至るまでサラエヴォ市民の愛唱歌となっている。ポップス歌手のズドラヴコ・チョーリッチは、1970年代末以降、ユーゴスラヴィアじゅうのティーンエイジャーを熱狂の渦に引き込んだ。日本でも活躍したヤドランカ・ストヤコヴィッチの名も忘れることはできない（第57章参照）。

1970年代半ばから1980年代にかけては、ビイェロ・ドゥグメ以外にも、さまざまなボスニア出身のロックバンドが活躍した時期であった。ハードロック／ヘビーメタルの「ディヴリェ・ヤゴデ（野イチゴ）」や「ヴァトレニ・ポリュバッツ（炎のくちづけ）」などがその代表である。1980年代半ば以降、ビイェロ・ドゥグメをはじめ、「メルリン」、「プラヴィ・オルケスタル（青いオーケストラ）」、「ハリ・マタ・ハリ」などサラエヴォに拠点を置くバンドにより、ユーゴスラヴィアへのシンパシーを表明する曲が多く作られた。また、ニュー・プリミティヴを自称した「ザブラニェノ・プーシェニェ（禁煙）」が一世を風靡したのもこの時期である（次章参照）。社会主義期のボスニアのロックバンドは、ほとんどが多民族的構成を持っていた。これは、ロックの世界では、「民族」は何の意味も持っておらず、「民族」はほとんど気にもされていなかったということだろう。

１９８０年代のユーゴスラヴィア・ロック、そしてボスニア・ロックの黄金期は長くは続かなかった。ナショナリズムの高まりは、ボスニア紛争につながり、人々は、音楽どころではない状況に追いやられた。ロックバンドの多くは、ナショナリズムと戦争の危険を人々に訴えるのが常だった。１９９０年の自由選挙では共産党改革派への支持を呼びかけ、１９９１年７月にサラエヴォで開催された「ユーテル・ザ・ミール（平和のためのユーテル）」にも多くが参加した。

戦争と経済状況の極端な悪化の中、多くのバンドが活動中止、サラエヴォ脱出、バンドの分裂などを余儀なくされた。ビイェロ・ドゥグメは、１９８９年にすでに活動を中断しており、リーダーのブレゴヴィチは、映画音楽制作者として新たな活躍を始めた。しかしこの困難な戦時においても、サラエヴォからロックの炎が完全に消されたわけではなかった。「包囲下のロック」と題された、戦時のサラエヴォで開催されたロックコンサートを収録したライブアルバムを聴いても、そのエネルギーに圧倒される。

紛争の終結後、ひとたびは断たれたかに見えた旧ユーゴスラヴィアの音楽的絆が、急速に回復を始めた。音楽には国境も民族もないことが、改めて示されはじめた。セルビアを代表するポップス歌手、ジョルジェ・バラシェヴィチが１９９８年にサラエヴォで開催したコンサートには、熱狂した観衆が詰めかけ超満員となった。２００５年には、ビイェロ・ドゥグメが再結成され、サラエヴォ、ザグレブ、ベオグラードの三都市で開催されたコンサートは、数十万人を動員したという。そして、紛争後に活動を始めた歌手やグループの多くも、ボスニアにとどまらず、旧ユーゴスラヴィア各地で人気を獲得した。ヒップホップのエド・マーイカ、さまざまなジャンルを取り入れて独自の音楽スタイルを確立した「ドゥビオーザ・コレクティヴ」などは、ボスニアにとどまらず、旧ユーゴスラヴィア圏を股にかけて活躍している。

（山崎信一）

54

ボスニアのニュー・プリミティヴ

★ユーモアの中の批判精神★

1980年代のサラエヴォは、ユーゴスラヴィアの大衆文化の中心の一つであった。チトー死後の1980年代は、経済危機と共産党支配の緩やかな動揺に特徴付けられる一方、生活水準向上や大衆文化の開花などが見られた時期でもあった。

ユーゴスラヴィア・ナンバーワンの人気を誇ったロック・バンド、ビイェロ・ドゥグメは、1980年代以降、さまざまな政治的メッセージを自らの曲の中に込めていた。キリストを揶揄するようなテキストを歌い、コソヴォでのデモと戒厳令の直後にアルバニア語の曲を歌った。こうした傾向は、1980年代半ばから後半にかけてサラエヴォを拠点としたバンドに共通する一つの潮流につながっていった。この潮流は、「ニュー・パルチザン」と総称されている。共通していたのは、「ユーゴスラヴィア」を強調するユーゴスラヴィア愛国主義とパルチザンの原点への回帰の主張で、高まろうとしていた各民族のナショナリズムと原点を忘れた社会主義の現体制の双方への批判精神を内包するものだった。ビイェロ・ドゥグメは、1984年のアルバムの冒頭に、当時のユーゴスラヴィア国歌「聞け、スラヴの民よ」をアレンジして収録し、1986年には「唾を吐き歌え、我がユーゴスラヴィアよ」という愛国主義的な曲を歌っている。こうした傾向は、1980年代半ばからサラエヴォで活動を始めたバンドに広がっていった。メルリンは、「ユーゴ全体がひとつの中庭」と歌い、プラヴィ・オルケスタルは、『ファシズムに死を！』と題されたアルバムの中で、「ファシストに君はなるな」と歌った。

彼らの試みは、ロック音楽という回路を通して、イデオロギーを超えた「文化」として「ユーゴスラヴィア」を位置付けようとしたとも言えるだろう。しかし、1980年代末のナショナリズムの高まりは、「ニュー・パルチザン」の作ろうとした「ユーゴスラヴィア文化」には逆風となった。ビイェロ・ドゥグメのコンサートでは、ユーゴスラヴィアを強調する曲にブーイングが寄せられることも見られ始めた。

1980年代のサラエヴォは、もう一つのロックの潮流の舞台となった。中心にあったのは、パンクバンドとして始まったザブラニェノ・プーシェニェで、彼らは「ニュー・プリミティヴ」を自称した。バンドの中心は、隣人同士で同じ高校に通ったネレ・カライリッチ（本名はネナド・ヤンコヴィチ）とセヨ・セクソン（本名はダヴォル・スチッチ）の二人だった。ザブラニェノ・プーシェニェのユーゴスラヴィア愛国主義的傾向は、「ニュー・パルチザン」と共通していたが、「ニュー・プリミティヴ」の音楽世界は、多かれ少なかれ欧米の影響を受けていたそれまでのポピュラー音楽にはない独特なもの、ボスニアのサラエヴォだからこそ生み出されえたものだった。歌われたのは、悪ふざけギリギリのボスニア的なプリミティヴなユーモアに彩られた、非常にローカルな内容だった。初期のヒット曲で、「アナーキー・オール・オーバー・バシュチャルシヤ」（バシュチャルシヤは、古い手工業の店舗の並ぶサラエヴォ中心部の旧市街）と歌い、また、「ハセの引退した日曜」では、サラエヴォ・ローカルのサッカー

ザブラニェノ・プーシェニェのアルバムジャケット

クラブのスター選手の最後の試合の様子を、ユーゴスラヴィア愛国主義と結びつけて歌っている。彼らは、ユーゴスラヴィアの縮図たる多民族世界ボスニアのローカルな価値が、同時にユーゴスラヴィア的価値でもありうるということを示したとも言えるだろう。ザブラニェノ・プーシェニェの活動は、「マルシャル事件」を契機に保守派の批判にさらされたが、無事に乗り切った。これは、コンサートにおけるマーシャル（セルビア・クロアチア語では「マルシャル」）社製アンプが故障した際に、「マルシャルがいかれちまった……。アンプのことだけど」と不用意に発言したことが、批判の的となった件である。「マルシャル」は、「元帥」を意味する言葉でもあり、「元帥」と言えば、ユーゴスラヴィアではチトーを指す言葉で、死後においてもチトーは批判の許されない存在だった。彼らのほか、ブランコ・ジューリッチ率いる「ボンバイ・シュタンパ」は、「アリパシノ・ポーリェでジョギング」（アリパシノ・ポーリェはサラエヴォの新市街の地区名）と歌い、「エルヴィス・J・クルトヴィチと流星群」は、エチオピア皇帝のパレードをチトーのそれと重ね合わせて「ハイレ・セラシエ」を歌った。さらに当時、新進気鋭の映画監督であったエミール・クストリツァも、ニュー・プリミティヴの活動に関わっていた。

ニュー・プリミティヴの活動は、音楽にとどまらず広がった。「トップ・リスタ・ナドレアリスタ（シュールレアリストのランキング）」と名付けられた彼らのコント番組は、最初はラジオで始まり1984年にはサラエヴォ・テレビでも放送された。彼らのコメディ・コントは、時に悪ふざけが過ぎるようなプリミティヴな笑いに彩られていたが、その根底には批判精神があった。とりわけ1989年以降には、プリミティヴなユーモアという方法はそのままに、徐々に緊張感が高まりつつあったユーゴスラヴィアの状況も反映してさまざまな「予見的な」コントを生み出した。その中には、1990年代以降のセルビア・クロアチア語の「分裂」と言語不寛容を予言したかのような、「セルビア語」「クロアチア語」「ボスニア語」「ヘルツェゴヴィナ語」「モンテ語」「ネグロ語」の相互不理解といったコントや、ボスニア紛争とサラエヴォ包囲を見通したかのような、東西サラエヴォの分裂と「サラエヴォの壁」といったものもあった。彼らのコントの内容も、方言が強調されるなど相変わらずローカルさを前面に出したものであったが、音楽同様、ユーゴスラヴィア全域で人気を博した。

ボスニア紛争の勃発は、ニュー・プリミティヴという潮流にピリオドを打つものとなった。活動の舞台サラエヴォは戦場となり、メンバーたちは、あるいはサラエヴォを後にし、あるいは留まって戦中にも活動を行おうとした。ザブラニェノ・プーシェニェのネレ・カライリッチとセコ・セクソンも袂を分かち、バンド自体の分裂につながった。ニュー・プリミティヴの活動は、ナシコナリストの武器の前には無力であったが、紛争後、それぞれに活動を再開した。セヨ・セクソンの率いたザブラニェノ・プーシェニェの1999年のヒット曲「ユーゴ45」では、民族共存の過去をユーゴスラヴィアの国民車ユーゴ45に託して理想化して描き、「ユーゴノスタルジー（ユーゴスラヴィアへのノスタルジー）」の中に、かつてと変わらぬナショナリズムへの批判精神を込めた。今に至っても、ニュー・プリミティヴとトップ・リスタ・ナドレアリスタは、ユーゴスラヴィアの「伝説」であり、その記憶は多くの人々に共有されている。

（山崎信一）

55

サッカー

★対立の触媒、和解の契機★

社会主義ユーゴスラヴィアの構成共和国の御多分に漏れず、ボスニア・ヘルツェゴヴィナでもまたサッカー人気は高い。社会主義時代には、サラエヴォやモスタルのご当地クラブがセルビアやクロアチアの強豪クラブを向こうに回して、ときにはアップセットを演出した。また、日本代表監督を務めたイヴィツァ・オシム、ヴァヒド・ハリルホジッチをはじめ、ボスニアからは多くの指導者が日本を訪れており、日本人にとってもサッカーはボスニアを知る一つの窓口となっている。

ボスニアのサッカーもまた紛争の影響をこうむった。紛争終結後、ボスニアではスルプスカ（セルビア人）共和国、ボスニア連邦内のクロアチア人とボシュニャク、それぞれのサッカー協会が並立し、統一コンペティションが開催されない時期が続いた。その後、段階的にリーグと協会の統合が進み、2002年に現行の国内リーグが完成した。一方で、ボスニアの政治体制同様に、サッカー協会においても主要三民族から3人の代表が選出され、「民族的利益」を主張する状況が続いていた。

2011年、この「3人会長体制」が、「会長は1名」と規定する国際サッカー連盟（FIFA）の新規約に抵触し、ボスニア協会はＦＩＦＡならびに欧州サッカー連盟（ＵＥＦＡ）から無期限の資格停止処分を科された。この難局を打開するため、ＦＩＦＡ主導で正常化委員会が組織され、そのトップにオシムが選出された。正常化委員会は会長職の一本化に道筋をつけ無期限資格停止処分の解除を実現し、さらに協会改革にも着手した。正常化委員会の活動は２０１２年末まで続き、統一会長職には正常化委員会副委員長であったエルヴェディン・ベギッチが選出された。

ボスニア・ヘルツェゴヴィナ代表チーム（UEFA ネーションズリーグ、2018年11月）［提供：EPA＝時事］

国内の混乱に対して、２０００年代にはボスニア国家代表や選手の国際的評価は高まりつつあった。紛争後のボスニアは、同国出身でも自らの民族的ルーツからセルビアやクロアチアの代表チームを選んだり、移民先のチームの代表になったりする選手も多く、国際的に結果を残せない時代が続いたが、移民先でユース教育を受けた選手たちが成長して欧州リーグでも主力として活躍し、さらに自身の故国の代表を選択するケースが増えていった。ボスニア代表は２０１４年のワールドカップブラジル大会に初出場すると、決勝トーナメントには残れなかったがイラン代表との試合で歴史的な一勝をあげた。

現在のボスニア代表には、民族籍を問わずさまざまな選手が選ばれ、監督も2018年1月からクロアチアのレジェンドであるプロシネチュキが務めるなど、「ユーゴスラヴィア的」傾向が見られる。ほかの競技が国際舞台で苦戦を続ける一方で、サッカー代表の近年の躍進はボスニア全体に喜びをもたらしている。

視点を代表レベルからクラブや地域のレベルに移すと、サッカーは民族対立を刺激することもあれば、民族融和を推し進めることもある。前者に関して言えば、同じ町や地域を本拠地とするクラブ間や、リーグを代表する強豪同士の試合である「ダービーマッチ」が民族対立の媒体となる事例がある。ボスニアでは、サラエヴォを本拠地とするジェリェズニチャルとFKサラエヴォ、モスタルを本拠地とするズリニスキとヴェレジュのダービーマッチがあり、時にサポーター間の対立が暴力へエスカレートすることもあるが、モスタル・ダービーはここに1990年代の紛争の影が差し込む。

モスタルの2クラブは対照的なアイデンティティを持つ。ズリンスキは1905年にクロアチア人によるソコル運動の一環として設立され、そのクラブ名は16世紀にオスマン帝国を迎え撃ったニコラ・シュビッチ・ズリンスキに由来する。そのエンブレムにはクロアチアの紋章があしらわれており、設立当初からクロアチア色の強い団体であったことが窺える。一方のヴェレジュは労働者のスポーツクラブを母体に1922年に結成され、その名称はモスタル近郊の山の名前からとられた。共産党員がクラブのフロントを務めるなど、ヴェレジュはその成り立ちから共産党とのつながりが強く、エンブレムには今も赤い星が輝く。

両クラブのアイデンティティは、以降の歴史の中でクラブに大きな影響を与える。はじめの転機は1941年のドイツによるユーゴスラヴィア侵攻である。親独傀儡政権であるクロアチア独立国が成立し、モスタルがその統治下に入ると、反独傾向の強かった共産党系のヴェレジュが活動を禁止された一方で、ズリンスキはクロアチア独立国リーグに参加して活動を継続した。しかし1945年にモスタルがパルチザンに解放されると両者の関係は逆転する。ヴェレジュは戦後早々に活動再開が告げられ、以後ユーゴスラヴィア一部リーグに参加し、1980年代には国内カップ戦のタイトルも獲得する。これに対して、ズリンスキは社会主義政権下においては活動を禁止され、完全な休止状態に入った。1990年代には両者の関係は再び逆転する。1992年6月、ボスニア紛争下でズリンスキは活動再開が認められ、紛争終結後も継続的にリーグ戦に参加し、ボスニアを代表する強豪へと成長した。一方のヴェレジュは、ボスニア紛争中にクロアチア人勢力の決定でホームスタジアムを含む資産や設備を接収され、事実上クラブは消滅した。1994年に活動を再開するが、かつてのホームスタジアムはズリンスキに使用され、郊外のスタジアムで文字通りゼロからのスタートを強いられた。紛争終結後はヴェレジュもリーグ戦に参加するが、プレミイェル・リーグからの降格も経験し、社会主義時代のような輝きは取り戻せずにいる。

社会主義時代はモスタルのクラブと言えばヴェレジュであったが、ボスニア紛争を経て、クロアチア人の多くはズリンスキを支持するようになり、ヴェレジュも現在はボシュニャク（ボスニア・ムスリム）のサポーターが基本線となっているようだ。このため、モスタル・ダービーは、同じ町をホームとするライバル関係としてだけでなく、民族共同体間の対立として暴発する危険性を潜在的にはらんでいる。たとえば、2011年のダービー直前には、クロアチア人の紛争犠牲者追悼記念碑に、ヴェレジュのサポーター集団の名を伴った落書きが発見されるという事件も起こっている。このような蛮行に及ぶのは、いわゆるフーリガンと称される輩であるが、クラブ間のライバル意識が民族共同体間の敵対心として発露される一例である。

一方で、サッカーはボスニアの人々をつなぐ可能性も持っている。この種の試みの先駆的存在として、2000年に森田太郎氏が創立したサラエヴォ・フットボール・プロジェクト（SFP）がある。森田氏は静岡県立大学在学中にこのプロジェクトを始め、子供たちが民族的帰属を問わずプレーできるクラブとしてFKクリロ（翼）を立ち上げた。2000年と言えば、デイトン和平合意から5年に満たず、人々の間には現在以上に深い不信感が蔓延していた時期である。森田氏の著書には、そのような過酷な時期に、サッカーを通じて子供たちが絆を作り、さらにその親たちがつながりを回復していく過程が述べられている。SFPは現在も活動を続け、FKクリロの卒団生のネットワークも生まれているという。

同種の試みはモスタルでも生まれている。NPO法人リトル・ブリッジ（Little Bridge）が運営する、子供たちのためのアカデミー「マリ・モスト（小さな橋）」である。この活動は、元日本代表の宮本恒靖氏が国際修士課程FIFAマスターで発表した研究成果が基盤となっている。マリ・モストは、2014年、モスタルを訪れた宮本氏らが設立合意にこぎつけたのち、クラウド・ファンディングや日本外務省の支援などもあり、2016年に設立された。同団体は、日本からボスニアへの、またボスニアから日本へのスタディツアーや、モスタルにあるサッカークラブ全体を対象としたカップ戦、他都市からのサッカークラブとの交流試合など、サッカーを中心にさまざまなネットワーク作りを実践している。一連の試みを通じて、SFPに見られたような子供同士のつながり、その親同士のつながりが生まれていく成果が見られる。

リトル・ブリッジのホームページには、発起人である宮本氏の信念として、「一つのボールをきっかけに対立する民族が融和できる」という文言がある。民族を分断する境界は、いわば「想像上の不可視の線」である。紛争中に植えつけられた不信と憎悪が、民族を分断する線を「想像させる」のだ。サッカーという「一つのボールをめぐる遊び」を通じ、民族的帰属意識を問わずさまざまな人々が集まる場が増えていくことで、民族的分断線を越えたつながりが生まれ、それが町や地域といった地縁的帰属意識を確立させる契機となる。

ユーゴスラヴィア紛争の勃発直前には、クロアチア人とセルビア人の対立がサッカーにおいても露見し、現在もこれに類似した事件が散見される。ボスニア国家は政治的には依然として分断されているものの、ボスニア国家代表の活躍は、ボスニアの人々に共有される誇りとして、一つの国家に帰属するという意識を醸成するうえで今後はより重要な役割を担いうる。また、サッカーを通じた民族融和を探る人々が言う「スポーツの力」は、さまざまな人々が集まる場が生み出し、そこには静かだが確かな可能性が感じられる。そのような試みの積み重ねの先に、サッカーを和解の契機とする道も開かれる。


（百瀬亮司）

コラム13

その他のスポーツ

百瀬亮司

社会主義時代のユーゴスラヴィアでは、ザグレブのスポーツ紙『スポルツケ・ノヴォスティ』が、毎年その年に最も活躍した男女のスポーツ選手を「年間スポーツ選手」に選定し、表彰する賞があった。分裂後も同様の賞が各国で継承され、ボスニア・ヘルツェゴヴィナでも2001年以降、日刊紙『ネザヴィスネ・ノヴィネ』が「ボスニア年間スポーツ選手」を選定、表彰している。当初は男子選手、チーム、コーチの三部門であったが、2007年以降は女子選手部門が追加され、現在にいたる。

過去17回の同賞受賞リストを見ると、ボスニアでさまざまなスポーツが親しまれているのがわかる。「ナショナル・スポーツ」のサッカーからの受賞が多いかというとそれほどではなく、男子選手部門で3回、チーム部門で4回（ジェリェズニチャルが1回、国家代表が3回）にすぎない。チーム部門ではハンドボールのクラブ・代表の延べ6回が最多の受賞、うち3回はサラエヴォのクラブRKボスナが受賞している。このほかチーム部門では、バスケットボール、テニス、変わったところでは空手、チェスから受賞チームが出ている。

男子部門ではサッカーをはじめさまざまな種目から受賞者が出ている。変わり種ではスポールブール（ペタンクに類似したボール投げ競技）選手のマルキツァ・ドディグが2回受賞しており、男子部門では彼が唯一の複数受賞者である。一方の女子部門は過去11回のうち柔道が6回、空手が2回と、日本と縁のある格闘技から多くの受賞者が出ている。特に、柔道のラリサ・ツェリッチは同賞を5回受賞しており、世界選手権では2017年から2年連続でメダルを獲得している。いずれも日本の朝比奈沙羅に敗れて優勝は逃しているものの、世界トップクラスの柔道家である。女子はこのほかも陸上や水泳など、個人種目の活躍が目立つ。また、柔道と空手は男子部門でも合わせて4回、コーチ部門でも合わせて4回の受賞者を出しており、先述の通り空手ボスニア代表もチーム部門で受賞している。

トレイルブレイザーズ所属のユスフ・ヌルキッチ
［提供：Jonathan Ferrey/Getty Images］

両競技は、ボスニアの隠れた「お家芸」と言えるのかもしれない。

ほかの構成共和国同様、ボスニアでもサッカー以外の球技、とりわけ先述したハンドボールに加え、バスケットボールは人気がある。バスケットボール代表はオリンピックや世界選手権に出場できず、国際舞台で苦戦しているものの、セルビアやクロアチアの代表として活躍するボスニア出身選手も多く、NBAにも選手を輩出するなど、ボスニア・バスケットボールの持つポテンシャルは大きい。NBAで活躍するボスニアの選手としては、2012年に「年間スポーツ選手」に選出されたミルザ・テレトヴィチがいる。戦時下のモスタルで少年時代を過ごしたテレトヴィチは、ボスニアのトゥズラでプロデビューしたのち、ベルギー、スペインを経て、NBAに渡りブルックリン・ネッツ、フェニックス・サンズ、ミルウォーキー・バックスで活躍した。残念ながら2018年9月に引退したが、彼に続く若い世代も育ってきている。2018年現在、ポートランド・トレイルブレイザーズに所属するユスフ・ヌルキッチはその筆頭である。ヌルキッチはトゥズラ出身だが、スロヴェニアのユースに所属し、クロアチアでプロデビューしたのちNBAに渡った。また、2018年ドラフトでは19歳のジャナン・ムサがデンヴァー・ナゲッツに指名されており、今後の活躍が期待される。ヌルキッチ、ムサのほか、2017－2018シーズンには、ドラガン・ベンデル、イヴィツァ・ズバッツ、ボヤン・ボグダノヴィチらのボスニア出身選手がNBAで現役を続けているが、この3人は国家代表としてはクロアチアを選択している。このような選手たちがボスニア代表を選択するようになると、ボスニア代表がバスケットボールでも世界と伍する日はそう遠くないように見える。

56

サラエヴォ五輪とその遺産

★「1984」をめぐる光と影★

首都サラエヴォの市街を何気なく歩いていると、次頁の写真のような動物のキャラクターに出会うことがある。外壁に大きく描かれていたり、土産屋に小さく並んでいたり。狼をかたどったその愛嬌ある姿は、サラエヴォやボスニア・ヘルツェゴヴィナの誰もが知っている。名前はヴチュコ。かつてこの街で開催された冬季オリンピックのマスコットである。

オリンピックが開かれたのは、今からおよそ30年以上前の1984年。ボスニアがまだユーゴスラヴィアの一部をなし、社会主義体制下にあった時代である。20世紀の歴史において、サラエヴォは少なくとも三度、国際的に大きな脚光を浴びた出来事を経験した。そのうちの二つ、1914年のサラエヴォ事件と1992年から95年までのサラエヴォ包囲は、戦争や死と結びついた暗い過去を彷彿とさせるのに対し、この「1984」は、平和を謳う4年に一度のスポーツ競技大会の開催地として、サラエヴォが世界に光を放った年であった。

もっとも、山に囲まれた盆地のサラエヴォは、冬は寒く、降雪量も多い地域として知られるが、当時のボスニアにおいて、冬のスポーツ競技は決して盛んなわけではなかった。冬季ス

サラエヴォ五輪のマスコット、ヴチュコ（ボスニア・ヘルツェゴヴィナ歴史博物館、2019年）

ポーツというと、ユーゴスラヴィアではスロヴェニアに一日の長があり、1980年代には国際的に活躍する選手を輩出した。人気、実力、そしてインフラ的にも「遅れた」ボスニアの共和国首都が五輪の開催候補地となった背景には、経済的な事情が関連していた。70年代後半からの世界経済の陰りは、ユーゴスラヴィアの基幹産業のひとつである観光業にも影響を及ぼしており、そうした停滞を打開する突破口として五輪誘致が企図された。また内陸部サラエヴォへの招致は、アドリア海沿岸部に留まらない観光開発を見据えてのことであった。78年の国際オリンピック委員会（IOC）総会では、72年に続く二度目の開催をめざした札幌との決選投票の末、サラエヴォ開催が決定した。

招致の成功を受け、市内では建設ラッシュとともに五輪開催に向けた準備が進められた。大会を組織するにあたり、既存の競技施設を改修するのみならず、多くの競技会場を新設する必要があった。加えて、空港の拡張、道路や通信の増強、宿泊や飲食などの環境整備など、市内・近郊の各種インフラの建設や改良も不可欠であった。不況下にありながらも国家を挙げて多額の資金が投じられ、各地に真っ新《さら》な施設が完成するとともに、街全体の刷新が図られていった。スケートリンクのゼトラ・ホール、またIOC委員や大会関係者の宿舎として計画されたホテル「ホリデー・イン」がつくられたのはこの時である。

第14回オリンピック冬季競技大会は、こうして1984年2月8日から19日までの12日間、ユーゴスラヴィアのサラエヴォで開催され、49の国や地域の選手が参加し、6競技39種目が行われた。奇しくもその前と後の夏季五輪が80年のモスクワ、84年のロサンゼルスとなり、冷戦下の「東西」の雄が組織する大会にちょうど挟まれた冬季五輪となったことは興味深い巡り合わせであった。それは、「非同盟」を掲げる当時のユーゴスラヴィアの国際的な立ち位置をいみじくも映し出しただけでなく、超大国による前後の夏季大会が「東西」陣営相互のボイコット劇を生んだのとは対照的に、大会が参加拒否国や大きなトラブルもなく進んだことから、ユーゴスラヴィアの「非同盟」路線の正当性を内外に示唆し得るものとなった。

オリンピック史的に見れば、サラエヴォ五輪は、スキー・クロスカントリー女子におけるM・L・ハマライネン（フィンランド）の個人全3種目完全制覇、スピードスケート女子でのK・エンケをはじめとする東ドイツ代表選手の圧倒的強さ（全4種目で1位・2位を独占、うちエンケは金2銀2）、フィギュアスケート・アイスダンスにおけるJ・トーヴィルとC・ディーン（イギリス）の伝説的な「ボレロ」の演技などがそのハイライトを飾る。日本代表では、北沢欣浩がスピードスケート男子500メートルで2位に入り、日本代表として大会唯一の、またスケート競技における史上初のメダルを獲得した。

一方、会場やお茶の間において、サラエヴォやユーゴスラヴィアの人々の歓声が最も沸いたのは、スキー・アルペン男子大回転におけるユーレ・フランコの準優勝である。このスロヴェニア人選手が

ОСЛОБОЂЕЊЕ

ВЕЛИЧАНСТВЕНОМ ПРИРЕДБОМ ОТВОРЕНЕ 14. ЗОИ

XIV zimske olimpijske igre Sarajevo 1984

Југославија у олимпијској историји

OSLOBOĐENJE

XIV zimske olimpijske igre Sarajevo 1984

SVEČANO ZATVORENE 14. ZIMSKE OLIMPIJSKE IGRE »SARAJEVO 84.«

Bilo je lijepo do viđenja u Kalgariju

Milka Planinc danas u Tripoliju

Okončane masovne operacije

Potpun uspjeh Igara

Braći Mer medalje u slalomu

Međunarodna kontrola prekida bombardovanja

冬季五輪の開会および閉会を伝える翌日の地元紙一面（左：見出し「ユーゴスラヴィア、オリンピックの歴史のなかで」『オスロボジェーニェ（解放）』1984年2月9日、1頁。右：見出し「素晴らしかった、カルガリーでまた会おう」同、1984年2月20日、1頁）

母国にもたらした大会唯一のメダルは、開催国の面目躍如となったばかりか、冬季五輪におけるユーゴスラヴィア代表の初のメダルとなった。その快挙に、普段はどちらかといえばサッカーやバスケットに親しみがあったであろうサラエヴォの人々も大はしゃぎし、巷《ちまた》では「ブレクよりもユーレが好き」（「ブレク」はサラエヴォやユーゴスラヴィア地域の食に欠かせない肉や野菜のパイ料理）という唱和が登場した。この言葉は、大会の最高潮を彩った一幕として、今日でも旧ユーゴスラヴィア地域に共有される名文句となっている。このように、ソ連を除く東欧社会主義国での最初で最後のオリンピックは全体として成功を収め、地元サラエヴォはスポーツを介した世界各地とのつながりを通して、文字通り祭典を謳歌した。それは今なお人々の間で、ユーゴスラヴィアや社会主義の時代のおそらく最後の美しい時間として記憶されている。

だが、悲しいかな――オリンピックを開催した都市は、そのわずか8年後、戦火の最中にあった。ユーゴスラヴィアの解体とボスニアの独立をめぐって、１９９２年3月頃から生じた内戦とそれに伴うサラエヴォ包囲である。戦争終結までのおよそ3年間、周囲をセルビア人勢力に囲まれた街は砲撃に晒され、市民の生活と生命は甚大な戦禍を被った。五輪が残した遺産も例外ではない。刷新された市内のインフラや施設は大きな損傷を受けたほか、近隣の山あいに位置し、オリンピック以後もW杯などの国際大会の会場として用いられた各種スキーやボブスレー／リュージュの競技施設は、セルビア人勢力とボスニア軍の間の戦闘で基地として利用されたり、前線や戦略拠点となって直接被害を受けたりした。

なかでも象徴的であったのは、五輪開会式とともに開館したオリンピック博物館である。オリンピックの精神や価値とともに、サラエヴォ五輪の組織と実現にまつわる資料を保存・公開してきたこの建物は、戦争勃発から間もなく砲撃を受けて損壊し、多くの貴重な展示物や資料が失われた。一方、かつて大会関係者を収容した最新ホテル「ホリデー・イン」は、包囲下において、海外のジャーナリストが集まる市内ほぼ唯一の宿泊施設として機能し、街の惨状を世界に伝える「最前線」となった。開会式が行われたコシェヴォの競技場では、当時日常的な砲撃ゆえに平穏な墓地が確保できず、増え続ける市民の犠牲者を埋葬するために補助サッカーグラウンドが墓地に転用された（現在も市営墓地となっている）。そのすぐ近くに隣接し、閉会式会場にもなったゼトラ・ホールは、爆撃による被害を受けつつ、建物内部が遺体安置室として活用されたり、観客席の木製座席が棺の製造に利用されたりした。

それから多くの時間が流れ、街の再建と復興が進み、戦火が少しずつ過去となりつつある今日、かつてオリンピックがもたらしたものは、全く同じではないにせよ、再びサラエヴォに戻ってきている。ゼトラ・ホールは、戦後すぐにＩＯＣの援助を受けて修復され、１９９９年に再開した。その内部には、２００４年の五輪開催20周年を機に、オリンピック博物館が移転され、市民の寄贈にも助けられながら、砲撃を逃れて救出された資料が今も当時の様々な瞬間を伝える。そのほか、スキー・ジャンプ台やボブスレー／リュージュのコースなどを除けば、ほとんどの競技施設やインフラが、修繕や改修を経て「現役復帰」を果たした。そうした歩みの追い風となったのが、２０１９年2月のヨーロッパ青年オリンピック・フェスティバル（ヨーロッパオリンピック委員会が主催する隔年のジュニア大会）冬季大会の開催地にサラエヴォと東サラエヴォが選ばれたことであった。戦争を経た民族的分断によって、かつての街はこの二つの行政単位に区分され、競技施設の帰属も分かれているが、両者が初めて手を携える共同開催という形で、大会が実施された。

このように、五輪の後に戦争を経験した世界でも稀有な都市は、双方の遺産を抱えながら、冬季スポーツの国際的舞台での再起を図ろうとしている。小さな一歩ではあるが、仮に「2度目」があるとするなら、その道のりは既に始まっているかもしれない（なお、２０００年代初頭、サラエヴォは２０１０年冬季五輪の開催候補地を申請したが、この時は候補都市に残ることができず、落選に終わっている）。（鈴木健太）

VII

日本との関係

57

ヤドランカ

★「私たち」の宝になったバルカンの歌姫★

ヤドランカ・ストヤコヴィッチは1950年7月24日、サラエヴォに生まれた。自身の弁によれば、多民族国家の象徴のような町に相応しく、セルビア系の父とクロアチア系の母の間に生まれ、アドリア海沿岸のダルマツィアや、もしかするとユダヤまで、さまざまな血が流れているということで、「だから私はコスモポリタン、どこの国民でもない」が口癖だった。

少女時代の彼女は美術教師だった母の赴任先に同道したり、アドリア海沿岸の古都ドゥブロヴニクの祖母の家に預けられたり、各地を転々として過ごしたという。美術学校在学中の16歳のとき、トロンボーン奏者としてドイツ中心に活躍していた母方の叔父ヴカシン・ラドゥロヴィチ率いるジャズバンドに参加、ヴォーカルやベースを受けもちヨーロッパ各地を巡業した。バンドは人気も高く音楽活動も充実していたが、20歳を機にグループから離れてサラエヴォに戻り休学していた高校を21歳で卒業、劇場の音楽プロデューサーを務めながらサラエヴォ大学に進学し、哲学・心理学を学ぶとともに、絵画制作にも取り組み、多彩なアーティストとしての活動を展開し始めた。

社会主義国ながら東西のはざまにあって、西側の新しい文化を存分に取り入れる環境にあった旧ユーゴスラヴィアには多様な音楽文化が花開き、各地でさまざまな才能が育まれていった。ビイェロ・ドゥグメで一世を風靡するロック系ミュージシャン、ゴラン・ブレゴヴィチも同い年のサラエヴォ生まれで、ポップス系の彼女とジャンルは異なるが互いに刺激を受けながらともに全国的な存在となっていく。この時期の活動の軌跡は多くのシングル版、アルバムに見ることができる。

1984年、サラエヴォ冬季オリンピックのイメージソングを手がけたことから、ユーゴスラヴィアの歌姫として世界にその名が知られるようになる。「シュト・テ・ネーマ」（邦題「あなたはどこに」）は、近代ボスニア詩人アレクサ・シャンティチの詞に彼女が作曲したものだが、ボスニア伝統の哀愁歌セヴダリンカの甘美な感情表現をスマートにまとめた作品で、今日でも多くの歌手に歌い継がれ、2007年にはイギリス音楽誌 *SONGLiENS* で Top of the World に選ばれている。

ヤドランカ［撮影：広川泰士］

平和と友好をうたったオリンピックからわずか数年でボスニアの運命が変わり、順調にキャリアを築いていた彼女の人生にも大きな転機が訪れた。「シュト・テ・ネーマ」に注目した加藤登紀子らの招きで日本を訪れるようになり、1988年にもCD制作などのため二度目の来日、しかしその滞在中に旧ユーゴスラヴィア情勢が悪化し、1992年には連邦軍およびセルビア人勢力によるサラエヴォ包囲が始まった。帰路を絶たれたヤドランカは、

【ディスコグラフィー（日本発売のもの）】

◉アルバム
1989　信じているの（東芝EMI）
1990　裸のドゥーシャ（東芝EMI）
1991　アンジョ（東芝EMI）
1994　サラエボのバラード（オーマガトキ）
1996　ベイビー・ユニバース（オーマガトキ）
2000　ムーン・ウィル・ガイド・ユー（オーマガトキ）
2003　ひとり（U-LEAG RECORDS）
2007　音色（オーマガトキ）
2016　Hvala（日本コロムビア）
　　　コンピレーション――追悼盤アルバム

◉シングル
1989　アラベスク（東芝EMI）
1990　裸のドゥーシャ（東芝EMI）
1991　カレッジ・ブランジョ（東芝EMI）
1994　凪よ！　FORTISSIMO（東芝EMI）
1996　悲しみを燃やして／予感（キングレコード）
2003　勇気（U-LEAG RECORDS）
2010　アマリア（徳間ジャパン）

そのまま日本滞在を決意、日本でのアーティスト名「ヤドランカ」としての活動が始まった。

　1994年、平和への願いをこめたアルバム『サラエボのバラード』をリリース、冒頭の「サラエボよ、明日は……」はとくに印象深く、日本でも多くのファンを獲得した。習慣も異なり、最良とは言い難い環境にあっても、さまざまなアーティストとのコラボを通して豊かな音楽世界を目ざした姿勢は感嘆に値する。例えば彼女が好んでとりあげる、旧ユーゴスラヴィアの同朋国マケドニアの民謡には、バルカン南部から西アジアにかけて盛んな奇数拍子の曲が多い。8分の7拍子など、変拍子が体に染みついていない日本人ミュージシャンのために、彼女は「バナナ・ダイスキ」作戦を考案し、皆でこれを繰り返し唱えながらリズムの練習をしたという。世界的アコーディオニストCOBAや、小室等、佐久間順平、佐藤Gwan博などのフォーク系ミュージシャン、ギタリストの喜怒無月、歌手のクミコなど、幅広いジャンルのアーティストらと、共演だけにとどまらない交流を通して日本の音楽界に足跡を残した。20年以上にわたる日本での音楽活動は8枚のアルバムやシングル版に代表されるが、ほかにコマーシャルソングやTV番組のテーマ曲、作曲や編曲など、多岐にわたりその才能を発揮した。

その中で日本音楽との関わりとして特筆すべきは、薩摩琵琶奏者坂田美子との出会いである。とある公演の楽屋で偶然出会ったふたりは、それぞれの楽器が同じルーツのものであることを発見し意気投合。ヤドランカが手にしていたのはトルコ文化圏に盛んなサズで、オリンピックの際に芽生えた民族音楽への興味がきっかけとなり、自分なりの工夫で活用していたものだった。この出会いから、箏や尺八など和楽器とのコラボによる新しい道が開けた。日本を取り上げた小品「Haiku」は、まだ日本を訪れる前、母の蔵書の中で見つけた俳句の翻訳本に刺激を受けて作ったものだというが、坂田美子らのグループ「びかむ」との共演によって完成の域に達したということができる。

その一方で画家としての活動も活発に展開、日本文化に刺激を受けてさまざまな素材・手法に挑戦した。また、子供たちとの交流を通した絵画共作の試みは、平和活動のひとつとして特に力を入れて

サラエヴォのチェルシャの象徴と代表作「シュト・テ・ネーマ」の歌詞となったアレクサ・シャンティチの詩を組み合わせたイラスト作品

いたものである。サラエヴォ時代、TVの子供番組に出演していた姿が当時の人々の記憶に鮮明に残っているというが、彼女にとっても昔を懐かしみながらの楽しい時間であったようだ。

平和を取り戻したボスニアでのライブなども実現し、2009年には長年の貢献によりボスニア・ヘルツェゴヴィナ音楽賞を受賞するなど、順調に活動していたが、2010年頃から体調に変化が現れ、翌年には歩行困難の症状が顕著になった。ステージ上でケーブル類に足を取られ転倒した事故の後遺症も疑われたが、原因は判明せず、症状も好転しなかった。クロアチアで発売されることになったアルバムのプロモーションにあわせ故郷に立ち寄った際に、筋萎縮性側索硬化症（ALS）の診断が下り、そのまま療養生活に入ることになった。知人の支援を受けてバニャ・ルーカの施設で過ごし、地元TV局の音楽プロデューサー業務に携わっていたが、2016年5月3日、帰らぬ人となった。最後まで、日本から送られるみそ汁やおかゆなどを喜んでいたとのことである。遺体はバニャ・ルーカの市営墓地に埋葬され、墓碑には日本のファンから送られたレリーフやサズをかたどった作品が飾られている。

（中島由美）

58

オシムと日本サッカー

★代表通訳の目から見た「恩人」の背中★

イヴィツァ・オシムがサッカー日本代表監督に就任した2006年夏、日本サッカー界は深刻な危機にあった。直前のW杯ドイツ大会で、歴代最強と期待された「ジーコ・ジャパン」が惨敗したからだ。失望のあまり、「サッカーは日本人には向いていないのか」などという悲観論さえ広がっていた。

そんなところに、オシムが「サッカー日本代表の日本化」というキャッチフレーズを引っさげて登場した。オシムのいう「日本化」とは――

「日本の選手にも優れた部分はある。敏捷性、組織性、規律、粘り強さなどの長所を武器として活かすべきだ。強豪国の優れたところは学ぶとしても、そろそろ模倣はやめて、日本らしいスタイルを追求してはどうか」というメッセージだった。

就任直後、オシムが、名の売れた「海外組」を呼ばず、国内組を中心に日本代表を編成したので、サポーターは半信半疑だった。しかし数か月後、見て美しく面白い、しかも強い日本代表に、日本中が熱狂することになる。

筆者はオシムの代表監督就任直後から、専属通訳として週の大半は家族よりも長い時間をオシムとすごしながら、このプロセスを目撃した。大変なこともあったが、個人的にはとても面白かった。

オシムは結局、W杯惨敗後の自信喪失、代表の人気低迷などの窮地を救っただけでなく、その先の「日本の長所を活かしたスタイル」の方向性を示すことで、日本サッカー界全体に大きなインパクトと足跡を残した。残念ながら、2007年11月、脳梗塞に倒れるが、日本サッカー協会はオシムの提言を活かし、「日本らしさ」「ジャパンズウェイ」を中長期戦略の軸にすえるようになった。

「日本サッカーの恩人」といえば、メキシコ五輪の銅メダルにみちびいたドイツ人アドヴァイザーのデットマール・クラマー（国際サッカー連盟技術委員、1925～2015年）が思い浮かぶが、オシムの功績はクラマーに匹敵するものだ。


オシムの皮肉とユーモアのきいたセリフも注目され、ふだんはスポーツに関心のない人も興味を持った。あの風貌と長身（191センチ）で目立つので、出かける先々で黒山の人だかり、一種の社会現象になった。オシムは自分が注目を集めるのは嫌いではなかったが、地下鉄に乗れなくなるなどの不自由を嘆いていた。

オシムは日本社会のネガティヴな面にも注目し、いわゆる日本的慣習には容赦ない皮肉や批判を浴びせた。

「チャンスなのにベンチを見て、シュートしてもいいか聞いてくる選手がいる」「自由を与えても、自由を使いこなせない。これはサッカーだけではなく、選手をそのように育ててきた日本社会全体に問題があるのではないか」

第58章
オシムと日本サッカー

日本代表監督時代のオシム。独特の指導方法が話題になった［撮影：宇都宮徹壱］

その一方、「自分で考えて判断しろ」「勇気を出せ。リスクをおかさないと成功はない。人生も同じだ」などと選手たちを励ました。

厳しいながらも暖かい、本質をついた発言は、多くの日本人に受け入れられた。日本代表監督を退任して10年以上たつのに、ことあるごとに日本のメディアからコメントを求められる。こんな監督はオシム以外にはいない。

オシムは1941年5月、ナチスが旧ユーゴスラヴィアへの総攻撃を開始した直後のサラエヴォで生まれた。父親が鉄道労働者で、社宅にはいろいろな民族の家族が住んでいた。イヴァン少年（イヴィッァは愛称）は、世の中にはいろいろな宗教や民族があることを知り、異文化へのリスペクト（尊重、尊敬）を自然に身につけた。

家系をたどると、ある意味でのサラエヴォらしさ（多民族共存）が見えてくる。父方・母方の両方の祖父母の民族が全員違うのだ（スロヴェニア人、ドイツ人、ポーランド人、チェコ人）。４人ともハプスブルク帝国の領土になったばかりの土地に19世紀末以降、移り住んで来た。多民族共存を絵に描いたような家族なのだ。

カトリック系なので、クロアチアは一方的にクロアチア人とみなして国籍を与えているが（ボスニア、オーストリアとの三重国籍）、生物学的にはクロアチア人でもセルビア人でもない。本人は家族ともに「ユーゴスラヴィア人」を自称していた。

ちなみにオシムが現役時代にプレーし、監督もつとめたジェリェズニチャル・サラエヴォは「鉄道員」という意味だ。民族別でない、初めての本格的なクラブで、結成直後の１９２０年代には、オシムの叔父もここでプレーしていた。

「名選手必ずしも名監督にあらず」といわれるが、オシムは現役時代、世界選抜に選ばれるほどの名選手でもあった（バスケットボール選手のような長身に似合わず、ドリブルの巧みなテクニシャンだった）。

ユーゴスラヴィア代表に初めて選ばれたのは、前回１９６４年の東京五輪。日本とも対戦（5位以下順位決定戦）し、オシムは2得点している（日本が１－６で敗れた）。

このとき、選手村から貸し自転車で遠乗りし（おそらく調布あたりの）果樹園の見知らぬ老婦人から梨をもらったことをオシムはよく覚えている。日本に良い印象を持ったことが、後にジェフ千葉の監督として来日する遠因になっている。

「日本だから来た。韓国や中国からの誘いなら来なかった」（オシム）

日本との縁でいえば、２００２年の日韓Ｗ杯で国際サッカー連盟の技術委員として札幌などでの試合分析を担当した。ちょうど、オーストリアのシュトゥルム・グラーツ監督を退任したところだった。当時61歳のオシムは祖母井《うばがい》秀隆《ひでたか》（当時ジェフ千葉ＧＭ）の熱心な誘いに根負けする格好で監督を引き受け、２００３年初めに改めて来日。3年余り指揮を執った後、２００６年に日本代表監督に就任した。

オシムは２０１６年、日本サッカー界の発展に貢献し、日本とボスニア両国の友好に寄与した功績で、日本から叙勲を受けた。サッカー日本代表の外国人監督としては初めての、旧ユーゴスラヴィアのサッカー関係者としてはストイコビッチ（元名古屋グランパス）に次いで2人目の叙勲だった。サラエヴォの日本大使館での旭日小綬章の伝達式で、オシムは「勲章をもらうためにサッカーをしてきたわけではない」と例の調子でコメントしたが、その晩は家族でささやかなお祝いをしたそうだ。

（千田　善）

59

JICAによる支援

★国際協力の現場から★

日本政府は1996年1月にボスニア・ヘルツェゴヴィナを国家承認して、1995年度から経済協力を開始した。当時は1995年12月にデイトン合意が締結された直後で、ようやく和平プロセスが軌道に乗り、ロンドン和平履行会議で国際支援の枠組みが決定された時期である。経済協力を通じて、ボスニアの経済復興と和平履行を支援することが国際社会に求められたのである。

日本政府は1996年度からはプロジェクト型の無償資金協力を開始して、サラエヴォ市公共輸送力復旧計画や主要送電線復旧計画などのプロジェクトを実施して、さらに国際協力機構（JICA）も技術協力として21名のボスニア人研修員を日本に受け入れて技術研修を開始した。それ以来、上下水道などのインフラや農業、通信、運輸、医療、教育、地雷除去などの様々な分野で、無償資金協力や技術協力、円借款を実施してきた。現在は所得水準が向上したことで一般無償資金協力の対象国からは卒業したが、技術協力や円借款供与の方は続けられている。こうした日本の援助は現地で感謝されている。なかでも日本の顔の見える援助の代表格は、サラエヴォ市やバニャ・ルカ市、モスタル市に供与された公共バスである。モスタルでは実施されてから15年以上が経った現在も、「日本の国民から」と記されたバスが、市民の足として活躍している。

現在、JICAによるボスニア支援は三つの分野を柱にしている。一つ目は「平和の定着と民族の融和」である。二つの政体（エンティティ）からなるボスニアでは、紛争が終結してから20年以上経つ今でも、民族ごとに異なるカリキュラムを使った授業が行われるなど、融和の妨げとなる溝がある。JICAは民族和解に直接的に寄与するプロジェクトを行うだけではなく、あらゆる事業に平和構築の視点を取り入れて、バランスの取れた、偏りのない援助を行うことを心掛けている。

二つ目は民間セクター開発である。既にボスニアは中進国の仲間入りを果たして、これからは持続可能な経済成長を目指す段階にある。今後、成長が期待される民間セクターを発展させることは、この国が抱える雇用問題にも貢献できる。

三つ目は環境保全である。ボスニアにとって環境問題は旧社会主義時代からの負の遺産として根強く残っている。2016年2月にEU加盟申請を行っているが、EUへの統合を目指すこの国にとって環境問題の解決は避けては通れない。

続いて、JICAの代表的なプロジェクトを紹介したい。

まずはスレブレニツァ地域の信頼醸成プロジェクトである。これは東部のスレブレニツァ市やドリナ川沿いのスケラニ地域などを対象に、農業・農村開発を通じて、コミュニティの再構築と住民の経済的自立を支援するものである。スレブレニツァは1995年7月に8000人以上の市民が犠牲となる大虐殺があった場所で、紛争後も帰還民の生活の再建を進めるために、地場の主要産業であった

スレブレニツァの街並み

農業の再興が求められてきた。その一方で、ボシュニャク（ムスリム）系住民とセルビア系住民の間にある感情的なわだかまりが、信頼醸成の障害となってきた。農業という協同活動を通じて、人々の信頼関係を取り戻す取り組みである。JICAは、2006年から技術協力専門家の派遣やプロジェクトを実施して、ハーブ加工や野菜栽培、草地再生、養蜂などの農業活動を支援してきた。さらに地方自治体に対しても、行政サービスが民族を問わず公平に提供されるように協力を行った。このプロジェクトには日本人専門家の知恵から生まれた数々の工夫が活かされている。例えば、託児所の運営を行うことで、農作業の効率化を図るとともに、両民族の子供たちに幼い頃から融和の心を育む活動を行ってきた。2016年3月を以ってJICAの協力は終了したが、多くの成果を残している。

次に、IT教育近代化プロジェクトである。これは教育カリキュラムの統合を図ることで、民族融和を目指した取り組みである。ボスニアでは教育システムやカリキュラム、教科書などが民族ごとに違うものが使われていた。そのために政府は２００２年から全国で統一的に運用できる共通コア・カリキュラムの導入を目指している。それに応えて、ＪＩＣＡも２００６年からＩＴ教育分野での共通コア・カリキュラムの導入を促すためのプロジェクトをモスタル市で開始した。特に支援対象としてモスタルが選ばれたのは、この街が紛争中には東西に分断されて、紛争終結後も２００４年までは二つの市に分かれた統治が続いてきたためである。ＪＩＣＡの支援により、それまで別々の教室で授業を受けていた両民族の生徒が、同じ教室で学べるようになった意義は大きい。その後、このプロジェクトはモスタルの成果をボスニア・ヘルツェゴヴィナ連邦、スルプスカ（セルビア人）共和国、ブルチュコ特別区を含む全土に広げてきた。

現在、スポーツ教育を通じた信頼醸成プロジェクトをモスタル市で行っているが、このプロジェクトでも保健体育の共通コア・カリキュラムを導入することと、モスタル市スポーツ協会の能力強化を支援することで、スポーツ交流を通じた民族融和が進むことを目指している。

また円借款事業には、ウグレヴィク火力発電所排煙脱硫装置建設プロジェクトがある。これは北東部にある石炭火力の発電所に排煙脱硫装置を建設することで大気汚染物質の削減を図り、それによって環境改善と将来のＥＵ加盟に向けた環境基準の達成を目指すものである。

それ以外にも、民間セクター開発を目的とした、中小企業メンターサービス構築・普及促進プロジェクトをボスニアやセルビア、モンテネグロ、マケドニアで実施して、日本の経営指導員の経験を生かした中小企業支援制度の整備を支援している。

1995年度に最初の支援が始まってから2016年度までの累計で、ボスニアからは760名の研修員を受け入れて、124名の専門家を派遣し、無償資金協力では310億5900万円、円借款では167億4300万円を供与した。日本の技術研修で学んだ研修員は、帰国後にはボスニアでJICA研修員同窓会を組織して、定期的に環境管理や平和構築などの地道な啓蒙活動を自主的に行ったり、日本紹介のための文化的なイベントを行ったりしている。

もともと、ボスニアに対する支援は、紛争中に国連やNGOなどが行った人道支援や難民・国内避難民支援に始まり、それが和平合意の履行を経済的に支えるための復興支援へと姿を変えて、さらにその後は高所得国へと経済成長を遂げるための開発支援へと変遷を遂げてきた。さらにこれからはEU統合に向けて、環境と経済成長を両立させた持続可能な開発のための協力が行われようとしている。

（阿部俊哉）

60

経済交流

★日本企業の関心を集め始める★

ユーゴスラヴィアの時代から日本は遠い存在ではなかった。テレビ、ビデオ、ビデオカメラのような日本の家電製品を日常的に使っていたからである。1984年のサラエヴォ冬季五輪では、聖火ランナーのトーチはミズノ製、車のスポンサーは三菱自動車だった。ごく最近までサラエヴォ中心部にある建物上部の壁面には、五輪当時に描かれた三菱自動車の広告が残っていた。非常に大きく目立ったので、紛争中に砲撃の目印にされていたほどだ。

経済交流とはちょっと外れるが、紛争中に日本は国連を通じて食糧援助を行ってくれた。代表的なものがツナの缶詰で、日本からの援助であることがしっかり明記されていた。1日ひとりあたり拳の大きさ程度の硬いパンしか配給がなかったサラエヴォ市民にとってごちそうだった。さすがに日本の物は良いと評判で、闇市でも高値で取引されていた。

紛争後の日本企業の動きは、多額で多分野にわたる無償資金協力に伴うものがほとんどである。例えば、路線バスの復旧のために、サラエヴォ、バニャ・ルカ、モスタルの3主要都市に合計約150台もの新車のバスが援助されたが、日本の商社が入札に参加し、調達されたものである。

一方で、長らく日本企業独自の動きは活発とはいえなかった。奈良県に本社を置く、産業用精密部品メーカーのツバキ・ナカシマが、サラエヴォ近郊のコニッツに生産拠点を持ったばかりである。同社がアメリカの企業の精密ベアリング部品事業を買収した際、傘下にあった東欧の拠点も引き継ぐ形となり、事実上初めて、日本の製造業がボスニア・ヘルツェゴヴィナに工場を持つことになった。過去に木材加工を行う企業が小規模ながらサラエヴォに進出した例があるが、数年で撤退した。

日本たばこインターナショナル、島津製作所、コニカミノルタ、オリンパス、タケダ（武田薬品工業）、ソニー、パナソニックが現地人を雇用する形で事業所を開設している。トヨタ、日産、マツダなどはショールームを開いている。日本車は増えつつある。バニャ・ルカにはトヨタのプリウスを導入したタクシー会社があり、特別な車だからと当地では珍しく運転手が制服を着ていた時期もあった。いすゞの小型バスは長距離の路線バスによく利用されている。トヨタが2018年9月に当地の五輪委員会に乗用車を寄贈したように、援助や当地の文化活動に協力する日本企業もある。

私は紛争中の1995年からボスニア・ヘルツェゴヴィナの中央政府機関に所属し、2002年からは外国投資促進庁の駐日代表として、日本企業の誘致をはじめ貿易や観光の促進に携わっている。国際協力機構（JICA）は、ボスニア・ヘルツェゴヴィナだけでなく周辺国から、投資や貿易に関する中央省庁の職員を日本に招き、日本企業に対してプレゼンテーションを行う機会を何度も与えて下さった。予算の乏しい私共が独力ではなかなか行えないことであり、とても感謝している。

呼びかけに応じて下さり、サラエヴォ・ビジネスフォーラムに参加するなど、三井物産は紛争後早い時期に現地視察を行った数少ない企業である。サラエヴォだけでなくモスタルの企業も視察。日本企業が訪れたとニュースとして取り上げられたほど注目された。

2016年10月には、日本貿易振興機構（JETRO）を中心に、在ボスニア・ヘルツェゴヴィナ日本国大使館、JICAの協力をいただき、外国投資促進庁、当地の商工会議所も加わって日本企業に投資の呼びかけを行う「ビジネス視察ミッション」が、サラエヴォで2泊3日の日程で行われた。このような試みは、紛争後初めてである。

ドイツ、オーストリア、英国、チェコ、ルーマニア、セルビア、トルコなどから日本企業13社の約20名が参加。業種は、商社、金融、製造、運輸、ITなど多岐にわたった。

セミナーに加え、地元企業や進出した外資系企業との懇談が行われ、地元資本の4社を訪問した。短い日程のため訪問はサラエヴォ周辺に限られたが、自動車部品や座席を製造し、地元資本では最大規模のプリベント、医薬品製造のボスナリィエク、配電盤の金属キャビネットを製造しているTEOエレクトロ、小規模のIT企業が協調しているHUB387を訪問し、生産設備の見学のほか経営陣との意見交換が行われた。

また、日本大使公邸では、小川和也大使および、JICAのボスニア・ヘルツェゴヴィナ担当官から、企業進出に際し、日本人の視点をふまえたボスニア・ヘルツェゴヴィナの現状について丁寧な説明がなされた。この席で外国投資促進庁の駐日代表として私も話をさせていただく機会をいただき、問題点を含め率直に現状と展望を解説した。

参加された日本企業側からは、「初めて現地を訪れ、いだいていた紛争のイメージと異なる様子に驚いた」、「物流面での問題点がないことがわかった」などの意見のほか、投資優遇策の少なさや人口約380万人という市場規模の小ささを挙げ、魅力に欠けるとした意見もいただいた。この「ビジネス視察ミッション」は、その後すぐに具体的な結果に現れなかったが、紛争後20年で初めてのまとまった規模での現地視察と企業同士の直接交流となった。

2017年10月から11月にかけて、イゴル・ツルナダク外相が訪日した際には、河野太郎外相との会談において、今度は東京で投資を呼びかけるセミナーを実施することも話し合われた。この合意事項に基づき、2018年5月には対外貿易経済関係相らが参加して東京でセミナーを行う準備を、JETROの協力をいただきながら進めていたが、直前になりボスニア・ヘルツェゴヴィナ側の都合で延期された。

現在、当地では日本企業が携わっている事業がある。三菱日立パワーシステムズが、ウグレヴィック石炭火力発電所に排煙脱硫装置を設置しているのだ。126億3300万円の円借款案件を同社が請け負っているもので、2016年に契約が調印され、2017年5月に鍬入れ式が行われた。大気汚染物質の排出を大幅に削減し、EU加盟に向けてEUの環境基準を達成することもできる。

環境への配慮から、世界的に石炭火力発電所は問題視されつつあるが、当地では埋蔵量が豊富な褐炭を用いた発電が主力で最近でも増設されている。トゥズラ石炭火力発電所では、増設に際して、発電効率が良く大気汚染物質の排出も抑えた最新鋭の日本製機器が非常に有力な候補に残っていた。だが、最終的に中国製が選択された。背後にはボスニア・ヘルツェゴヴィナの一部政治家の不透明な動きがあったと見られており、日本側に不信感をいだかせる残念な結果となった。当地で中国の動きは活発である。

ボスニア・ヘルツェゴヴィナから日本への輸出が成功している例はワインだ。２０１３年の国際食品・飲料展（ＦＯＯＤＥＸ）でＪＥＴＲＯの協力をいただき、４か所のワイナリーが初めて展示を行うことができた。おかげで、２０１４年から東京に本社を置く食品輸入会社のエム・アンド・ピーが２か所のワイナリーから合計９種の輸入を開始して下さり、継続中だ。インターネット通販で簡単に購入できる。当地にはブラティナ（赤）、ジラフカ（白）という地ブドウがあり、これらを使ったワインが特に人気だ。ボスニア・ヘルツェゴヴィナ連邦のリュブシュキにあるヌイッチ、スルプスカ共和国のトレビニェにあるトゥブルドシュの2か所のワイナリーから日本に輸出している。

観光による経済効果については、日本人観光客は年間約６０００人程度で増加中だ。２０１７年にはＪＩＣＡの支援を得て、ツーリズムＥＸＰＯに出展した。クロアチアから立ち寄るばかりでなく、セルビアやモンテネグロとつながるルートを積極的に紹介している。世界遺産の石橋があるヴィシェグラードに近いセルビアには蒸気機関車の保存鉄道がある。線路は国境を越えてヴィシェグラードまで延びている。現在は祭事など特別な場合のみ越境運行されており、日本人団体ツアー向けの観光用に活用できないか交渉中である。

観光のようなソフトな面での経済交流は今後も進展が見込まれるが、製造業の進出本格化はもうしばらく時間を要しそうである。しかし、ヨーロッパに展開している日本企業が、ボスニア・ヘルツェゴヴィナの企業から調達した部品をすでに利用している例もある。ゴラジュデにあるベクトが製造した部品は、ヨーロッパにある自動車部品工場を経て、日本車にも間接的とはいえ使われている。

輸出できるほど豊富な電力と水、安価な労働力。国外に移住した親類等からの送金が家計に組み込まれている例が多く、働く者にとって決して好ましいことではないが、企業が賃上げに応じなくても生活が維持できる環境にある。チェコなど賃金上昇が続いている中・東欧諸国に進出している日本企業にとっては、近い将来の移転先として検討の余地がある。ＥＵ加盟交渉では最後発の国である。非加盟国としてこの先当面の間、ＥＵ規制への厳格な適応を逃れる利点も有している。そして、治安の良さは、特に当地が誇れる要素だ。

紛争のイメージで遠くに感じるかもしれないが、ウィーンからサラエヴォまで直線距離で約５００キロ。空路で1時間余りだ。通貨はユーロと固定レートで為替差損のリスクがない。トルコと自由貿易協定を結んでおり、貨物を含め両国間の航空便が充実しているため、トルコの国内情勢が不安定化した場合には代替地にもなり得る。イスラム諸国とのつながりの深さから、富裕層向けに日本の技術を導入して高品位の果物や野菜を生産し輸出するようなビジネスも考えられる。

地方都市にも魅力がある。ロシア資本の石油コンビナートやイタリア資本が入る機械部品工場があるブロドは、サヴァ川にかかる国境の橋を渡ればクロアチアで、すぐに高速道路とつながっている。外国資本の受け入れ経験があり、交通の便が優れていることから、製造業向けに第一に勧めている。

ヨーロッパ企業の部品調達先としてボスニア・ヘルツェゴヴィナはすでに機能している。部品の原料となる鉄鋼やアルミニウムを自国で生産できる点で有利でもある。機械工業以外でもイケアに家具を納入するなど、商品供給網の一翼を担っている。地理的に近いヨーロッパでは、移民などを通じて人のつながりを有しており、ボスニア・ヘルツェゴヴィナの人々の気質や仕事の進め方を理解している強みはある。だが、彼らもまた当地で事業を進める際に、過度の官僚制度による煩雑な行政手続きや、たらい回しには手を焼いている。

当地の人々は気さくだが、自尊心が高く、自分の考えを述べないと気がすまないようなところがある。のんびりしているのに一度決めるとせっかちだ。残業はほとんどしないが、勤労意欲は高い。共に仕事をするには信頼関係と現地の人脈作りが非常に重要だが、親日的でいったん良好な関係を築けば長期的なパートナーになれる。

２０１８年1月に安倍晋三首相がブルガリアやセルビアを歴訪した際、「西バルカン協力イニシアティブ」を提唱した。ＥＵ加盟を目指す関係6か国の経済社会改革を日本が支援する方針を示したもので、ボスニア・ヘルツェゴヴィナも対象国に含まれている。両国の経済関係の発展にもつながると期待されている。すでに動きが出ている。２０１８年12月には、現地から担当者が日本に招待され、投資や貿易を呼びかけるセミナーが開かれた。さらに、経済産業省から委託を受けて、三菱ＵＦＪリサーチ&コンサルティングがボスニア・ヘルツェゴヴィナを含む現地調査を行い、２０１９年2月に、「西バルカンビジネス展開セミナー」の場で発表された。日本側の調査に基づいた当地域のセミナーは珍しく、進出を検討する日本企業にとって有益な情報となった。

紛争以前には、フォルクスワーゲンの自動車ばかりか、エンジン以外は戦闘機も生産していた地域である。ボスニア・ヘルツェゴヴィナは潜在力どころか実績を持っている。

（西浜滋彦）

コラム14

植民地ボスニアと植民地台湾

村上 亮

２００５年の夏、私は東京大学農学部図書館で修士論文の執筆に向けた資料調査をおこなっていた。その時、偶然手に取ったのが『ボスニイン、ヘルツイゴヴイナ國拓殖視察復命書』（以下、『復命書』）と題する古びた書物だった。もっとも当時の私は珍しい史料を見つけたことに満足したにとどまっていた。『復命書』が書かれた背景、同書の意義が分かってきたのは最近のことである。

近年、ハプスブルクのボスニア統治はイギリス支配下のエジプト、ドイツ支配下のエルザス・ロートリンゲン、日本支配下の朝鮮に代表される、同時代の植民地支配と比較されることがある。もっとも、同時代の欧米列強がボスニアを「植民地」と認識し、その支配を高く評価していたこと、とりわけ後発植民地帝国というべき日本がボスニア統治に模範を求め、台湾総督府民政長官の後藤新平、同殖産局長の新渡戸稲造などがボスニアを訪問していたことはあまり知られていない。ここでは台湾とボスニアが、日本とハプスブルクにとって初めての「植民地」だったという共通点には留意すべきだろう。具体的な内容に立ち入る余裕はないため、ここでは後藤が徳富蘇峰宛ての手紙において「墺国新版図ボスニーンの経営の一部を見る　敬服の外なし」と書いていることのみをあげておく（１９０２年10月24日）。日本人一行の旅程の詳細を記すことはできないが、その後、ハプスブルクの共通財務相カーライをはじめボスニア統治の中心人物が日本側により叙勲された事実は、後藤らが厚遇されたことを教えてくれるものであろう（カーライはその直前に病死したため、実際には叙勲されていない）。

また新渡戸は、台湾協会における講演のなかでハプスブルク農政を評価した。そのひとつは「一国の文野を知るの標準」としての牛疫がボスニアでは撲滅されていることへの言及より知ることができる。ここでは、ボスニアに向けた新渡戸の眼差しを知ることのできる一例を引いておこう。彼が前出のカーライと会談した際、カーライは次のように語ったといわれる。「政府がボスニヤの人民に對する一として干渉せざるなく亦一として保護を爲さざるなし實に世話の焼けたる人民かな只人民の政府の手を藉らずして爲し得るものは人口繁殖の一あるのみ」と。それを受けて新渡戸は「此一言を以てボスニヤの國勢を言ひ盡せりと云うべし」と締めくくっているのである。このくだりは、日本とハプスブルクにおける植民地統治者が、似通った視座を共有していたことを示唆する。

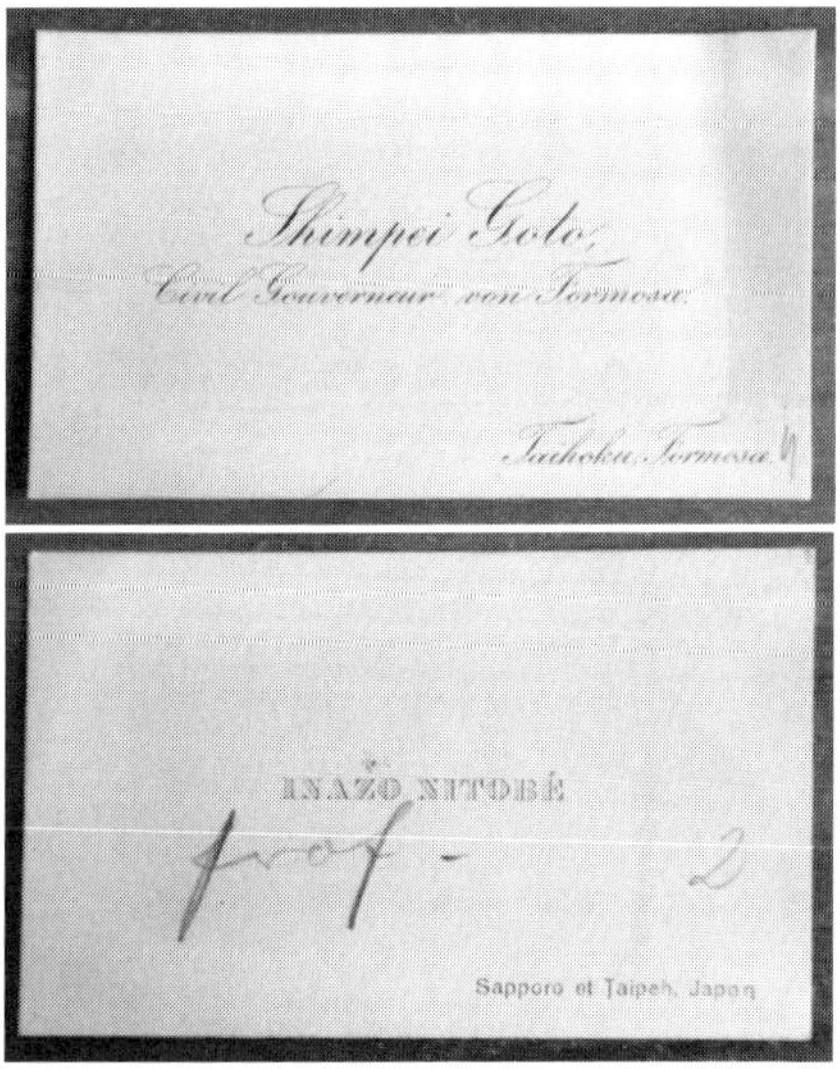

ボスニア・ヘルツェゴヴィナ国立文書館に残された後藤新平の名刺（上）と新渡戸稲造の名刺（下）

　冒頭にふれた『復命書』を著した台湾総督府嘱託の市島直治は、1904年から05年にかけてボスニアとウィーンで調査を重ねた。『復命書』の序文をみると、国有林経営の調査が主目的であったことがうかがえるが、それは基本方針が定まらない台湾における森林政策を改善する手がかりを得るためだったと推測できる。彼はボスニアにおいてハプスブルクの森林政策をつぶさに見聞し、行政機構や法体系の整備、企業への払い下げを通じた森林開発、造林などについて称賛した。さらにボスニア統治全体についても「新式」そして「系統的」である点を高く評価した。現地のハプスブルク官僚が市島の調査への協力により日本側から叙勲された事実は、ハプスブルク側が自らの成果を積極的にアピールしたこともうかがわせるだろう。『復命書』は、後発植民地帝国の日本がハプスブルクの植民地支配をどのように眼差したのか、という点で貴重な知見を与えてくれることは疑いない。しかしながら、『復命書』が「野蛮」なボスニアにハプスブルクが「文明」をもたらした、という統治者側の言説を踏襲している点には十分に注意しなければならない。

サラエヴォ事件から100年、冬季オリンピックから30年

コラム15

山崎日出男

私は、2011年10月から2015年3月まで、日本国大使として3年半リラエヴォに滞在しましたが、その間に、第一次世界大戦の発端となった1914年のサラエヴォ事件から100年を、また、1984年のサラエヴォ冬季オリンピックから30年を迎え、記念すべき時期に滞在できたことは大変有意義だったと思います。

1995年のデイトン合意による紛争終結からかなりの時間が経過し、街中は平和で、市民は普通の生活ができて市場やカフェも賑わっていましたが、その一方で、多くの建物には紛争中の砲弾・銃弾の跡が残り、政治家が国全体より自民族重視の姿勢を示す傾向もまだ見られました。

日本国政府は、紛争終結から累次にわたり500億円以上の支援を行い、ボスニア・ヘルツェゴヴィナの平和構築に貢献してきましたので、この国の日本に対する国民感情は良好で、街中を歩いているとよく声をかけられました。

一人当たりGDPが4000ドルを超え中進国となってからは、政府開発援助（ODA）での大規模な贈与プログラムはできませんが、一件1000万円までの「草の根支援プログラム」を1年に10件以上実施し、学校設備や病院設備の改修、救急車の贈与などを行ってきています。また、まだ国土全体の1・5%ほどに地雷が残っており、毎年犠牲者が出ていますので、毎年数千万円の支援で地雷除去にも取り組んでいます。そのほか、8000人以上が虐殺されたと言われているスレブレニツァ地区で、JICA専門家による農業技術支援プログラムも実施しました。

ボスニアには、デイトン合意で設置された国

オシム監督夫妻も出席した天皇誕生日レセプション（2014年）

際監視組織である平和履行委員会（PIC）と上級代表事務所（OHR）がまだ残っており、日本では第二次世界大戦終了後約8年で、国際監視組織であるGHQ（連合国軍最高司令官総司令部）が閉鎖されましたが、ボスニアでは現在に至るまで閉鎖できず、引き続き平和を監視する活動を行っています。

普通は、大使と言えば、相手国政府との関係がほとんどですが、私の場合は、相手国政府との関係もさることながら、毎週開催されるOHRの大使級会合に出席し、情報交換と意見交換を行うことが最も重要な仕事でした。

この国は、ボシュニャク系、セルビア系、クロアチア系の三民族を中心に構成されていますが、類似の露土戦争の影響もあり、OHRの大使級会合では、トルコ大使はボシュニャク系を、また、ロシア大使はセルビア系を擁護する発言が目立ちました。このような中で、日本が特定の民族に偏らない中立的な経済支援をしてきたことは、各民族や国際社会からも評価されており、特定の民族だけの肩をもたない日本の発言をよく聞いてくれました。

サラエヴォ事件の首謀者プリンツィプの評価も、"旧オーストリア・ハンガリー帝国に立ち向かった英雄"、あるいは"単なるテロリスト"など民族によって異なり、サラエヴォ事件100周年の行事を国家行事として行うことができなかったことは残念でした。結局、サラエヴォ市が主催して紛争での破壊から復興したシティ・ホール（旧国立図書館）で行事を行い、ウィーン・フィルハーモニー管弦楽団を呼んで平和コンサートを開催しましたが、セルビア系は別の場所で独自に記念行事を行いました。

仕事や職員にも恵まれ、大変充実した仕事ができたと思いますが、①伊吹文明衆議院議長（当時）が来訪され、私をはじめ大使館職員を激励していただいたこと、②2014年10月のボスニア大統領選挙にあたり、被選挙権がないにもかかわらず私に投票した国民が少なからず出て、現地マスコミや日本のモーニングショーの一部でも取り上げられたこと、③『ユーロマネージメント・マガジン』という雑誌で日本の大使としては初めてベストアンバサダーに選ばれたことが特に感慨深い出来事だったと思っています。

おわりに

ボスニアを初めて訪れたのは、ベオグラードに留学していた1996年、ボスニア紛争の終結直後のことであったと思う。とある取材に通訳として同行し、ボスニア東部の小都市ヴィシェグラードに向かった。イヴォ・アンドリッチの小説『ドリナの橋』の舞台となった石造りの古い橋は、変わらぬ雄大な姿をたたえていた。とある市民の女性へのインタビューを拙い語学力で通訳していた際のことである。それまで戦争のことを含むあらゆる質問に淡々と答えていたその女性が、「戦争前に民族の違う友達がいましたか？」という問いに対し、突然大粒の涙を流し、声を上げて泣き始めたのだった。その涙は、そんなことはここボスニアでは当たり前のことで、それがどれだけの苦しみをもたらしたのかわかっているのか、とでも語っているかのようだった。そのときの涙は、20年以上を経てもいまだに瞼に焼き付いている。

大学に入り、ユーゴスラヴィアを研究対象にしはじめたのと並行して、ユーゴスラヴィアの解体プロセスが始まり、1992年にはボスニア紛争も始まった。そうした中、社会主義時代の文献で触れる「多民族国家ユーゴスラヴィアの縮図である多民族の共和国」や「多民族社会の理想像」としてのボスニアの姿と、毎日のように新聞やテレビで報じられていた、民族主義が吹き荒れ、「民族浄化」の中で多くの人命が失われ続けていたボスニアの姿は、どうしても結びつかず、ギャップに苦しんだ。このギャップが研究の出発点の一つとなった。

訪問当時は詳しく知るよしもなかったが、紛争前に多民族の共存する都市だったヴィシェグラードは、紛争中にほぼセルビア人からなる町になっていた。凄惨な「民族浄化」の舞台ともなった。ヴィシェグラードの女性の涙を目の当たりにして、先ほど述べたギャップに最も苦しめられているのが、多民族が共存しながらの暮らしをごく当たり前のものとしていたボスニアの普通の人々であったのだとはっきり実感した。

その後も折に触れてボスニアを訪れているが、戦争直後に目立った破壊された建物や家は、徐々に再建されていった。モスタルの「スタリ・モスト」も再建された。現在では一見するだけでは、戦争の直接の傷跡を見出す方が難しいだろう。しかし、この地に暮らす人々の関係は劇的に変わってしまった。あの涙も、一度失われた民族共存の再建がどれだけ困難なのかを、肌で感じていたゆえかもしれない。

20年以上を経てボスニア紛争の記憶も薄れ、ボスニアはまた馴染みのない遠い国になった。われわれは本書で、さまざまな民族が暮らしている社会であることを前提に、歴史、政治、文化などのさまざまな観点からボスニアの過去と現在を描き出すことを試みた。多民族国家ボスニアのさまざまな魅力と、そして苦悩を感じとって頂けただろうか。その評価は読者のみなさんに委ねたいと思う。

２０１９年４月、バルカンの地を旅しながら

山崎信一

ボスニア・ヘルツェゴヴィナについてさらに知りたい人のための文献案内

以下では、主として日本語で書かれたボスニア・ヘルツェゴヴィナに関する文献を、本書各章の参考文献とともに、分野ごとに配した。ボスニア・ヘルツェゴヴィナについての基本的な文献案内として活用頂ければ幸いである（〈　〉内は、執筆時に参考にした章およびコラムの番号を示す）。ただし、ボスニア語（またセルビア語、クロアチア語）や英語などの外国語の文献は割愛した。関心のある方は、下記の個別の文献に収められた参考文献等も参照されたい。

【総論・一般・事典】

ＲＥＶＩＪＡ編（東欧文化研究会訳）『ユーゴスラビア』Kôbunsha、１９６８年
芦田均『バルカン』（岩波新書 赤版55）、岩波書店、１９３９年
岩田昌征・三浦真理『東欧の経済と社会 Ｉ――ユーゴスラビア・ブルガリア』（研究参考資料１７６）、アジア経済研究所、１９７１年
梅棹忠夫監修、松原正毅・ＮＩＲＡ編集『世界民族問題事典』（新訂増補版）、平凡社、２００２年
ジョルジュ・カステラン（萩原直訳）『バルカン世界――火薬庫か平和地帯か』（叢書東欧8）、彩流社、２０００年
アマエル・カッタルッツァ、ピエール・サンテス（太田佐絵子訳）、ロマン・アンバック地図製作『地図で見るバルカン半島ハンドブック』原書房、２０１７年
加藤雅彦『ユーゴスラヴィア――チトー以後』（中公新書５５２）、中央公論社、１９７９年
小山洋司『南東欧（バルカン）経済図説』（ユーラシア・ブックレット１６０）、東洋書店、２０１０年
柴宜弘編『もっと知りたいユーゴスラヴィア』弘文堂、１９９１年
柴宜弘編著『バルカンを知るための65章』（エリア・スタディーズ48）、明石書店、２００５年［『バルカンを知るため

の66章【第2版】』2016年〕
柴宜弘・石田信一編著『クロアチアを知るための60章』（エリア・スタディーズ121）、明石書店、2013年
柴宜弘・伊東孝之・南塚信吾・直野敦・萩原直監修『東欧を知る事典』（新版）、平凡社、2015年
柴宜弘・木村真・奥彩子編『東欧地域研究の現在』山川出版社、2012年
柴宜弘・佐原徹哉編『バルカン学のフロンティア』（叢書東欧10）、彩流社、2006年
柴宜弘・山崎信一編著『セルビアを知るための60章』（エリア・スタディーズ137）、明石書店、2015年
南塚信吾編『東欧の民族と文化』（叢書東欧1）、彩流社、1989年〔増補版・第3版、1993年〕
ライコ・ボボト編著（山崎洋訳）『ユーゴスラヴィア――社会と文化』恒文社、1983年
森安達也『ビザンツとロシア・東欧』（《ビジュアル版》世界の歴史9）、講談社、1985年
森安達也編『スラヴ民族と東欧ロシア』（民族の世界史10）、山川出版社、1986年

【歴史】

伊東孝之編『東欧現代史』（有斐閣選書）、有斐閣、1987年
梅田良忠編『東欧史』（世界各国史13）、山川出版社、1958年〔新版、矢田俊隆編、1977年〕
マルセル・ドゥ・ヴォス（山本俊明訳）『ユーゴスラヴィア史』（文庫クセジュ529）、白水社、1973年
大津留厚『ハプスブルクの実験――多文化共存を目指して』（中公新書1223）、中央公論社、1995年〔増補改訂、春風社、2007年〕
R・オーキー（越村勲・田中一生・南塚信吾編訳）『東欧近代史』勁草書房、1987年
カール・カーザー（越村勲・戸谷浩編訳）『ハプスブルク軍政国境の社会史――自由農民にして兵士』（学術叢書）、学術出版会、2013年
ジョルジュ・カステラン（山口俊章訳）『バルカン――歴史と現在』サイマル出版会、1994年
唐澤晃一『中世後期のセルビアとボスニアにおける君主と社会――王冠と政治集会』刀水書房、2014年
木戸蓊『バルカン現代史』（世界現代史24）、山川出版社、1977年
クリストファー・クラーク（小原淳訳）『夢遊病者たち――第一次世界大戦はいかにして始まったか』（1・2）、みす

ず書房、２０１７年〈8〉
スティーヴン・クリソルド編著（田中一生・柴宜弘・高田敏明訳）『ユーゴスラヴィア史』恒文社、１９８０年［増補版、１９９３年／増補第2版、１９９５年］
佐原徹哉『近代バルカン都市社会史――多元主義空間における宗教とエスニシティ』刀水書房、２００３年
柴宜弘『バルカンの民族主義』（世界史リブレット45）、山川出版社、１９９６年
柴宜弘『ユーゴスラヴィア現代史』（岩波新書 新赤版４４５）、岩波書店、１９９６年
柴宜弘『図説 バルカンの歴史』河出書房新社、２００１年［新装版、２０１５年］〈1、15〉
柴宜弘編著『バルカン史』（新版 世界各国史18）、山川出版社、１９９８年
柴宜弘編『バルカン史と歴史教育――「地域史」とアイデンティティの再構築』明石書店、２００８年
柴宜弘「フランツ・フェルディナント大公夫妻暗殺」（『世界暗殺事件ミステリーファイル１０１――歴史に刻まれた決定的瞬間』（別冊歴史読本42）、新人物往来社、２００９年、46～57頁）〈8〉
C&B・ジェラヴィチ（野原美代子訳）『バルカン史』恒文社、１９８２年
P・F・シュガー、I・J・レデラー編（東欧史研究会訳）『東欧のナショナリズム――歴史と現在』（刀水歴史全書9）、刀水書房、１９８１年
D・ジョルジェヴィチ、S・フィシャー・ガラティ（佐原徹哉訳）『バルカン近代史――ナショナリズムと革命』（刀水歴史全書34）、刀水書房、１９９４年
月村太郎『オーストリア＝ハンガリーと少数民族問題――クロアティア人・セルビア人連合成立史』東京大学出版会、１９９４年
ロバート・J・ドーニャ、ジョン・V・A・ファイン（佐原徹哉・柳田美映子・山崎信一訳）『ボスニア・ヘルツェゴヴィナ史――多民族国家の試練』恒文社、１９９５年〈42、コラム４・６〉
ノーマン・M・ナイマーク（山本明代訳、山本明代・百瀬亮司解説）『民族浄化のヨーロッパ史――憎しみの連鎖の20世紀』（人間文化研究叢書4）、刀水書房、２０１４年
南東欧における民主主義と和解のためのセンター（CDRSEE）企画、クリスティナ・クルリ総括責任著（柴宜弘監訳）『バルカンの歴史――バルカン近現代史の共通教材』（世界の教科書シリーズ37）、明石書店、２０１３年

ニーデルハウゼル・エミル（渡邊昭子ほか訳）『総覧 東欧ロシア史学史』北海道大学出版会、2013年
F・フェイト（熊田亨訳）『スターリン以後の東欧』（岩波現代選書17）、岩波書店、1978年
F・フェイト（熊田亨訳）『スターリン時代の東欧』（岩波現代選書28）、岩波書店、1979年
エドガー・ヘッシュ（佐久間穆訳）『バルカン半島』みすず書房、1995年
村上亮『ハプスブルクの「植民地」統治――ボスニア支配にみる王朝帝国の諸相』多賀出版、2017年
山上正太郎『二つの世界大戦――サラエボからヒロシマまで』社会思想社、1995年
山本明代、パプ・ノルベルト編『移動がつくる東中欧・バルカン史』刀水書房、2017年
ジョセフ・ロスチャイルド（大津留厚監訳）『大戦間期の東欧――民族国家の幻影』（人間科学叢書23）、刀水書房、1994年
ジョゼフ・ロスチャイルド（羽場久浘子・水谷驍訳）『現代東欧史――多様性への回帰』共同通信社、1999年

【政治、経済、国際関係】

阿部望『ユーゴ経済の危機と崩壊――国内要因と国外要因』日本評論社、1993年
マイケル・イグナティエフ（中山俊宏訳）『軽い帝国――ボスニア、コソボ、アフガニスタンにおける国家建設』風行社、2003年
岩田昌征『凡人たちの社会主義――ユーゴスラヴィア・ポーランド・自主管理』筑摩書房、1985年
岩田昌征『ユーゴスラヴィア――衝突する歴史と抗争する文明』NTT出版、1994年
岩田昌征『ユーゴスラヴィア多民族戦争の情報像――学者の冒険』御茶の水書房、1999年
岩田昌征『社会主義崩壊から多民族戦争へ――エッセイ・世紀末のメガカオス』御茶の水書房、2003年
岩田昌征『二〇世紀崩壊とユーゴスラヴィア戦争――日本異論派の言立て』御茶の水書房、2010年
梅原季哉『戦火のサラエボ100年史――「民族浄化」もう一つの真実』（朝日選書936）、朝日新聞出版、2015年
長有紀枝『スレブレニツァ――あるジェノサイドをめぐる考察』東信堂、2009年
J・オブラドヴッチ、W・N・ダン編著（笠原清志監訳）『参加的組織の機能と構造――ユーゴスラヴィア自主管理企

業の理論と実践』時潮社、1991年
笠原清志編著『自主管理制度と階級－階層構造――ユーゴスラビアにおける社会的調査』時潮社、1982年
カルデリ（山崎洋・山崎那美子訳）『自主管理社会主義と非同盟――ユーゴスラヴィアの挑戦』大月書店、1978年
久保慶一『引き裂かれた国家――旧ユーゴ地域の民主化と民族問題』有信堂高文社、2003年〈26、28〉
久保慶一「ボスニア・ヘルツェゴヴィナ」（月村太郎編『解体後のユーゴスラヴィア』晃洋書房、2017年、67～92頁）〈26、33〉
ミーシャ・グレニー（井上健・大坪孝子訳、千田善解説）『ユーゴスラヴィアの崩壊』白水社、1994年
『現代思想』第25巻第14号（12月臨時増刊「総特集＝ユーゴスラヴィア解体」）、1997年12月
小山洋司『ユーゴ自主管理主義の研究――1974年憲法体制の動態』多賀出版、1996年
小山洋司『EUの東方拡大と南東欧――市場経済化と小国の生き残り戦略』（MINERVA 現代経済学叢書70）、ミネルヴァ書房、2004年
小松志朗『人道的介入――秩序と正義、武力と外交』（早稲田大学学術叢書30）、早稲田大学出版部、2014年
定形衛『非同盟外交とユーゴスラヴィアの終焉』風行社、1994年
佐原徹哉『ボスニア内戦――グローバリゼーションとカオスの民族化』（国際社会と現代史）、有志舎、2008年〈12、コラム6〉
佐原徹哉編『ナショナリズムから共生の政治文化へ――ユーゴ内戦10年の経験から』北海道大学スラブ研究センター、2002年
柴宜弘『ユーゴスラヴィアの実験――自主管理と民族問題と』（岩波ブックレット205、シリーズ東欧現代史4）岩波書店、1991年
柴宜弘『ユーゴスラヴィアで何が起きているか』（岩波ブックレット299）岩波書店、1993年
柴宜弘・中井和夫・林忠行『連邦解体の比較研究――ソ連・ユーゴ・チェコ』多賀出版、1998年
ネナド・ステファノフ、ミヒャエル・ヴェルツ編（佐久間穆訳）『ボスニア戦争とヨーロッパ』朝日新聞社、1997年
高木徹『戦争広告代理店――情報操作とボスニア紛争』講談社、2002年

高部正樹『戦争ボランティア――ボスニアの日本人兵』並木書房、1995年
多谷千香子『「民族浄化」を裁く――旧ユーゴ戦犯法廷の現場から』（岩波新書 新赤版973）、岩波書店、2005年
千田善『ユーゴ紛争――多民族・モザイク国家の悲劇』（講談社現代新書1168）、講談社、1993年
千田善『ユーゴ紛争はなぜ長期化したか――悲劇を大きくさせた欧米諸国の責任』勁草書房、1999年
月村太郎『ユーゴ内戦――政治リーダーと民族主義』東京大学出版会、2006年〈12、33、コラム5〉
月村太郎編著『解体後のユーゴスラヴィア』（シリーズ転換期の国際政治6）、晃洋書房、2017年〈28〉
坪井睦子『ボスニア紛争報道――メディアの表象と翻訳行為』みすず書房、2013年
暉峻衆三・小山洋司・竹森正孝・山中武士『ユーゴ社会主義の実像』リベルタ出版、1990年
徳永彰作『モザイク国家ユーゴスラヴィアの悲劇』（ちくまライブラリー100）、筑摩書房、1995年
中村義博『ユーゴの民族対立――平和の創成を求めて』サイマル出版会、1994年
橋本敬市「非民族主義政権の発足とデイトン体制への挑戦――2000年11月国政・地方選挙の正と負の遺産」（『国際公共政策研究』第6巻第2号、2002年3月、225～245頁）〈28〉
東野篤子「国際関係と政治――西バルカン諸国とEU・NATO」（月村太郎編『解体後のユーゴスラヴィア』晃洋書房、2017年、183～205頁）〈33〉
南塚信吾・宮島直機編『'89・東欧改革――何がどう変わったか』（講談社現代新書995）、講談社、1990年
ピーター・ブロック（田辺希久子訳）『戦争報道メディアの大罪――ユーゴ内戦でジャーナリストは何をしなかったのか』ダイヤモンド社、2009年
ジョン・ヘーガン（本間さおり訳）『戦争犯罪を裁く――ハーグ国際戦犯法廷の挑戦』（上・下、全2巻／NHKブックス、1178～1179）、NHK出版、2011年
山崎洋「どこへ行く、自主管理社会主義――ユーゴスラヴィアの経験」（菊地昌典編『社会主義の現実I――東欧・ベトナム・アフリカ』（社会主義と現代世界2）、山川出版社、1989年、177～222頁）

【社会、文化】

ベヴェリー・アレン（鳥居千代香訳）『ユーゴスラヴィア民族浄化のためのレイプ』柘植書房新社、2001年

イェレナ・イェレミッチ『イェレナと学ぶセルビア料理』セルビア日本音楽交流推進の会・ぶなのもり、2018年
伊高浩昭『ボスニアからスペインへ――戦の傷跡をたどる』論創社、2004年
伊藤芳明『ボスニアで起きたこと――「民族浄化」の現場から』岩波書店、1996年
ジュリア・ウォーターロー（今西大・今西智子訳）『ボスニア――砲撃にさらされた日常生活』（総合的学習に役立つ世界の家族5）、鈴木出版、2000年
宇都宮徹壱『幻のサッカー王国――スタジアムから見た解体国家ユーゴスラヴィア』勁草書房、1998年
江口昌樹『ナショナリズムを越えて――旧ユーゴスラビア紛争下におけるフェミニストNGOの経験から』白澤社、2004年
大塚敦子『はたらく地雷探知犬』（講談社青い鳥文庫290－1）、講談社、2011年
亀田真澄『国家建設のイコノグラフィー――ソ連とユーゴの五カ年計画プロパガンダ』成文社、2014年
亀田真澄・山崎信一・鈴木健太・百瀬亮司『アイラブユーゴ3――ユーゴスラヴィア・ノスタルジー　女の子編』社会評論社、2015年
木村元彦『悪者見参――ユーゴスラビアサッカー戦記』集英社、2000年［文庫版（集英社文庫724）、2001年］
スティーヴン・ギャロウェイ（佐々木信雄訳）『サラエボのチェリスト』ランダムハウス講談社、2009年
栗原成郎『スラヴのことわざ』ナウカ、1989年
堅達京子『失われた思春期――祖国を追われた子どもたち　サラエボからのメッセージ』径書房、1994年
小磯文雄『戦争見物――世界紛争地帯を歩く』飛鳥新社、1995年
越村勲編訳『バルカンの大家族ザドルガ』（叢書東欧6）、彩流社、1994年
越村勲・山崎信一『映画「アンダーグラウンド」を観ましたか？――ユーゴスラヴィアの崩壊を考える』彩流社、2004年
小松太郎『教育で平和をつくる――国際教育協力のしごと』（岩波ジュニア新書550）、岩波書店、2006年
鈴木健太・百瀬亮司・亀田真澄・山崎信一『アイラブユーゴ1――ユーゴスラヴィア・ノスタルジー　大人編』社会評論社、2014年

関口義人『バルカン音楽ガイド』青弓社、2003年
ミランカ・トーディチ（荒島浩雅訳）『写真とプロパガンダ――1945－1958』三元社、2009年
西村洋子『ボスニアに平和を――国連の難民支援体験記』サイマル出版会、1996年
ヤスミンコ・ハリロビッチ編著（角田光代訳、千田善監修）『ぼくたちは戦場で育った――サラエボ1992－1995』集英社インターナショナル、2015年
平山郁夫・右田千代『サラエボの祈り――画文集』日本放送出版協会、1997年
シェリ・フィンク（中谷和男訳）『手術の前に死んでくれたら――ボスニア戦争病院36カ月の記録』アスペクト、2004年
福島安紀子『紛争と文化外交――平和構築を支える文化の力』慶應義塾大学出版会、2012年〈45〉
水口康成『ボスニア――一人ぼっちの救出作戦』日本放送出版協会、1996年
水口康成『バルカンに生きる――旧ユーゴ内戦の記録'91－'96』日本放送出版協会、1996年
水口康成『ボスニア戦記』三一書房、1996年
水谷驍『ジプシー――歴史・社会・文化』（平凡社新書327）、平凡社、2006年
百瀬亮司・亀田真澄・山崎信一・鈴木健太『アイラブユーゴ2――ユーゴスラヴィア・ノスタルジー 男の子編』社会評論社、2014年〈55〉
百瀬亮司編、柴宜弘監修『ユーゴ研究の最前線』溪水社、2012年
森田太郎『サッカーが越えた民族の壁――サラエヴォに灯る希望の光』明石書店、2002年〈45〉
山崎佳代子『解体ユーゴスラビア』（朝日選書476）、朝日新聞社、1993年
山崎佳代子『パンと野いちご――戦火のセルビア、食物の記憶』勁草書房、2018年
山崎信一「ユーゴスラヴィア――多民族統合の象徴からナショナリズムの担い手へ」（坂上康博・中房敏朗・石井昌幸・高嶋航編『スポーツの世界史』一色出版、2018年、213～229頁）〈55〉
吉岡達也『殺しあう市民たち――旧ユーゴ内戦・決死体験ルポ』（実学百論6）、第三書館、1993年
和田登『ぼくらの心は国境を越えた――地雷ゼロへの願い』（イワサキ・ライブラリー11）、岩崎書店、2002年

【文学、民話】

イヴォ・アンドリッチ（松谷健二訳）『ドリナの橋』（現代東欧文学全集12）、恒文社、1966年

イヴォ・アンドリッチ（栗原成郎訳）「象牙の女」（吉上昭三・直野敦・栗原成郎・田中一生・千野栄一・徳永康元編訳『現代東欧幻想小説』白水社、1971年、171～177頁）

イヴォ・アンドリッチ（田中一生訳）「イェレーナ、陽炎の女」（吉上昭三・直野敦・栗原成郎・田中一生・千野栄一・徳永康元編訳『現代東欧幻想小説』白水社、1971年、178～203頁）

イヴォ・アンドリッチ（岡崎慶興訳）『ボスニア物語』（東欧の文学）、恒文社、1972年

イヴォ・アンドリッチ（田中一生訳）『ゴヤとの対話』恒文社、1976年

アンドリッチ（田中一生訳）「窓」（蔵原惟人監修、高橋勝之・直野敦・上昭三編『世界短編名作選 東欧編』新日本出版社、1979年、135～141頁）

イヴォ・アンドリッチ（栗原成郎訳）『呪われた中庭』恒文社、1983年

イヴォ・アンドリッチ（田中一生訳）『サラエボの女』恒文社、1982年

イヴォ・アンドリッチ（田中一生・山崎洋共訳）『サラエボの鐘――短編集』恒文社、1997年〈1〉

イヴォ・アンドリッチ（栗原成郎訳）『宰相の象の物語』（東欧の想像力14）、松籟社、2018年

ドゥブラヴガ・ウグレシィチ（岩崎稔訳）『バルカン・ブルース』未來社、1997年

大塚敦子『平和の種をまく――ボスニアの少女エミナ』（いのちのえほん18）、岩崎書店、2006年〈45〉

ジェヴァド・カラハサン「ヨーロッパは時間の中で書く」（ウルズラ・ケラー、イルマ・ラクーザ編（新本史斉、吉岡潤、若松準、フランツ・ヒンターエーダー＝エムデ訳）『ヨーロッパは書く』鳥影社、2008年、178～187頁）

エミール・クストリッツァ（田中未来訳）『夫婦の中のよそもの』集英社、2017年

栗原成郎・田中一生共訳編『ユーゴスラビアの民話1』（東ヨーロッパの民話）、恒文社、1980年

ファン・ゴイティソーロ（山道佳子訳）『サラエヴォ・ノート』みすず書房、1994年

こやま峰子詩、ボスニア・ヘルツェゴビナの子どもたち絵『地雷のあしあと――ボスニア・ヘルツェゴビナの子どもたちの叫び』小学館、2003年

サーシャ・スタニシチ（浅井晶子訳）『兵士はどうやってグラモフォンを修理するか』（ExLibris）、白水社、2011年
メシャ・セリモヴィッチ（三谷惠子訳）『修道師と死』（東欧の想像力10）、松籟社、2013年
スーザン・ソンタグ（富山太佳夫訳）『サラエボで、ゴドーを待ちながら』（エッセイ集／スーザン・ソンタグ2）、みすず書房、2012年
田中一生『バルカンの心――ユーゴスラビアと私』（叢書東欧12）、彩流社、2007年
ブランコ・チョピッチ（清水美穂・田中一生訳）「親愛なるジーヤ、水底の子ども時代」（飯島周・小原雅俊編『ポケットのなかの東欧文学――ルネッサンスから現代まで』成文社、2006年、358～366頁）
スラヴェンカ・ドラクリッチ（三谷惠子訳）『バルカン・エクスプレス――女心とユーゴ戦争』三省堂、1995年
スラヴェンカ・ドラクリッチ（長場真砂子訳）『カフェ・ヨーロッパ』恒文社、1998年
マイケル・ニコルソン（小林令子訳）『ウェルカム・トゥ・サラエボ』青山出版社、1998年
沼野充義・西成彦・奥彩子編『東欧の想像力』松籟社、2016年
アンドレイ・ベケシュ訳「ユーゴスラヴィアの民話」（『世界の民話　第16巻　東ヨーロッパの民話』研秀出版、1980年、101～110頁）
ズラータ・フィリポヴィッチ（相原真理子訳）『ズラータの日記――サラエボからのメッセージ』二見書房、1994年
アレクサンダル・ヘモン（岩本正恵訳）『ノーホエア・マン』白水社、2004年
アレクサンダル・ヘモン（岩本正恵訳）『愛と障害』（ExLibris）、白水社、2014年
プレドラグ・マトヴェイエーヴィチ（沓掛良彦・土屋良二訳）『地中海――ある海の詩的考察』平凡社、1997年
プレドラグ・マトヴェイエーヴィチ（土屋良二訳）『旧東欧世界――祖国を失った一市民の告白』未來社、2000年
八百板洋子編訳、ルディ・スコチル画『いちばんたいせつなもの――バルカンの昔話』福音館書店、2007年
山崎洋・山崎淑子共訳編『ユーゴスラビアの民話2――セルビア英雄譚』（東ヨーロッパの民話）、恒文社、1980年
葉祥明絵、柳瀬房子文『続々・地雷ではなく花をください――サニー　ボスニア・ヘルツェゴビナへ＝Not mines, but flowers III: Sunny heads for Bosnia-Herzegovina』自由国民社、1998年
ライモンド・レヒニツァー（林瑞枝訳）『サラエボ日記』平凡社、1994年

ヤエル・ロネン、庭山由香、柴宜弘監修「コモン・グラウンド」『紛争地域から生まれた演劇10』国際演劇協会日本センター、2019年

【ことば】

イボ・アンドリッチ（田中一生訳注）『ドリーナの橋』、大学書林、1985年
桑野隆・長與進編著『ロシア・中欧・バルカン世界のことばと文化』（早稲田大学国際言語文化研究所編、世界のことばと文化シリーズ）、成文堂、2010年
齋藤厚「ボスニア語の形成」（『スラヴ研究』第48号、2001年、113〜137頁）〈26〉
鈴木達也編著『セルビア・クロアチア語辞典』武田書店、2010年
田中一生・山崎洋編『セルビア・クロアチア語基礎1500語』大学書林、1979年
中島由美『バルカンをフィールドワークする』（ことばを訪ねて）、大修館書店、1997年
中島由美・野町素己『セルビア語クロアチア語』（ニューエクスプレスプラス）、白水社、2019年
長束恭行『旅の指さし会話帳73　クロアチア』情報センター出版局、2007年
三谷惠子『クロアチア語ハンドブック』大学書林、1997年
三谷惠子『クロアチア語常用6000語』大学書林、1998年
三谷惠子『クロアチア語のしくみ』白水社、2009年
百瀬亮司著、大阪大学世界言語センター監修『セルビア語読解入門』大阪大学出版会、2012年
山崎洋編『セルビア語常用6000語』大学書林、2001年
山崎洋・田中一生編『セルビア・クロアチア語会話練習帳』大学書林、1979年

【人物・自伝】

ズラタン・イブラヒモビッチ、ダビド・ラーゲルクランツ（沖山ナオミ訳）『I am Zlatan――ズラタン・イブラヒモビッチ自伝』東邦出版、2012年
ヴィンテルハルテル（田中一生訳）『チトー伝――ユーゴスラヴィア社会主義の道』徳間書店、1972年

愛媛新聞メディアセンター編『モスタルの石橋――安井伸の軌跡』愛媛新聞社、2004年
河治良幸ほか著、東邦出版編『ハリルホジッチ思考――成功をもたらす指揮官の流儀』東邦出版、2015年
ラドミル・コバチェビッチ『勝負――わが柔道の技と心』ベースボール・マガジン社、1983年
ローラン・ジャウイ、リオネル・ロッソ（楜澤美香訳）『ハリルホジッチ勝利のスパイラル』日本文芸社、2015年
ドゥシコ・タディチ（岩田昌征訳・著）『ハーグ国際法廷のミステリー――旧ユーゴスラヴィア多民族戦争の戦犯第一号日記』社会評論社、2013年
デイヴィッド・マッケンジー（柴宜弘・南塚信吾・越村勲・長場真砂子訳）『暗殺者アピス――第一次大戦をおこした男』平凡社、1992年
ミーラ・マルコヴィッチ（ナターシャ・トミッチ訳）『ナイトアンドデイ――新ユーゴスラビア連邦共和国セルビア共和国ミロシェヴィッチ大統領夫人の反戦日記』NISユーゴペトロ社／光琳社出版、1997年
ヤドランカ・長原啓子『アドリア海のおはよう波――シンガーソングライターヤドランカの音とひかり』ポプラ社、2009年

〈オシム〉

ゲラルト・エンツィンガー、トム・ホーファー（平陽子訳）『イビチャ・オシムの真実』エンターブレイン、2006年
イビチャ・オシム（長束恭行訳）『日本人よ！』新潮社、2007年
イビチャ・オシム著、千田善文『オシム@愛と勇気』文藝春秋、2010年
[オシム述、]田村修一著『オシム　勝つ日本』文藝春秋、2010年［文庫版（文春文庫た－84－1）、2012年］
イビチャ・オシム『信じよ！――日本が世界一になるために必要なこと』（角川oneテーマ21 D－27）、KADOKAWA、2014年
イビチャ・オシム（田村修一訳）『急いではいけない――加速する時代の「知性」とは』（ベスト新書519）、ベストセラーズ、2016年
木村元彦『オシムの言葉――フィールドの向こうに人生が見える』集英社インターナショナル、2005年［増補改訂

版『オシムの言葉』（文春文庫き－38－1）、文藝春秋、2014年〕
木村元彦『オシムからの旅』（よりみちパン！セ51）、理論社、2010年
木村元彦『オシム 終わりなき闘い』NHK出版、2015年〔文庫版、小学館、2018年〕
シュテファン・シェンナッハ、エルンスト・ドラクスル（小松淳子訳、木村元彦監修）『オシムが語る』集英社インターナショナル、2006年
「週刊サッカーマガジン」編集部・国吉好弘編著『学ぶ人オシムに学ぶ』ベースボール・マガジン社、2006年
田村修一監修『オシム語録――人を導く126の教え』（Sports Graphic Number plus）、文藝春秋、2016年
千田善『オシムの伝言』みすず書房、2009年
千田善『オシムの戦術』中央公論新社、2010年
マルコ・トマシュ（千田善訳）『オシム――ゲームという名の人生』筑摩書房、2015年
原島由美子『オシムがまだ語っていないこと』（朝日新書049）、朝日新聞社、2007年

【旅行・紀行・事情紹介】

Ｆａｍａ編（P3 Art and Environment 訳、柴宜弘監修）『サラエボ旅行案内――史上初の戦場都市ガイド』三修社、1994年〈55〉
天城桜路『地球の彷徨い方――ボスニア・ヘルツェゴヴィナ／セルビア・モンテネグロ初級編』東洋出版、2005年
久留島秀三郎『ヴァルカンの赤い星 ユーゴスラヴィヤ』相模書房、1954年
地球の歩き方編集室著編『地球の歩き方 中欧』（A25）、ダイヤモンド・ビック社、各年
『ユーゴスラヴィア／チェコスロヴァキア／ポーランド』（朝日旅の百科 海外編14）、朝日新聞社、1980年
外山純子・中島賢一『クロアチア／スロヴェニア／ボスニア・ヘルツェゴヴィナ／モンテネグロ――アドリア海の海洋都市と東西文化の十字路』（旅名人ブックス84、第3版〔改訂新版〕）、日経BP企画、2009年〔初版2006年、第2版2007年〕
『旅行人』No. 161（2010上期号）、2009年12月（「特集 旧ユーゴスラヴィアを歩く――クロアチア ボスニア・ヘルツェゴヴィナ セルビア コソヴォ モンテネグロ」2～72頁）

【ウェブサイト】（2019年4月1日閲覧確認）

ボスニア・ヘルツェゴヴィナ連邦観光局（現地語・英語・ドイツ語、日本語なし）
http://www.bhtourism.ba

スルプスカ（セルビア人）共和国観光局（セルビア語・英語、日本語なし）
http://turizamrs.org

サラエヴォ・カントン観光局（現地語・英語、日本語なし）
http://visitsarajevo.ba

東サラエヴォ観光局（セルビア語・英語、日本語なし）
https://istocnosarajevo.travel

「Destination Sarajevo」（サラエヴォ・ナビゲーター基金ポータルサイト、現地語・英語、日本語なし）
https://sarajevo.travel

在ボスニア・ヘルツェゴビナ日本国大使館（日本語・英語・ボスニア語／クロアチア語／セルビア語）
https://www.bosnia.emb-japan.go.jp

日本国外務省公式サイト、「国・地域」内の「ボスニア・ヘルツェゴビナ」ページ
https://www.mofa.go.jp/mofaj/area/bosnia_h/index.html

旧ユーゴ便り
http://www.pluto.dti.ne.jp/katu-jun/yugo/

山崎佳夏子（やまさき・かなこ）[50]
ベオグラード大学哲学部美術史学科博士課程
専門：近代美術史
主な著作：「近代美術――19世紀末から第二次世界大戦後まで」（『スロヴェニアを知るための60章』明石書店、2017年）。

＊**山崎信一**（やまざき・しんいち）[2, 3, 4, 9, 10, 11, 16, 23, 46, 53, 54, コラム1, コラム11, コラム12]
編著者紹介を参照。

山崎日出男（やまざき・ひでお）[コラム15]
1979年総理府（現内閣府）入府、1984年ロンドン経済大学（L.S.E.）に留学、1990~93年在米日本国大使館一等書記官（議会担当）、その後総務省官房秘書課長、内閣官房内閣審議官などを歴任し、2011～15年在ボスニア・ヘルツェゴヴィナ日本国大使、現在は昭和女子大学監事。

新聞記者、在オーストリア日本大使館専門調査員（ボスニア政務担当）、上級代表事務所（OHR）政治アドバイザーを経て現職。
主な著作：『平和構築における治安分野改革』（共著、国際書院、2012年）、『紛争と復興支援――平和構築に向けた国際社会の対応』（共著、有斐閣、2004年）。

林　佳世子（はやし・かよこ）[51]
東京外国語大学教授
専門：オスマン朝史、西アジア史
主な著作：『オスマン帝国――500年の平和』（講談社学術文庫、2016年）、『オスマン帝国の時代』（山川出版社、1997年）、『イスラーム――書物の歴史』（共編著、名古屋大学出版会、2014年）、『イスラーム世界研究ハンドブック』（共編著、名古屋大学出版会、2008年）。

平野共余子（ひらの・きょうこ）[49]
明治学院大学大学院非常勤講師
専門：映画史
主な著作：『日本の映画史――10のテーマ』（くろしお出版、2014年）、『天皇と接吻――アメリカ占領下の日本映画検閲』（草思社、1998年）、*Mr. Smith Goes To Tokyo: Japanese Cinema Under the American Occupation, 1945-1952*, Smithsonian Institution Press, 1992.

松永知恵子（まつなが・ちえこ）[43]
NPO 法人 ACC・希望理事
1997年より認定 NPO 法人難民を助ける会で、また2001年からは NPO 法人 ACC・希望で、旧ユーゴスラヴィア圏において心理社会的支援活動を実施し、現在に至る。

村上　亮（むらかみ・りょう）[7, コラム14]
福山大学人間文化学部専任講師
専門：近代ハプスブルク帝国史
主な著作：『ハプスブルクの「植民地」統治――ボスニア支配にみる王朝帝国の諸相』（多賀出版、2017年）、「第一次世界大戦をめぐる開戦責任問題の現在――クリストファー・クラーク『夢遊病者たち』によせて」（『ゲシヒテ』2019年）、「ボスニア・ヘルツェゴヴィナ併合問題の再検討――共通財務相I・ブリアーンによる二つの『建白書』を手がかりに」（『史林』2016年）。

百瀬亮司（ももせ・りょうじ）[45, 55, コラム5, コラム13]
早稲田大学招聘研究員
専門：バルカン地域研究、ユーゴスラヴィア近現代史
主な著作：「クロアチア多民族社会におけるセルビア人の自決権―領域的自治の限界と文化的自治のジレンマ」（山本明代、パプ・ノルベルト編『移動がつくる東中欧・バルカン史』刀水書房、2017年）、「ヴコヴァルの反キリル文字運動と「記憶」の双極化」（『ことばと社会』2014年）、「1980年代セルビアにおける歴史認識とコソヴォ―イリュリア人起源論をめぐって」（『歴史研究』2013年）。

清水美穂（しみず・みほ）［17, 38］
岐阜県関市迫間不動の門前茶屋を経営。以前からかかわってきた旧ユーゴスラヴィア、とりわけボスニアのよき伴走者でありたいと願っている。

鈴木健太（すずき・けんた）［12, 42, 56, コラム4, コラム6, 巻頭地図, 基礎データ, 文献案内］
東京外国語大学大学院総合国際学研究院特別研究員
専門：ユーゴスラヴィア現代史、東欧・バルカン地域研究
主な著作：『アイラブユーゴ』（全3巻、共著、社会評論社、2014～15年）、「結合と分離の力学――社会主義ユーゴスラヴィアにおけるナショナリズム」（柴宜弘・木村真・奥彩子編『東欧地域研究の現在』山川出版社、2012年）、「ユーゴスラヴィア解体期のセルビア共和国――政治勢力の差異化とナショナリズム」（百瀬亮司編『旧ユーゴ研究の最前線』溪水社、2012年）。

千田　善（ちだ・ぜん）［58］
国際ジャーナリスト。元サッカー日本代表オシム監督通訳、立教大学等非常勤講師
主な著作：『オシムのトレーニング』（池田書店、2012年）、『オシムの伝言』（みすず書房、2009年）、『ユーゴ紛争はなぜ長期化したか』（勁草書房、1999年）、『ユーゴ紛争』（講談社現代新書、1993年）、『ぼくたちは戦場で育った サラエボ 1992-1995』（監修、集英社インターナショナル、2015年）、『スロヴェニア』『クロアチア』（翻訳、ともに白水社クセジュ文庫、2000年）。

長島大輔（ながしま・だいすけ）［19, 21, 22, 24, 36, 37, コラム10］
東京経済大学・東京都市大学非常勤講師
専門：ユーゴスラヴィア地域研究（ナショナリズムと宗教）
主な著作：「人口調査の政治性――ボスニア・ヘルツェゴヴィナのムスリム人をめぐって」（柴宜弘・木村真・奥彩子編『東欧地域研究の現在』山川出版社、2012年）、「ボスニア社会におけるイスラーム――1945年から1970年代まで」（百瀬亮司編『旧ユーゴ研究の最前線』溪水社、2012年）。

中島由美（なかじま・ゆみ）［57］
一橋大学名誉教授
専門：言語学・スラヴ語学
主な著作：『ニューエクスプレス　セルビア語・クロアチア語』（共著、白水社、2010年）、『バルカンをフィールドワークする』（大修館書店、1997年）。

西浜滋彦（にしはま・しげひこ）［60, コラム8］
ボスニア・ヘルツェゴヴィナ外国投資促進庁駐日代表
主な著作：「こちらボスニア・ヘルツェゴヴィナ国営放送」（『世界』〔岩波書店〕にて1997年１月号から12回連載）。

橋本敬市（はしもと・けいいち）［27, 29］
独立行政法人国際協力機構（JICA）国際協力専門員

大塚真彦（おおつか・まさひこ）［35, 39, 44］
通訳、フリージャーナリスト、YouTube「セルビアちゃんねる」共同運営者。1989年よりベオグラード在住。

奥　彩子（おく・あやこ）［20, 47, 48］
共立女子大学文芸学部教授
専門：ユーゴスラヴィア文学
主な著作：『東欧地域研究の現在』（共編著、山川出版社、2012年）、『境界の作家ダニロ・キシュ』（松籟社、2010年）、ダニロ・キシュ『砂時計』（翻訳、松籟社、2007年）。

長　有紀枝（おさ・ゆきえ）［13, 34, コラム7］
立教大学大学院21世紀社会デザイン研究科・同社会学部教授、特定非営利活動法人難民を助ける会理事長
専門：国際人道法、移行期正義、ジェノサイド予防
主な著作：『入門 人間の安全保障――恐怖と欠乏からの自由を求めて』（中央公論新社、2012年）、『スレブレニツァ――あるジェノサイドをめぐる考察』（東信堂、2009年）。
ホームページ：https://osayukie.com「人道問題の研究者が明け暮れに考えたこと」

角田光代（かくた・みつよ）［41］
作家
主な著作：『八日目の蝉』（中公文庫、2011年）、『対岸の彼女』（文春文庫、2007年）など。

唐澤晃一（からさわ・こういち）［5, コラム2, コラム9］
香川大学教育学部准教授
専門：中世バルカン半島史、ビザンツと南スラヴ人の交流史
主な著作：『セルビアを知るための60章』（共著、明石書店、2015年）、『中世後期のセルビアとボスニアにおける君主と社会――王冠と政治集会』（刀水書房、2013年）、S・ノヴァコヴィチ『セロ――中世セルビアの村と家』（越村勲との共訳、刀水書房、2003年）。

齋藤　厚（さいとう・あつし）［18, 26］
外務省在ボスニア・ヘルツェゴビナ日本国大使館一等書記官
専門：政治社会学、言語社会学、バルカン地域研究
主な著作：「スロヴェニア共和国」（月村太郎編『解体後のユーゴスラヴィア』晃洋書房、2017年）、『クロアチアを知るための60章』（共著、明石書店、2013年）、「ボスニア語の形成」（『スラヴ研究』第48号、2001年）。

＊**柴　宜弘**（しば・のぶひろ）［1, 8, 15, 40］
編著者紹介を参照。

◉ **執筆者紹介**（50音順、*は編著者、［　］内は担当章）

阿部俊哉（あべ・としや）［30, 31, 59］
独立行政法人国際協力機構（JICA）パレスチナ事務所長
国連難民高等弁務官事務所（UNHCR）勤務、バルカン事務所長等を経て現職。
専門：国際政治学、開発援助、中東、バルカン
主な著作：『パレスチナ――紛争と最終的地位問題の歴史』（ミネルヴァ書房、2004年）、『セルビアを知るための60章』（共著、明石書店、2015年）。

石田信一（いしだ・しんいち）［25, 28, 32, 33］
跡見学園女子大学文学部教授
専門：東欧地域研究、旧ユーゴスラヴィア・クロアチア近現代史
主な著作：「クロアチア共和国」（月村太郎編『解体後のユーゴスラヴィア』晃洋書房、2017年）、『クロアチアを知るための60章』（共編著、明石書店、2013年）、『ダルマチアにおける国民統合過程の研究』（刀水書房、2004年）。

上畑　史（うえはた・ふみ）［52］
日本学術振興会特別研究員PD（国立民族学博物館）
専門：ユーゴスラヴィア・セルビアの音楽史・文化史・民俗音楽研究
主な著作：「セルビアのポピュラー音楽『ターボフォーク』の発展と音楽産業の展開」（『フィロカリア』35号、2018年）、「クラシック音楽と大衆音楽――「オリエント」の受容と拒絶」（『セルビアを知るための60章』明石書店、2015年）、「セルビアにおけるロマのブラス――民俗文化からの逸脱」（『民族藝術』27号、2011年）。

江川ひかり（えがわ・ひかり）［6, コラム3］
明治大学文学部教授
専門：オスマン帝国史
主な著作：「ボスニア・ヘルツェゴヴィナ研究案内」（『明大アジア史論集』第20号記念号、2016年）、『世紀末イスタンブルの演劇空間――都市社会史の視点から』（共著、白帝社、2015年）、「タンズィマート改革期のボスニア・ヘルツェゴヴィナ」（『岩波講座世界歴史21』岩波書店、1998年）。

遠藤嘉広（えんどう・よしひろ）［14］
愛知教育大学等非常勤講師
専門：ユーゴスラヴィア現代史
主な著作：「ユーゴスラヴィア解体と人民軍――1980年代後半以降の国内政治の関わりを中心に」（『年報地域文化研究』12号、2008年）、「教科書の中の地域史――アルバニアの事例」（翻訳、柴宜弘編『バルカン史と歴史教育』明石書店、2008年）、“Some Characteristics of the Research on the War in Croatia in Croatian and Serbian Literature,” in Žarko Lazarević, Nobuhiro Shiba, Kenta Suzuki (eds.), *The 20th century through historiographies and textbooks: chapters from Japan, East Asia, Slovenia and Southeast Europe*, Ljubljana, 2018。

◉ 編著者紹介

柴　宜弘（しば・のぶひろ）

早稲田大学大学院文学研究科西洋史学博士課程修了。1975〜77年、ベオグラード大学哲学部歴史学科留学。敬愛大学経済学部、東京大学教養学部・大学院総合文化研究科教授を経て、現在、城西国際大学特任教授、東京大学名誉教授。

専攻は東欧地域研究、バルカン近現代史

主な著作：*The 20th Century through Historiographies and Textbooks: Chapters from Japan, East Asia, Slovenia and Southeast Europe* (coeditor, Ljubljana, 2018)、『スロヴェニアを知るための60章』（編著、明石書店、2017年）、『バルカンを知るための66章【第２版】』（編著、明石書店、2016年）、『図説　バルカンの歴史』（新装版、河出書房新社、2015年）、『セルビアを知るための60章』（編著、明石書店、2015年）、*School History and Textbooks: A Comparative Analysis of History Textbooks in Japan and Slovenia* (coeditor, Ljubljana, 2013)、『クロアチアを知るための60章』（編著、明石書店、2013年）、CDRSEE 企画『バルカンの歴史――バルカン近現代史の共通教材』（監訳、明石書店、2013年）、『東欧地域研究の現在』（編著、山川出版社、2012年）、『新版世界各国史18　バルカン史』（編著、山川出版社、1998年）、『ユーゴスラヴィア現代史』（岩波書店、1996年）。

山崎信一（やまざき・しんいち）

東京大学大学院総合文化研究科・地域文化研究専攻博士課程単位取得。1995〜97年、ベオグラード大学哲学部歴史学科留学。現在、東京大学教養学部非常勤講師、明治大学兼任講師。

専攻は旧ユーゴスラヴィアを中心とするバルカン地域の現代史。

主な著作：『スロヴェニアを知るための60章』（編著、明石書店、2017年）、『セルビアを知るための60章』（編著、明石書店、2015年）、『アイラブユーゴ――ユーゴスラヴィア・ノスタルジー』（全３巻、共著、社会評論社、2014〜15年）、「文化空間としてのユーゴスラヴィア」（大津留厚ほか編『ハプスブルク史研究入門――歴史のラビリンスへの招待』昭和堂、2013年）、「イデオロギーからノスタルジーへ――ユーゴスラヴィアにおける音楽と社会」（柴宜弘ほか編『東欧地域研究の現在』山川出版社、2012年）、『映画『アンダーグラウンド』を観ましたか？――ユーゴスラヴィアの崩壊を考える』（共著、彩流社、2004年）。

エリア・スタディーズ　173
ボスニア・ヘルツェゴヴィナを知るための60章

2019年6月15日　初版第1刷発行

編著者　柴　宜弘
山崎信一
発行者　大江道雅
発行所　株式会社明石書店
〒101-0021 東京都千代田区外神田6-9-5
電話 03（5818）1171
FAX 03（5818）1174
振替　00100-7-24505
http://www.akashi.co.jp/
装丁／組版　明石書店デザイン室
印刷／製本　日経印刷株式会社
（定価はカバーに表示してあります）　ISBN978-4-7503-4847-6

エリア・スタディーズ

1 現代アメリカ社会を知るための60章
明石紀雄、川島浩平 編著

2 イタリアを知るための62章【第2版】
村上義和 編著

3 イギリスを旅する35章
辻野功 編著

4 モンゴルを知るための65章【第2版】
金岡秀郎 著

5 パリ・フランスを知るための44章
梅本洋一、大里俊晴、木下長宏 編著

6 現代韓国を知るための60章【第2版】
石坂浩一、福島みのり 編著

7 オーストラリアを知るための58章【第3版】
越智道雄 著

8 現代中国を知るための52章【第6版】
藤野彰 編著

9 ネパールを知るための60章
日本ネパール協会 編

10 アメリカの歴史を知るための63章【第3版】
富田虎男、鵜月裕典、佐藤円 編著

11 現代フィリピンを知るための61章【第2版】
大野拓司、寺田勇文 編著

12 ポルトガルを知るための55章【第2版】
村上義和、池俊介 編著

13 北欧を知るための43章
武田龍夫 著

14 ブラジルを知るための56章【第2版】
アンジェロ・イシ 著

15 ドイツを知るための60章
早川東三、工藤幹巳 編著

16 ポーランドを知るための60章
渡辺克義 編著

17 シンガポールを知るための65章【第4版】
田村慶子 編著

18 現代ドイツを知るための62章【第2版】
浜本隆志、髙橋憲 編著

19 ウィーン・オーストリアを知るための57章【第2版】
広瀬佳一、今井顕 編著

20 ハンガリーを知るための60章【第2版】 ドナウの宝石
羽場久美子 編著

21 現代ロシアを知るための60章【第2版】
下斗米伸夫、島田博 編著

22 21世紀アメリカ社会を知るための67章
明石紀雄 監修　赤尾千波、大類久恵、小塩和人、
落合明子、川島浩平、高野泰 編

23 スペインを知るための60章
野々山真輝帆 著

24 キューバを知るための52章
後藤政子、樋口聡 編著

25 カナダを知るための60章
綾部恒雄、飯野正子 編著

26 中央アジアを知るための60章【第2版】
宇山智彦 編著

27 チェコとスロヴァキアを知るための56章【第2版】
薩摩秀登 編著

28 現代ドイツの社会・文化を知るための48章
田村光彰、村上和光、岩淵正明 編著

29 インドを知るための50章
重松伸司、三田昌彦 編著

30 タイを知るための72章【第2版】
綾部真雄 編著

31 パキスタンを知るための60章
広瀬崇子、山根聡、小田尚也 編著

32 バングラデシュを知るための66章【第3版】
大橋正明、村山真弓、日下部尚徳、安達淳哉 編著

33 イギリスを知るための65章【第2版】
近藤久雄、細川祐子、阿部美春 編著

34 現代台湾を知るための60章【第2版】
亜洲奈みづほ 著

35 ペルーを知るための66章【第2版】
細谷広美 編著

エリア・スタディーズ

36 マラウィを知るための45章【第2版】
栗田和明 著

37 コスタリカを知るための60章【第2版】
国本伊代 編著

38 チベットを知るための50章
石濱裕美子 編著

39 現代ベトナムを知るための60章【第2版】
今井昭夫、岩井美佐紀 編著

40 インドネシアを知るための50章
村井吉敬、佐伯奈津子 編著

41 エルサルバドル、ホンジュラス、ニカラグアを知るための45章
田中高 編著

42 パナマを知るための70章【第2版】
国本伊代 編著

43 イランを知るための65章
岡田恵美子、北原圭一、鈴木珠里 編著

44 アイルランドを知るための70章【第3版】
海老島均、山下理恵子 編著

45 メキシコを知るための60章
吉田栄人 編著

46 中国の暮らしと文化を知るための40章
東洋文化研究会 編

47 現代ブータンを知るための60章【第2版】
平山修一 著

48 バルカンを知るための66章【第2版】
柴宜弘 編著

49 現代イタリアを知るための44章
村上義和 編著

50 アルゼンチンを知るための54章
アルベルト松本 著

51 ミクロネシアを知るための60章【第2版】
印東道子 編著

52 アメリカのヒスパニック＝ラティーノ社会を知るための55章
大泉光一、牛島万 編著

53 北朝鮮を知るための55章【第2版】
石坂浩一 編著

54 ボリビアを知るための73章【第2版】
真鍋周三 編著

55 コーカサスを知るための60章
北川誠一、前田弘毅、廣瀬陽子、吉村貴之 編著

56 カンボジアを知るための62章【第2版】
上田広美、岡田知子 編著

57 エクアドルを知るための60章【第2版】
新木秀和 編著

58 タンザニアを知るための60章【第2版】
栗田和明、根本利通 編著

59 リビアを知るための60章
塩尻和子 著

60 東ティモールを知るための50章
山田満 編著

61 グアテマラを知るための67章【第2版】
桜井三枝子 編著

62 オランダを知るための60章
長坂寿久 著

63 モロッコを知るための65章
私市正年、佐藤健太郎 編著

64 サウジアラビアを知るための63章【第2版】
中村覚 編著

65 韓国の歴史を知るための66章
金両基 編著

66 ルーマニアを知るための60章
六鹿茂夫 編著

67 現代インドを知るための60章
広瀬崇子、近藤正規、井上恭子、南埜猛 編著

68 エチオピアを知るための50章
岡倉登志 編著

69 フィンランドを知るための44章
百瀬宏、石野裕子 編著

70 ニュージーランドを知るための63章
青柳まちこ 編著

71 ベルギーを知るための52章
小川秀樹 編著

エリア・スタディーズ

エリア・スタディーズ

108 **カーストから現代インドを知るための30章**
金基淑 編著

109 **カナダを旅する37章**
飯野正子、竹中豊 編著

110 **アンダルシアを知るための53章**
立石博高、塩見千加子 編著

111 **エストニアを知るための59章**
小森宏美 編著

112 **韓国の暮らしと文化を知るための70章**
舘野晳 編著

113 **現代インドネシアを知るための60章**
村井吉敬、佐伯奈津子、間瀬朋子 編著

114 **ハワイを知るための60章**
山本真鳥、山田亨 編著

115 **現代イラクを知るための60章**
酒井啓子、吉岡明子、山尾大 編著

116 **現代スペインを知るための60章**
坂東省次 編著

117 **スリランカを知るための58章**
杉本良男、高桑史子、鈴木晋介 編著

118 **マダガスカルを知るための62章**
飯田卓、深澤秀夫、森山工 編著

119 **新時代アメリカ社会を知るための60章**
明石紀雄 監修　大類久恵、落合明子、赤尾千波 編著

120 **現代アラブを知るための56章**
松本弘 編著

121 **クロアチアを知るための60章**
柴宜弘、石田信一 編著

122 **ドミニカ共和国を知るための60章**
国本伊代 編著

123 **シリア・レバノンを知るための64章**
黒木英充 編著

124 **EU（欧州連合）を知るための63章**
羽場久美子 編著

125 **ミャンマーを知るための60章**
田村克己、松田正彦 編著

126 **カタルーニャを知るための50章**
立石博高、奥野良知 編著

127 **ホンジュラスを知るための60章**
桜井三枝子、中原篤史 編著

128 **スイスを知るための60章**
スイス文学研究会 編

129 **東南アジアを知るための50章**
今井昭夫 編集代表　東京外国語大学東南アジア課程 編

130 **メソアメリカを知るための58章**
井上幸孝 編著

131 **マドリードとカスティーリャを知るための60章**
川成洋、下山静香 編著

132 **ノルウェーを知るための60章**
大島美穂、岡本健志 編著

133 **現代モンゴルを知るための50章**
小長谷有紀、前川愛 編著

134 **カザフスタンを知るための60章**
宇山智彦、藤本透子 編著

135 **内モンゴルを知るための60章**
ボルジギン・ブレンサイン 編著　赤坂恒明 編集協力

136 **スコットランドを知るための65章**
木村正俊 編著

137 **セルビアを知るための60章**
柴宜弘、山崎信一 編著

138 **マリを知るための58章**
竹沢尚一郎 編著

139 **ASEANを知るための50章**
黒柳米司、金子芳樹、吉野文雄 編著

140 **アイスランド・グリーンランド・北極を知るための65章**
小澤実、中丸禎子、高橋美野梨 編著

141 **ナミビアを知るための53章**
水野一晴、永原陽子 編著

142 **香港を知るための60章**
吉川雅之、倉田徹 編著

143 **タスマニアを旅する60章**
宮本忠 著

エリア・スタディーズ

144 パレスチナを知るための60章　臼杵陽、鈴木啓之 編著
145 ラトヴィアを知るための47章　志摩園子 編著
146 ニカラグアを知るための55章　田中高 編著
147 台湾を知るための60章　赤松美和子、若松大祐 編著
148 テュルクを知るための61章　小松久男 編著
149 アメリカ先住民を知るための62章　阿部珠理 編著
150 イギリスの歴史を知るための50章　川成洋 編著
151 ドイツの歴史を知るための50章　森井裕一 編著
152 ロシアの歴史を知るための50章　下斗米伸夫 編著
153 スペインの歴史を知るための50章　立石博高、内村俊太 編著
154 フィリピンを知るための64章　大野拓司、鈴木伸隆、日下渉 編著
155 バルト海を旅する40章　7つの島の物語　小柏葉子 著
156 カナダの歴史を知るための50章　細川道久 編著
157 カリブ海世界を知るための70章　国本伊代 編著
158 ベラルーシを知るための50章　服部倫卓、越野剛 編著
159 スロヴェニアを知るための60章　柴宜弘、アンドレイ・ベケシュ、山崎信一 編著
160 北京を知るための52章　櫻井澄夫、人見豊、森田憲司 編著
161 イタリアの歴史を知るための50章　高橋進、村上義和 編著
162 ケルトを知るための65章　木村正俊 編著
163 オマーンを知るための55章　松尾昌樹 編著
164 ウズベキスタンを知るための60章　帯谷知可 編著
165 アゼルバイジャンを知るための67章　廣瀬陽子 編著
166 済州島を知るための55章　梁聖宗、金良淑、伊地知紀子 編著
167 イギリス文学を旅する60章　石原孝哉、市川仁 編著
168 フランス文学を旅する60章　野崎歓 編著
169 ウクライナを知るための65章　服部倫卓、原田義也 編著
170 クルド人を知るための55章　山口昭彦 編著
171 ルクセンブルクを知るための50章　田原憲和、木戸紗織 編著
172 地中海を旅する62章　歴史と文化の都市探訪　松原康介 編著
173 ボスニア・ヘルツェゴヴィナを知るための60章　柴宜弘、山崎信一 編著

——以下続刊

◎各巻2000円（一部1800円）

〈価格は本体価格です〉